# 走出洞穴

## 大转型时代企业家的三重修炼

高松 著

中国友谊出版公司

**图书在版编目(CIP)数据**

走出洞穴:大转型时代企业家的三重修炼 / 高松著. —北京:中国友谊出版公司, 2015.1

ISBN 978-7-5057-3459-3

Ⅰ. ①走… Ⅱ. ①高… Ⅲ. ①企业领导学 - 研究 - 中国 Ⅳ. ①F279.23

中国版本图书馆 CIP 数据核字(2014)第 307002 号

**书名** 走出洞穴:大转型时代企业家的三重修炼

**作者** 高 松

**出版** 中国友谊出版公司

**策划** 杭州蓝狮子文化创意有限公司

**发行** 杭州飞阅图书有限公司

**经销** 新华书店

**印刷** 杭州钱江彩色印务有限公司

**规格** 710×1000 毫米 16 开

18.5 印张 280 千字

**版次** 2015 年 1 月第一版

**印次** 2015 年 1 月第一次印刷

**书号** ISBN 978-7-5057-3459-3

**定价** 48.00 元

**地址** 北京市朝阳区西坝河南里 17 号楼

**邮编** 100028

**电话** (010)64668676

在柏拉图所著的《理想国》第七卷里，苏格拉底在同格劳孔的讨论中，提出了一个著名的洞穴寓言。

苏：接下来让我们把受过教育的人与没受过教育的人的本质比作下述情形。让我们想象一个洞穴式的地下室，它有一长长的通道通向外面，可让和洞穴一样宽的一路亮光照进来。有一些人从小就住在这洞穴里，头颈和腿脚都绑着，不能走动也不能转头，只能向前看着洞穴后壁。让我们再想象在他们背后远处高些的地方有东西燃烧着发出火光。在火光和这些被囚禁者之间，在洞外上面有一条路。沿着路边已筑有一带矮墙。矮墙的作用像傀儡戏演员在自己和观众之间设的一道屏障，他们把木偶举到屏障上头去表演。

格：我看见了。

苏：接下来让我们想象有一些人拿着各种器物举过墙头，从墙后面走过，有的还举着用木料、石料或其它材料制作的假人和假兽。而这些过路人，你可以料到有的在说话，有的不在说话。

格：你说的是一个奇特的比喻和一些奇特的囚徒。

苏：不，他们是一些和我们一样的人。你且说说看，你认为这些囚徒除了火光投射到他们对面洞壁上的阴影而外，他们还能看到自己的或同伴们的什么呢？

格：如果他们一辈子头颈被限制了不能转动，他们又怎么能看到别的什么呢？

苏：那么，后面路上人举着过去的东西，除了它们的阴影而外，囚徒们能看到它们别的什么吗？

格：当然不能。

苏：那么，如果囚徒们能彼此交谈，你不认为，他们会断定，他们在讲自己所看到的阴影时是在讲真物本身吗？

格：必定如此。

苏：又，如果一个过路人发出声音，引起囚徒对面洞壁的回声，你不认为，囚徒们会断定，这是他们对面洞壁上移动的阴影发出的吗？

格：他们一定会这样断定的。

苏：因此无疑，这种人不会想到，上述事物除阴影而外还有什么别的实在。

苏格拉底的洞穴寓言非常形象地说明了中国企业家所处的认知困境。

面对大转型时代，企业家原本对世界的认识与看法已经无法解释变化了的现实。他们就像是被困住的洞穴人，误以为看到的就是真实的，于是，心灵的痛苦与生活事业的失意随之而来。走出洞穴，寻找光明，成为企业家自我救赎的必由之路。

# 自序

## 困在洞穴的时代、企业与个人

2014年5月，宋卫平决定将绿城股权转让给孙宏斌，彻底放弃大股东地位。这位著名的企业家承认：“我心里也是有悲凉的，我可以在绿城坚持下去，且可以奋力之后活下去，但意义何在？我一直想做个赢钱的赌徒，但失败了，这就是命运。”

宋卫平的困境出于多方面的原因：特定的时代下房地产市场的畸形发展，绿城企业的发展变革周期，以及宋卫平自己思维与个性的局限性。

宋卫平的处境不仅是他个人的，更代表了一个群体，中国企业家群体。

这本书正是写给你们的——变革时代下的中国企业家。

当下的中国，经济与社会矛盾突出，商业环境的不确定性加大，企业家普遍处于迷茫与纠结的困局之中。

当经济形势不好，行业竞争加剧，企业经营陷入困境之时，企业内部会出现各种不同的声音，久已存在的问题与矛盾会尖锐起来，而所有的压力都会聚焦在企业家的身上。在一时找不到走出困境的可行办法时，你是否会感到前途一片茫然？你是否会对自己的能力产生怀疑？你是否会打退堂鼓，甚至准备收山？

当你取得了商业上的成功，却得不到社会应有的尊重，在夹缝中委屈生存的时候；当你不得不为了本应当享受的基本行政服务强颜欢笑的时候，为了不得已而为之的灰色做法而战战兢兢的时候；当你花费了九牛二虎之力将公司做大盈利，却又无法抗争被“国家队”并购的命运的时候；当你的家人因商业利益之争而遭受生命或自由威胁的时候，你是否会愤懑、委屈，进而产生一种无力感？你是否发现，尽管表面上你获得了成功，却丧失了最重要的尊严，丧失了发自内心的成就感？

当你不得不向现实的社会环境妥协的时候；当有些事你不得不做，有些话你不得不说，而这一切违背了你做人的根本原则的时候；当你发现你的成功不得不建立在他人利益损失的基础之上的时候；当员工在背后骂你，当消费者在互联网上指责你，当合作商家怨恨你，当记者在媒体上批评你的时候，你是否会感到压抑，是否会感到耻辱，是否会有发自内心的负疚感？你是否会对企业经营感到厌倦，对现实商业环境感到绝望？

大部分中国企业家都存在困惑，为什么思路清晰的战略布局，在实施的时候却会遭遇挫折与失败？为什么长期辛苦经营建立的基业，却经不住环境变化的冲击而摇摇欲坠？为什么自己这么苦这么累，却总是得不到社会、员工甚至家人的理解？为什么自己在创造就业与税收方面做出贡献，却得不到社会应有的尊重，甚至丧失了最基本的安全感？为什么自己已经不缺财富了，却还要继续辛苦经营企业？这一切究竟是为什么？

中国企业家就像是陷入了一个苏格拉底洞穴之中，心智陷入无明与黑暗，看不清真相，于是心理扭曲，精神痛苦、紧张、焦虑、茫然，导致决策与行动的失误，造成事业的失败与个人健康幸福的丧失。

这样的洞穴是一个环境困局。在大时代的背景下，无论是政治法律环境，还是社会经济环境，对民营经济的发展都有一定的局限性。中国企业家被这些因素所困，经营的实践中自然常常受到制约。

这样的洞穴还是一个认知困境。出于这样或是那样的原因，企业家平日接收到的信息充满了虚假与伪饰，与企业家交往的人都会选择性地展示他们特定的一面，而企业家原本对世界的认识与看法已经无法解释变化了的现实。于是，企业家就会困在虚假信息所构成的洞穴之中，看不到商业的真相。

这样的洞穴还是一个思维与灵魂的牢笼。每一位企业家都有一个自我，这个自我怀有欲望、思想、情感、知识及经验，它们一方面构成了企业家的行为驱动力与思想根基，另一方面也成为企业家的思维束缚。企业家受制于自我，形成了认知与思维的盲区，也因此经历各种心理的痛苦与失调。

中国企业家正像是洞穴人，因为陷入黑暗的洞穴，才会在痛苦、迷茫与纠结的深渊中无法自拔。

那么，他们为什么会陷入这个洞穴呢？

## 时代的洞穴期

中国企业家所面临的问题应当从时代的大背景下审视。

当下的中国，社会经济形势并不乐观。有潮涨就必然有潮落，中国经济在经历了30多年高速发展之后，面临盘整阶段的到来。在经济下滑的不利背景下，社会贫富差距在拉大，各个利益主体会趋向保守，功利主义会更为盛行。在政治体制改革与法治建设相对滞后的条件下，对于一个宗教信仰并不盛行的社会，道德环境会进一步恶化，促使各种社会矛盾凸显，社会交易成本提高。

在这样的形势下，社会中的组织及个人都会陷入困局之中。青年人要面对就业机会的匮乏，老年人要面对单薄的社会保障；穷人抱怨高企的物价，富人抱怨安全感匮乏；普通民众面对不断升高的房价与稀缺的医疗教育资源，生活压力增大，幸福感降低；政府官员既要应对逐渐复杂化的工作要求，又要面对公众在微博、微信上的监督与挑战，重压下的焦虑、紧张、抑郁成为情绪主流。企业面对萎缩的市场需求，政府面对疲态的经济与社会不稳定因素的增加，教育机构面对浮躁的学生与不同教育理念的冲突。社会组织及个人之间普遍缺乏相互信任，维系社会健康发展的文化价值观共识难以达成。

在当下的中国社会中，大多数组织与个人都有紧张、焦虑、不满的情绪，却又不知问题出在哪里，自已的未来路在何方。显然，这样的状态就是洞穴人的状态，人们就如同陷入了黑暗的洞穴之中。

如果在一个时代中，社会大多数组织与个人都陷入了洞穴之中，那么显然的，我们整个时代就进入了洞穴期。

时代的洞穴期与人类社会的发展模式相关。

从系统论的视角来看，人类社会的进化发展遵循着萌芽、生长、衰败、新生的基本模式。在这样的社会发展模式中，社会系统的基本秩序、制度与文化在一个不断的生、住、坏、空中循环。

当旧的秩序、制度与文化因不符合社会发展的新形势而衰亡，新的秩序、制度与文化就会诞生，并因符合社会发展潮流而受到社会大众的拥护，逐步成长并达到强盛的顶点。在新的系统秩序、制度与文化的萌芽与生长期，先进的社会系统往往会促进政治的清明、经济的发展及文化的繁荣，社会大众的情绪会是乐观积极的，社会的整体气象会是焕然一新的。然而，这样的情势必然会过去。

随着形势不断地变化发展，社会不可避免地会进入衰败期。具有统治地位的社会系统秩序、制度与文化，逐渐无法适应社会发展的新环境，于是各种社会矛盾与问题丛生，社会冲突加剧，社会中大多数人就会陷入悲观与彷徨之中，整个社会就如同进入茫茫的黑夜让人看不到希望。这就是典型的时代的洞穴期。

然而，正当绝大多数人抱怨与绝望之际，社会变革的种子已然埋下，社会精英与公众开始反思，新的思想观念开始萌芽，并显示出极强的生命力，新的社会潮流开始涌现，黑暗中已经隐现出希望的曙光，新一轮社会变革的序幕就此拉开，社会的发展进入到新生期。人类社会发展的这一基本模式是一个不断循环的永续过程，它本质上是一个螺旋式的上升过程，每一轮循环之后，人类社会文明都会发展到更高一级的水平。

中国社会的发展同样遵循上述模式。

如果将1978年改革开放作为历史的分水岭，那么在这之前的1960年到1977年就属于时代的洞穴期，而1978年左右正是社会转型最艰难但是孕育着无限可能的新生时期。在此之后，社会主义市场经济与改革开放的道路得以确立，社会系统秩序与制度创新激发了社会活力，经济飞速发展，人民生活水平得到显著改善，社会公众长期被压抑的思想与精神得到解放，各项文化教育事业欣欣向荣。尽管新的社会系统秩序的建立过程是曲折的，但总体上看，20世纪八九十年代确实是中国社会新的系统秩序、制度与文化的萌芽与生长期。但当历史的车轮行进到2000年之后，尤其是近10年以来，1978年改革的制度遗产已经不足以支撑社会的新发展，也难以解决现实的各种难题了。

中国企业家的命运轨迹恰恰与上述中国社会的发展周期相吻合。

在1978年之前，受体制与政策限制，民营经济几乎绝迹，少数胆大试水的人被以投机倒把的罪名起诉。而中国民营经济的飞速发展正是得益于1978年的改革开放政策，20世纪八九十年代既是社会发展的萌芽与生长期，也是中国企业家创业的黄金时代，绝大多数的企业家在这个时期开始创业，并成功渡过了公司的关键成长期，达到了成功的顶点。1984年，王石创建了万科，柳传志创建了联想，张瑞敏创建了海尔。1987年，宗庆后创建了娃哈哈，任正非创建了华为。1998年，马化腾创建了腾讯。1999年，马云创建了阿里巴巴。

2000年之后，当中国社会进入洞穴期，企业家创业并取得成功的概率明显下降，已经取得一定成功的企业家也开始面临新的矛盾与问题。与社会其他群体一样，企业家群体逐步陷入困局。在过去的十年里，徐明、张荣坤、黄光裕、兰世立被捕入狱，仰融客走他乡，魏东跳楼自杀，顾雏军出狱后到处申冤。

显然，中国企业家的困局与大时代的洞穴期是紧密相关的。换句话说，时代的洞穴期是导致企业家当前困境的重要原因。

人往往愿意将问题的责任归咎于外部，而非自己。然而，如果企业家将自己的困境完全归咎于社会的环境，就容易沮丧、绝望，从而丧失行动与奋进的勇气。事实上，社会的发展是无穷无尽的过程，时代的洞穴期尽管黑暗，却孕育着社会变革的种子，社会新生期的脚步声已然隐约可闻。在这样的时期，毁灭与新生共存，危险与生机同在。企业家应当成熟与智慧地应对当下恶劣的生存环境，并清醒地为企业选择最合适的发展道路。当社会走入新一轮上升通道之时，这些极少数具有洞见的企业家就能抓住机遇顺势而上。

## 企业发展的洞穴期

中国企业家的困境还与企业发展的基本规律相关。

企业系统与社会系统类似，同样遵循着系统演进的基本规律。如果将一个企业的系统秩序、制度与文化归纳为商业模式，那么这个商业模式同样遵循着萌芽、生长成熟、衰败与新生的发展周期。

企业在创建之后，就逐步开始形成自己的业务、策略、组织、文化，它们从萌芽开始，不断在修正中成长与成熟，最终形成了一个企业特有的商业模式。企业在这个过程中也不断成长壮大并达到鼎盛状态。由于商业环境的持续发展，消费潮流的不断变化，企业的商业模式开始老旧落后，在业务、策略、组织、文化等方面难以适应新的商业环境。于是，企业开始进入衰败期。从表征上看，企业发展遭遇瓶颈，管理问题丛生，内部矛盾分歧明显，组织与团队动荡不安，从企业家到员工普遍陷入纠结彷徨的境地。这就是企业发展的洞穴期。

与社会发展规律相同的是，企业发展的洞穴期是无法逾越的时期，是必然的而非偶然的，除非在初创期就夭折，任何企业都无法逾越这一时期。与社会发展规律不同的是，企业进入洞穴期之后，并不必然会迎来商业模式的新生期。事实上，只有极少数的企业能够根据变化了的商业环境变革自己的商业模式，重新建立起主观商业模式与客观商业环境的动态平衡。这样的少数企业就如同浴火重生，就此进入企业发展新一轮的循环。绝大多数企业则缺乏走出洞穴期的幸运与能力，要么长期困顿在老旧模式中郁郁而终，要么因过激的莽撞突围行动而猝死。

对于有幸走出洞穴期的少数企业来说，挑战并未终结。由于商业模式的萌芽、生长成熟、衰败与新生的发展模式是无限的循环，因此，或早或晚，这些企业还会遭遇下一个洞穴期，接受下一个生死考验。

这个事实有助于说明为什么中国企业的寿命总是非常短暂，为什么像波导、无锡尚德、太子奶这样的企业如彗星一样绚烂却又脆弱，让人扼腕叹息。改革开放至今，30岁寿命的中国企业已属凤毛麟角，而真正的考验才刚刚开始。

中国企业家的困局显然与企业的洞穴期直接相关。面对变化了的环境与企业的困境，大多数企业家总是习惯于用过去的经验解决现在的问题，应对未来的挑战。他们未能领悟到的是，过去的知识与思想恰恰是企业当前出现问题的原因所在。因此，企业家需要反省自己固有的心智模式，重建新的思维模式。然而，反省并改变自己是世上最难的事情之一。这是企业家最关键也最难迈过的一道坎。面对困境，我看到的大多数企业家总是将企业的问题归咎政府、归咎员工、归咎市场，从而丧失了果断变革，领导企业走向新生的机会。企业家自己也困在洞穴中无法自拔。

## 困在洞穴中的企业家

无论是时代的洞穴期还是企业的洞穴期，都是中国企业家陷入洞穴的客观原因，这些客观原因尽管重要，但是我们对此却无能为力。企业家应当从自己身上寻找陷入洞穴的根本原因，只有寻找到主观原因，才能针对性地采取行动。

无论是波导的徐立华、无锡尚德的施正荣还是太子奶的李途纯，他们都可以将失败归咎于产业环境的巨变，归咎于国际市场的巨幅波动，归咎于职业经理人的不作为，归咎于宏观环境对企业的不支持。然而，如果他们能够冷静下来，反省自己，就会发现自己作为企业当家人应担负主要责任，企业的失败在于自己在关键决策中的失误，自己在思想深处的误区。

企业家陷入洞穴的根本原因在于自己天生的局限性。

任何企业家都是一个有局限性的具体的人。每个人都有特定的家庭出身，接受特定的学校与家庭的教育，拥有自己的生活、生命经验及创业与经营经历。于是，每个企业家都会建立起自己的知识体系、思想观念，同时也形成了做事的固化模式与思维盲区，不可避免的具有思维上的局限性。

《庄子·秋水》有云："井蛙不可以语于海者，拘于虚也；夏虫不可以语于冰者，笃于时也；曲士不可以语于道者，束于教也。"企业家就像是井底之蛙、夏日之虫与乡曲之士，由于时间、空间与教条的限制，使得洞察经营真相的能力遭受限制。

即使企业家在特定的时期达到认知能力的顶峰，但作为有血有肉的人，就不可避免地遵从着生老病死的个人生命周期，随着年龄的增长，企业家的记忆力、理解力、适应力及体力都会下降，为企业家洞察形势、捕捉商机带来障碍。

由此，在企业家知识经验范畴之内，在特定的产业领域、地理空间和历史时期，企业家或许能够把握掌握错综复杂的信息，并做出明智的决策。然而，一旦超出上述任何一个特定范畴，企业家就进入了无明的状态。

此外，企业家还具有人性的天生弱点。由于企业经营的复杂性与动荡性，企业家所经受的情感与意志的考验，无论是在强度上还是在频率上，都远远超过普通人。这些外在的刺激会将企业家身上的人性弱点不断放大，导致企业家丧失理性的头脑与判断能力，要么固执己见、唯我独尊，要么丧失自我、盲从他人。无论是何种情况出现，企业家都会丧失探究真相的能力。

与企业家的局限性相对比，企业家所需要了解的情况与信息是复杂的与无穷的，所面临的组织与环境的变化是永恒的。以企业家生之有涯去寻求商业知之无涯，陷入洞穴几乎是必然的结局。

这就像是一场宿命。

企业家就如同执掌一艘在大海中航行的大船，面对陌生的海域以及不可预知的天气，手中又没有现成的航海地图。航程一旦开始，就只能向前。船长是最高决策者，必须承担最终责任，并不断承受错误决策的惩罚与打击，承受船员的怨气与合作伙伴的压力。由于特殊的位置与利益关系，企业家几乎没有人可以沟通商量，必须孤独地承受这一切。更大的问题在于企业家是这艘船的船长，船上所有的人都可以说“大不了老子不干了”，只有船长不行。因此，这项职业几乎是对一个人智力、体力、意志力的极限挑战。再伟大的企业家也不可能保证永远不犯错误，永远不陷入洞穴。

因此，企业家天生就是洞穴人。

如果天生的洞穴人同时遭遇时代的洞穴期与企业的洞穴期，那么企业家将接受最严峻的挑战，遭受最艰苦的磨难，陷入最大的困境之中。

而这，正是当前许多中国企业家所面对的现实。

面对这样的局面，中国企业家普遍处于茫然失措之中。一部分人陷入抑郁的精神困局中无法自拔；一部分人办理了全家出国移民，通过投资将资金逐步转移海外，自己一人留守国内，根据形势变化决定进退；还有人放弃了企业经营，将企业股权出售、变现，以放高利贷等投机性产业为生；大部分人没有选择的机会，被债权人、员工、供应商紧紧困住，早已丧失了奋斗的勇气，硬撑着过日子。

那么，待在黑暗洞穴中的中国企业家真正的出路在哪里？或者说，中国企业家应当如何走出黑暗的洞穴，走向光明的未来呢？

这正是我要在本书中讨论的主题。

我认为，企业家要从自身寻找原因与解困的办法，企业家只有改变自己才能改变世界。中国企业家真正的出路在于自我的修炼——洞穴人的修炼。

通过自我修炼，中国企业家才能够领导企业获得持续健康的发展。

企业家通过修炼才能拥有洞察变局的智慧，拥有凝聚人心士气的号召力与领导力，拥有创建新的商业模式的勇气与创造力，从而让自己有机会领导企业实现艰难的转型与变革，平安渡过企业的洞穴期，推动企业走向新生。

通过自我修炼，中国企业家才能够实现自我的成长，创造幸福与健康的人生。

在中国社会特定的变革时代，为了走出具有普遍意义的企业家精神困局，将自己从痛苦的洞穴中解脱出来，企业家要从更高的层次反思自己，反思企业，最终走向洒脱，走向平静，走向心灵的终极解脱与自由。

通过自我修炼，中国企业家才能最终能够担当起对时代与社会的责任。

面对中国大时代的洞穴期，当所有人都似乎陷入困局之中，在社会大多数组织与个人陷入迷茫的特定时期，作为社会中坚的企业家，能否如尼采所言“在自己身上，克服这个时代”呢？企业家能否挺身而出，成为社会的中流砥柱呢？企业家能否拿出海子诗里“万人都要将火熄灭，我一人独将此火高高举起”的勇气，引领社会走出黑暗的洞穴，走向未来光明之途呢？

这一切取决于中国企业家的自省与修炼——洞穴人的修炼。

目 录

# 上篇　认识洞穴

中国企业家首先要面对时代所构筑的洞穴。

中国这个有着几千年文明史的国度，正处于一个急速的社会转型期，政治的、经济的、文化的、科技的、社会的各项元素相互影响、协同进化，各种思想、价值观和利益诉求相互碰撞、冲突，共同勾画出一幅色彩斑斓又急速变幻的社会图画。这样的社会环境完全不同于欧美发达国家的市场经济与社会环境。在政府主导及国有经济占主体的经济环境里，民营企业只能在夹缝中求生存与发展。尤其在时代的洞穴期，社会内部各种矛盾与冲突加深加剧，政治、社会与道德环境不断恶化，企业经营会愈加艰难。在这样复杂的环境中经营企业，企业家需要特殊的智慧与修为。

再有，近年来，商业环境的演变愈加复杂，科技的发展与进步，消费潮流的变幻，新的文化价值观的兴起，竞争格局的重塑，均会对产业环境产生根本性的影响。于是，产业变革成为常态，企业原有的商业模式不断接受新的挑战，企业发展进入洞穴期的概率与频度大大增加。而同时，企业本身也在发展中不断演变，这同样会考验企业家在变动中理解与驾驭企业的能力。企业家必须具有系统思考与应变的能力，引领企业实现变革需要大智慧。这些都对中国企业家构成挑战。

企业家即使能够拥有过人的智慧，躲过时代洞穴期与动荡的商业环境所构成的陷阱，却依然可能陷入人与人之间复杂关系所交织的洞穴，导致失败的命运。

包围在企业家周边的人际关系主要有三层。第一层是企业家与股东及员工之间的关系。第二层是企业家的家庭关系。第三层是企业家与社会公众的关系。

由于特殊地位与财富关系，企业家的这三层关系均变得异常复杂，而三层的关系之间还相互影响相互作用，将企业家困在一个关系交织的蛛网里。这个关系网络中的人都是活生生的人，每个人心里都有欲望、贪婪、嫉妒、占有欲，当然也有上进、友谊、关爱、亲情、自我牺牲精神。在财富与事业的激发之下，这些人对企业家具有不同的期望与利益诉求，都想采用各种手段影响企业家的决策，他们之间又会因利益、情感与思想差异而产生矛盾与斗争。事实上，企业家就在矛盾的焦点上生活，稍有不慎就会被人际关系的矛盾漩涡所吞噬。

如果说变化的时代与商业以及复杂的人际关系是企业家陷入洞穴的客观原因，那么企业家的自我则承担了主观责任。企业家最难摆脱的是自我思维所构成的洞穴。

企业家的天性与后天的知识与经验相互叠加，形成了自我固化的思维框架与心智模式，深刻地影响着企业家对世界的看法，对信息的吸收，以及对经营的决策。企业家就是自我思维的囚徒。

企业家的自我还将以自我为中心及盲从这两大人性弱点无限放大，从而导致自己陷入认知的洞穴之中。

为什么有的企业家总是不愿意听到不同的意见？为什么有的企业家更愿意接受赞同与颂扬？为什么无数企业家重复着先是自我膨胀继而失败悔恨这样毫无新意的故事？为什么在顶峰之时企业家感觉自己无所不能，而跌入低谷后又会过度自卑？

这些都根源于以自我为中心的人性弱点。

以自我为中心使企业家固执和傲慢，总是从自己的狭隘视角看问题，从而丧失了客观的视角，无法看清情势的全貌。

为什么产业界总是一窝蜂地模仿与山寨？为什么企业家倾向于与产业主流的观点保持一致？为什么企业家总是容易受他人的影响而犹疑不定？为什么许多企业管理伪大师们竟然还有庞大的市场？

这些都根源于从众的人性弱点。

盲从心理使得企业家放弃理性与独立思考，在社会与产业的大潮中随波逐流。

以自我为中心与从众这两个心理弱点看起来像是事物的两极，实则源自于共同的根系，那就是人性的自我。

既然是人性，那就是骨子里的东西，不是那么容易超越的。

企业家的自我还是他们心理问题与精神痛苦的根源。

企业家在创造高峰的同时，也容易深陷低谷。他们取得的业绩越是伟大，他们要经受的磨难越是深重。如果他们总是沉迷于个人的得失中无法自拔，就非常容易陷入抑郁的精神困局之中。

无论是思维的束缚，以自我为中心及盲从的人性弱点，还是企业家精神的痛苦与烦恼，均源自于企业家的自我。这个自我其实是企业家的小我。

第一章

# 时代构筑的洞穴

## 时代的洞穴
## ——三个两难“权力、规则、道德”

在时代的洞穴期，社会环境愈加复杂与险恶，中国企业家就如同走高空钢丝的特技演员，稍有不慎就会失足落下深渊。

### 畸形的市场经济

自 1978 年始，中国改革开放的基本路线是走市场经济的道路，以市场替代政府作为配置资源的基本手段与方式。起先，农村的包产到户、民营经济的放开、竞争性行业的市场化、对外资的开放等改革举措的出台，极大的释放了中国民间创造财富的活力，民智随之得以启发与开放。然而 2000 年之后，市场经济的改革步伐变慢，主要以市场调节为主的经济体系没有建立起来，价格、利率、CPI 等市场信号失真，市长而非市场成为经济运行的关键，市场经济朝向畸形化发展，形成一个不伦不类的市场经济。

至今，政府仍然垄断了最大的社会经济资源，在整个经济社会的发展中扮演了绝对主导的角色。政府掌控土地、资金等经济发展的基本要素，政府掌握中央银行及金融政策的制定权，政府的财政政策成为影响中国经济走势的关键要素，证券市场受到严格管制，金融、能源、通信、电力、军工等命脉行业被国有企业垄断，政府的税收、行业管制等各项政策对中国经济会产生举足轻重的影响。地方政府更像是做商业地产生意的老板，以地方 GDP 及财政收入为目标，将招商引资、买卖土地、规划产业发展作为自己首要的工作。

中国的现实是，以政府这只看得见的手为主，市场这只看不见的手为辅，共同影响操纵着经济生活。

面对这样的形势，中国企业家在经营中不得不面对政府这只无所不在的有形之手。

企业家要土地必须找地方政府，要贷款必须找银行，要上市融资不得不找证监会，要进入某些特殊产业不得不申请经营牌照，要投资项目还必须上报相关部门审批，有些产业政府还是最大的客户。民营企业的现实状况是在主流经济产业方面处于竞争劣势，无法获取资金、土地等各方面的优势资源支持，只能在夹缝中求发展。

因此，中国企业家需要面对的首要问题是企业与政府之间的关系问题。在 GDP 政绩考核体系下，中国地方政府的经营意识极强，政府首脑就像是集团公司的董事长，而地方企业就像是下属子公司。当企业发展壮大到一定规模，尤其是进入了地方产业规划的蓝图之中时，地方政府往往会有影响企业发展的驱动力。它们或者在贷款、批地、税收等方面强力支持，或者说服企业收购兼并濒临破产的国有企业，并下达具体的企业增长目标。

然而，地方政府并不具备企业经营的能力，因此盲目追求超常规发展的紧迫心情与做法，要么导致违法违规上项目将企业置于危险境地，要么过度催肥、拔苗助长。在这种情形下，企业家很容易误入增长的甜蜜陷阱。

常州铁本钢铁公司的戴国芳就是典型案例。2000 年初，在患了 GDP 饥渴症的常州地方政府的强力促动下，戴国芳将拟投资的钢铁扩产项目规模进行了反复调整，经历了从 200 万吨到 400 万吨，再到 600 万吨，最后达到 840 万吨的“巨变”，大大超出了国家审批规模。此事被新华社记者曝光，成为国家控制宏观经济过热的负面典型。结果是悲剧性的，戴国芳因此入狱，当他刑满 5 年出狱之时，铁本公司已经破产。农民出身依靠勤奋经营起家的戴国芳，无法理解中国特殊复杂的政治社会环境，更看不透与企业纠结在一起的各种复杂的利益关系，自然不能把握住企业的命运。

中国光伏产业的兴衰同样反映了地方政府那只看得见的手的作用。如今艰难生存的中国光伏产业背后，是个别地方政府无视企业发展的基本规律，将新能源企业作为本地区战略新兴产业无条件扶持、超常规推动发展的结果。盲目的关心与扶持导致全行业产能过剩并陷入危机。在土地、资金等特殊政策的支持下，无锡尚德的施正荣、江西赛维 LDK 的彭小峰等企业家盲目投资扩张打造全产业链，在国际光伏市场突然冰冻的情况下，两家企业均陷入破产危机。

中国企业家不仅需要面对一些地方政府的直接干涉，还要承受宏观经济政策不当导致的经济波动与下滑的压力。

在中国，分税制赋予中央政府巨大的财税资源，政府拥有转移支付进行二次分配的巨大权力。与一般市场经济国家不同，中国央行与证监会、银监会、保监会同属政府管辖权限范围。于是，中国政府几乎拥有影响宏观经济的所有政策资源。中央政府可以综合运用财政与金融政策对宏观经济发展施加重大影响。然而，拥有这一巨大权力犹如双刃剑。市场经济的精粹是自由经济与自发调节，依靠微观经济主体的自利行为与自发活动，依靠利率、要素价格信号调节，使得宏观经济自动调整与周期性循环发展。市场经济认为经济系统太复杂，任何个人或小部分人的心智都不可能洞察所有并操控一切。因此，市场机制需要限制政府权力，最大限度放任经济自由发展。中国的上述现实在一定程度上则限制了市场经济自发机制的启动与发生。

2008 年，面对全球经济危机与中国经济放缓的威胁，中央政府启动了 4 万亿财政投资的救市政策，并辅以宽松的货币政策。这一举措效果明显。2009 年中国经济止跌回稳，成为全球经济唯一亮点。然而，表面风光的背后却是危机潜伏。除了中央政府主导的投资外，地方政府也配套上马了大量的投资项目，这些非市场化项目如“铁、公、基”等大多低效，很难收回投资，而项目投资的款项则大多来自银行贷款，这一方面造成大量银行坏账，金融风险迅速累积，另一方面宽松的货币政策推进了房地产价格的泡沫化，拉高了 CPI 指数，通胀风险明显提升。政策的后果在 2013 年开始显现，中国经济增速明显下滑，同时通胀的风险加大。

在这种形势下，中国经济中泡沫产业对实体经济的挤出效应开始显现。中国企业家，尤其是做实业的企业家压力巨大。

经济增长下滑会导致市场需求的剧烈萎缩，而中国企业已经习惯于高速增长，无论是生产基地投资、员工规模扩张还是企业融资安排，均是以高速增长为经营假设前提的。因此，一旦市场需求出现萎缩，企业经营必然出现危机。与此同时，企业各项成本却在不断升高。各个城市的最低工资水平不断提升，企业劳动力成本不断增长，熟练工人招聘越来越困难。在通胀的经济背景下，原材料成本也在不断攀升。再有，经济增速下滑，房地产调控下地方政府土地拍卖收入下降，导致地方财政赤字危机，财税部门千方百计扩大税收来源，各个地方对民营企业多收税、提前缴税等现象普遍发生，企业税负明显加重，不堪重负。

2012 年上半年，工程机械行业持续低迷，市场需求下滑 20%～30%。工程机械行业的标杆企业三一重工出现了库存积压、产能不足的现象。三一重工的资金流骤然紧张。在这种形势下，企业开始大幅裁员，渡过难关。在家电产业，政府为拉动市场需求而设计的家电下乡政策扭曲了市场需求，企业为满足骤然升起的需求而扩大投资，而政策结束后的需求骤降则让企业措手不及，美的等家电企业不得不大幅裁员渡过危机。在中国汽车产业，2012 年以来在市场需求萎缩与各地限购令的双面夹击下，汽车市场增长率大幅下挫，首当其冲的是中低端车型，吉利、比亚迪等国产品牌遭遇经营危机。同样的危机出现在以出口加工为主的大量中小型制造企业群中。据统计，在长三角、珠三角这些传统制造企业云集的区域，企业明显开工不足，许多制造企业面临开门就亏损的苦熬境地。

## 非协调的社会系统

中国社会进入洞穴期的一个重要特征是社会系统内部发育的非协调性。

社会系统的整体结构由政治、法律、经济、文化等子系统所构成，这些子系统相互作用相互协调，共同构成了社会系统的有机体。子系统之间相互要求并互为条件，才能形成一个完整的社会体系。从这个原理出发，市场经济应当与民主政治、法治体系、自由文化相协调配合，共同构成一个健康的社会系统。

然而，自改革开放以来，中国社会系统的发育是非协调的，以市场经济改革为先导，政治体制改革及法治社会建设则相对落后。当市场经济像小伙子一样飞奔向前之时，民主与法治却像老太太一样蹒跚落后。中国社会系统发育的非协调性正是权力与资本结合、贫富差距等问题发生的根本原因。在市场经济发展的初期，经济高速发展会掩盖一切。然而，随着时间推移，这一问题不仅成为经济发展的瓶颈，还会加剧社会的断层与撕裂，从根本上破坏人们对社会公平、诚信、自由等基本价值观的尊重与信心。

在民主法治不健全的政治生态环境下，权力缺乏外部制衡，政府的权力会绝对化。与此同时，政治权力的内部约束机制同样缺乏，权力就会碎片化，各级政府的权力都会绝对化。当畸形的市场经济系统环境形成之后，市场会为权力变现创造条件，而权力又会为金钱开路，形成金钱与权力之间的同盟，就此产生了既得利益集团与权贵资本。权贵资本会在权力的各个层级发育，产生出大大小小的权贵资本利益集团。新兴的各级权贵资本利益集团并不像传统封建社会的贵族，并没有为国家社会长久发展的使命感与家国天下意识，总是在掌握权力后急于变现，涸泽而渔。权贵资本的猖獗正是非协调的社会系统土壤中必然生长出的恶果。

在这种情形下，中国企业家必须做一道选择题，那就是是否与权力进行权钱交易的合作？是主动搭建权力与金钱的联盟与利益输送机制，成为权贵资本的一员，还是保持尊严与独立，拒绝违反道德与法律的利益勾结？

这道选择题是考验中国企业家的生死问题。它又绝对是一个两难问题。

我想，讨论这个问题一定会被相当一部分企业家笑话。他们一定认为，在中国商业界就是这个现实，只存在如何搭上高官、建立关系的问题。很显然，在这样的环境下，如果企业家主动与权力勾结，结成权贵同盟，就能获取资金、土地、订单、财政补贴等各方面的支持，占据决定性的竞争优势，并获得最大的经济回报。

然而，这些企业家却从未从另外的角度反思。权钱勾结尽管回报可观，企业家却也要付出巨大的代价。他们需要承担法律风险。权钱交易必然涉及违法犯罪行为，企业家将背上原罪的枷锁，丧失自由与独立人格，永远生活在权力的阴影之下，企业也将成为政治的附庸。一旦政治矛盾激化，企业家就会沦为政治斗争的牺牲品。此外，近年来互联网社会媒体发展迅猛，中国公众的民主与权利意识形成潮流，信息化环境与民意发展使得网络监督与反腐更为便利，权钱勾结行为难以掩藏与遁形。因此，过去看似致富的捷径，今天却往往是通往灭亡的悬崖。

这样做，企业家需要付出的另一项巨大的隐性成本是道德与良心的沦丧。权钱勾结必将涉及不公平交易，以其他公司甚至社会公众的利益损失为代价获取商业利益，从而破坏了社会公平、正义等基本价值观。企业家一时被利益所迷惑，但是良心却会因此不安，长此以往对企业家的心理健康不利。

2000年以来，企业家因权钱勾结出事的例子不胜枚举。徐明就是典型，他与他的大连实德集团“其兴也勃焉，其衰也忽焉”。1992年，年仅21岁的徐明刚刚创业，在没有任何经营经验的情况下，就承揽了大连站前胜利广场、星海湾、金石滩高尔夫球场等30多个大型土石方工程。在此之后，大连市整体更换建筑塑钢门窗的行政命令，成就了大连实德集团在PVC型材产业领域的领先地位。徐明本人2005年也一度跻身福布斯中国富豪榜第8位。然而，随着相关政治案件的侦破，2012年3月15日晚间，大连实德董事长徐明因涉嫌经济案件被相关部门控制，实德集团也随之被各方清算。

与徐明类似，2003年，上海首富周正毅因涉嫌虚报注册资本罪与操纵证券交易价格罪被判刑3年，2007年又以行贿罪、虚开增值税专用发票罪、挪用资金罪等数罪并罚判刑16年。2006年，福布斯2005年中国内地富豪榜第16位的张荣坤因非法取得上海社保局32亿元资金用以收购沪杭高速上海段经营权而被捕，2008年被判处19年有期徒刑。

中国企业家如果选择保持独立与走市场化的道路，就会面临另一类问题。拒绝与权力相结合的后果是丧失关键资源的支持，尤其是在部分垄断性产业，甚至连最基本的经营牌照都会丧失。即使是在竞争性产业内，由于在土地、资金等经营资源等方面的先天不足，这些企业也会在残酷的竞争中处于劣势。在与国有企业、权贵资本的商业竞争中，民营企业必然受到排挤与打压，处境凶险。

从2008年到2012年，历时4年的山东钢铁集团收购重组日照钢铁集团的攻防战，充分说明了民营企业在面对国有企业及地方政府时的弱势地位。2008年，杜双华以70％比例控股的日照钢铁已经成长为民营钢铁企业的翘楚。2007年该企业生产能力达1100万吨钢，实际产钢775万吨，销售收入228亿元，利润超过50亿元，无论是盈利能力还是企业前景都一片光明。然而就在这一年，山东省地方政府以钢铁产业结构调整、建设大山东钢铁集团为目标，提出山东钢铁集团收购重组日照钢铁的设想。单从市场经济交易双方自愿的原则看，杜双华显然不愿意放弃这样优质企业的控股权，并可以拒绝这一交易。然而，尽管杜双华使出浑身解数，最终也无法逃脱日照钢铁被收购的命运，自己也深陷力拓案而被限制离境。

杜双华事件说明，除了民主政治体系的相对落后之外，法治建设的落伍更是中国社会的顽疾。尽管宪法明文规定个人财产权受法律保护，但是在中国现有的司法体系下，在绝对政治权力的影响下，企业家的个人财产与权益却经常受到非法侵占，他们缺乏安全感。

2007年至2012年间，重庆政府发起了“唱红打黑”运动，重庆的企业家遭遇了灭顶之灾。许多清白的企业家被当作黑社会对待，被抓被判，没收财产，甚至被殴打致残。在这一阶段，大量的企业家财产在未经法院认定的情况下，就被打黑专案组控制与转移。重庆企业家成了惊弓之鸟，纷纷将财产转移海外。

## 灰色的社会管理领域

中国改革开放的过程，正是社会不断发展前进的过程。伴随着中国社会的飞速发展与转型，不断会产生新的社会情况与问题。于是，法律、政策等规则的完善就会落后于社会经济发展的现实。此外，各项法规、政策的出台一般涉及社会各个集团的利益，往往要经过社会各个利益集团相互博弈相互妥协的过程，而这一过程必然充满着波折与动荡。因此，相对于快速发展的社会经济现实的管理要求来说，社会规则的建立与完善总是滞后的。这就造成社会管理领域大量的灰色地带。

在社会管理的灰色地带中，部分法律、政策已经过时，它们不符合社会发展的基本要求，也难以体现社会最新的价值观与理念。基于社会的现实需要，违反现有法律、政策的行为就会大量发生。这是一类违法但合理的特殊行为，因其违者众多造成法不责众效应，司法系统及政府往往对这一类违规行为睁一只眼闭一只眼。

过时落伍的法规、政策与经济发展的灰色领域为中国企业家的经营带来重大风险。面对尚不完善的法律政策规定，如果企业家谨慎保守，等待相关规则完善后再进入经营，显然会错失发展的重大商机；如果大胆冒进，不管相关法律政策，先进入灰色地带干了再说，就会冒重大违法风险，很可能被秋后算帐。这样，企业家又进入了另一个两难，“要么在规则完善中等死，要么突破规则找死”。

民间融资领域就是典型的灰色领域。民间融资市场的兴旺是建立在社会经济现实需要的基础上的，这个现实需求就是中国民营企业的融资需求及困境。在中国，银行大多是国有体制，它们在选择贷款客户时会综合考虑经济性与政治安全性，贷款给大型国有企业及政府单笔金额大，政治风险小，显然比贷款给中小型民营企业要合适。在这样的现实下，中小型民营企业很难获取银行贷款的支持。即使央行通过降息刺激经济的发展，降低的资金成本也轮不到民营企业享受，补贴的还是国企与地方政府。在直接融资方面，如果对国内证券市场上市公司市值做个简单的分类统计，你就会明白与民营企业对中国经济的贡献相比，它们的上市融资额简直微不足道。中国资本市场更多承担了为国有企业融资脱困的重任。

在直接融资与间接融资均困难重重的情况下，有些企业不得不开展民间借贷与融资活动。在中国民间尤其是温州等经济发达地区，民间金融极为活跃，正是依靠民间融资的支持，民营经济才获得蓬勃的发展。然而，依据国务院 1998 年发布施行的《非法金融机构和非法金融业务活动取缔办法》，凡未经相关部门依法批准，以任何名义向社会不特定对象进行的集资，都属非法集资。我国刑法明确规定了对非法集资罪的惩处条款。显然，这一政策与法规落后于时代与社会的发展。近年来，民间借贷合法化、银行业向民间资本开放等修改法规与政策的社会呼声不绝于耳，但由于涉及利益的调整，新的立法迟迟不能出台。在新的法律政策出台之前，民间金融属于典型的灰色经济领域。于是，许多中国企业家因非法集资而获罪。

河北大午农牧集团孙大午的案子就是典型案例。孙大午依靠农牧业起家，有自己的个性与原则，不愿遵循社会潜规则通过建立和维护与当地金融机构的关系获取资金，因此在企业经营中遭遇融资困境。为破解困境，孙大午开始在自己亲戚中借款，后来又扩展到企业员工，最后进一步扩展到相关村庄。2003 年，徐水县法院以非法吸收公众存款的罪名判处孙大午有期徒刑 3 年、缓刑 4 年。孙大午一案在社会上引起极大关注与讨论，最重要的原因是孙大午是走正道的民营企业家，他具有良好的信用，拒绝与权力勾结获取利益，甚至特立独行大胆直言，具有理想主义色彩。这样优秀的企业家获罪，只能让我们反思是否是整个社会制度系统产生了问题。

除了孙大午之外，德隆系的唐万新、差点被判死刑的浙江本色集团吴英，都是因非法集资罪被判刑。2013 年，湖南企业家曾成杰因集资罪被执行死刑，引发了极大的社会争议。

另一个典型的灰色领域是历史包袱问题。在企业发展的早期历史上，由于需要规避当年落后政策的限制，采取了戴红帽子等权宜妥协之计，结果到今天反而背上了不必要的历史包袱。对这类历史包袱解决不当，就会置企业家于危险的境地。

1991 年，仰融与辽宁沈阳市合资成立了沈阳金杯客车制造有限公司，并拟将其包装到纽约证交所上市。在上市过程中，为规避相关政策限制，仰融出资与人民银行及另外几家机构成立了一家非政府组织，名为中国金融教育发展基金会，作为华晨中国的股东机构。实际由仰融全权管理、控制和支配基金会在华晨中国的股份。1992 年，华晨汽车成功登陆纽交所。然而，这一不得已而为之的举措埋下了祸根。10 年之后，2002 年辽宁省政府宣布基金会名下的所有股权均为国有资产，并解除仰融董事长的职位。同年，辽宁省检察院以涉嫌经济犯罪为名批准逮捕仰融，仰融不得不出走美国。

仰融案形象地说明了在法治建设落后的社会中，灰色领域成为个别官员寻租及权贵资本猖獗的沃土，而企业家就如同待屠宰的肥猪，毫无自我保护与反抗能力。

审视一个社会的健康程度，重要的指标是维护社会健康运作的基本社会规则是否反映了社会发展现实的要求。法律的更新与建设，各项社会制度的制定，不应当来自某些个人的主观意愿，而应当反应客观的社会现实要求。

中国社会进入洞穴期的一个重要标志就是法律、政策等社会规则的过时、僵化，社会管理出现大片灰色领域。

## 商业对信仰的胜利

中国社会近 30 年的改变是以市场化改革为主要驱动力的。然而，市场经济不仅会释放经济的活力，还会对社会的价值观与思想观念产生重大的影响。市场经济是以人类的自利性为基础的，正是公司与个人对私利的理性追求，才会促进社会的竞争与专业化协作，最终反而有利于社会整体利益的达成。因此，市场经济鼓励社会公众努力追求个人私欲的满足。这相当于将人内心中欲望的野兽唤醒并释放出来，无形中放大了人的私欲与期望。长此以往，社会就会产生功利主义的潮流，一切以金钱来衡量价值，人与人之间的关系会交易化、庸俗化。

当市场经济逐步深入到社会生活之后，商业化的潮流将中国社会中的每一个人裹挟其中，不能自拔。如果这一物质化的巨大力量不能被同样等级的精神信仰力量制约，社会最终会失衡并发生系统性危机。

在西方，商业化的力量受制于基督教信仰的制衡。市场经济与基督教文明相互制约又相互融合，形成了相对健康的平衡社会。

在中国，商业化的强大力量并没有遭遇精神信仰的像样抵抗。经过近现代中国社会的革命进程，传统儒教对中国人思想的统治已经被推翻。尽管当今还有许多组织与个人妄图在中国重树儒教权威地位，然而时移世易，儒教注定只能像幽灵一样徘徊在中国的上空，想为它招魂是很难的。此外，佛教庙宇尽管香火旺盛，但是其教义却对中国主流社会人心的影响微弱。道家的影响力则残存在少数知识分子精英中，对俗世的影响微不足道。中国传统儒释道思想几乎全军覆没，旧的信仰丰碑已经崩塌，而新的精神大厦却还未曾建立起来。

在这样的情形下，商业化的铁骑在中国人沙漠化的精神世界里一马平川，对中国人的心灵与思想进行侵略。商业化 30 年后的今天与过去相比，中国人的精神世界发生了巨大的变化。过去，人与人之间的交往则多是精神交流。而今天，人与人之间的交往则多是基于利益和交换；过去，婚姻是因为爱而建立的。而今天，婚姻更像是一个有关房产的交易；过去，年轻人一般为理想和信念而活。而今天，起作用的是功利、算计与未老先衰的心力。

在民主政治与法治建设相对落后的情况下，社会公正、平等、诚信等基本价值观准则不断被践踏。它们与商业化一起，导致社会组织与个人的信仰与道德价值观普遍缺失。而文化、价值观是一个社会的根基与土壤。如果根基动摇了，土壤风化了，整个社会就会崩塌溃烂。

这正是中国社会进入洞穴期后的典型特征。功利主义、庸俗倾向、道德缺失就像癌细胞一样侵蚀着社会组织与个体，导致各个社会组织正常功能的丧失，个人内心道德底线的崩塌，社会信用的整体破产。在这样的社会状况下，政府缺乏公信力，教育机构没有承担起教书育人之责，医院远离了救死扶伤的基本宗旨。社会风气冷漠、浮躁、世故，社会中人焦虑、痛苦、茫然。

企业作为社会组织的一员，不可能不受到这样的社会状况的影响。

如果商业道德的沦丧成为社会普遍现象，不道德的商业行为成为整个行业心知肚明的潜规则，那么坚守道德底线的企业必然因丧失竞争优势而被淘汰。而如果为了生存随波逐流，那么从长远来看，企业必将面对社会公众信任危局。这样的困局已经出现在中国乳业的企业当中，三鹿婴儿奶粉事件揭示出中国乳业的三聚氰胺乱象，进而引发的全行业社会信任危机至今还在发酵中。此外，瘦肉精阴影下的中国肉制品行业、速生药材的中药产业、掺假的羊肉制品行业、地沟油阴影下的餐饮行业都存在类似状况。蒙牛的牛根生和双汇的万隆，都因此而陷入困境。

此外，整体社会不道德的环境还体现在非正常的商业竞争之中。健康的商业竞争是市场经济优胜劣汰的重要机制，然而不健康、恶性的商业竞争却对企业的健康发展产生重大危害。这类竞争并非运用价格、品牌、技术、质量、服务等正当的商业手段，而是破坏公平的商业规则，运用商业外的不道德的手段达到消灭竞争对手的目的。在整体社会道德崩溃的大环境下，企业家不得不随时面对这样的暗算。

2012 年三一重工宣布迁往北京，暴露出三一重工与中联重工同城兄弟之间的恶性商业竞争。三一董事长梁稳根抱怨自己的儿子遭受绑架的威胁，公司高层决策会议被窃听，公司正常的经营遭受阻挠。

类似的是，在 2013 年农夫山泉饮用水标准公关危机中，农夫山泉董事长钟睒睒怒斥《京华时报》27 天 67 个版面针对性报道是蓄意的行为，背后有竞争对手的指使。事实上，中国企业之间的竞争中，利用媒体泼污水，甚至通过公关公司操纵水军引导舆论的手段屡见不鲜。无论是在蒙牛与伊利之间的竞争中，还是在 360 与腾讯的口水仗中，都可以看到这样公关手段的影子。

除了不道德的竞争对手之外，企业家还需要应对腐败的官员、不良的媒体记者和丧失职业道德的经理人。

如果得罪了地方税务部门的官员，企业就可能不得不预缴税、多交税，否则就会面临停发发票的情况，导致无法经营。企业的产品销往异地时可能会遭遇当地工商、技监部门的刁难，“不听话”的企业轻则产品被没收、罚款，重则媒体曝光，产品下架。

企业家还可能遭遇不良媒体的敲诈。为了获得个人利益，这些媒体将社会公器私用，动辄以报道企业的所谓违法事实为威胁，收取企业的“公关费”了事。这些媒体将企业家视为谋利的对象，要么将他们捧上天堂，要么又一下将他们打入地狱。

企业家还必须应对丧失道德的职业经理人的打击。在道德水平普遍低下的大环境下，企业家碰到缺乏诚信的职业经理人的概率在增加。最常见的是经理人以公谋私，贪污腐败；有些高层经理人勾结其他股东篡夺企业家的权力；有些负责销售的经理人结伙跳槽或是另立门户，挖走公司的客户资源；有些技术骨干以技术及产品研发承诺为诱饵，获得高薪与福利，但结果或是达不到目标跳槽走人，或是研发成功后带走公司的商业技术秘密。

进入洞穴期之后，中国社会必然要度过一段黑暗的时代。作为大社会的一分子，中国企业家也就必然承受整个时代带来的重压。于是，在每个企业家经营的个人历程中，就不可能不遭受时代的磨难。这些磨难在每个企业家身上的发生看似偶然，然而从整体来看，从历史与时代的大视角来审视，却势所必然。它们是中国企业家群体经营历程中必然要承受的一个部分。然而，我们必须深刻认识到磨难本身并不是洞穴，它们是客观条件。当时代的磨难与企业家的主观思维相碰撞后，有些企业家会陷入洞穴与困境。另有企业家则有应对的智慧，保持企业与个人的健康生存。结果的不同取决于企业家是否拥有克服时代重压的智慧。

# 动荡的商业环境
# ——不确定性和最熟悉的陌生人

中国企业家的修炼之旅就如同唐僧西天取经，一劫之后是新的一劫。在克服了时代的磨难之后，他们还会遭遇到动荡商业环境的考验。

## 商业环境的变化

我在上文提到，企业洞穴期的本质是企业原有商业模式无法适应变化了的商业环境。因此，商业环境的变化就是企业进入洞穴期的关键驱动因素，而企业家无法适应变化了的商业环境，正是陷入洞穴的主要原因。

近年来，中国商业环境的构成要素，如政治、经济、法律、技术、人口、行业、全球等均出现了巨大的变化，它们相互影响相互作用，累加起来成就了整个商业环境的巨幅波动。2000年后，中国商业环境的变化无论是幅度还是频率都远远超过过去。

尽管2000年之前商业环境也在变化，但是变化的性质却不相同。如果将过去商业环境的变化比作乘坐旋转木马，那么今天商业环境的变化就如同乘坐过山车。旋转木马也在运动，但是运动变化的速度比较慢，运动的方向与轨迹比较单一，人们对这种类型的变化容易适应，乘坐旋转木马时往往感觉轻松愉快。而过山车就完全不同了，它的运动变化速度快、变化幅度大、运动方向复杂。这样的变化速度与幅度已经大大突破了人们的适应阈值，乘坐过山车之后绝大多数人都会恶心、呕吐、浑身难受。当企业家面临当今环境中巨大的不确定性时，同样会感到无所适从。

这种环境动荡特征在中国宏观经济政策近年来的变化方面体现得最为明显。2007 年底，中央经济工作会议的精神是“防过热，防通胀”，2008 年全球经济受美国次贷危机的影响面临衰退，中国经济面临危机。于是，2008 年底中央经济工作会议精神马上转变为“保增长，防通缩”。2009 年中央实施的 4 万亿经济刺激政策再次点燃了中国经济的热情，2009 年底中国经济“保八”成功，成为全球经济衰退中的唯一亮点。然而，为应对 2010 年房地产的突发暴涨与通胀压力，2011 年政府出台了严厉的房产调控政策，2012 年中国经济增速出现了明显的下滑，“稳增长”又成为政府经济政策的主题词。

随着整个中国宏观经济的巨幅波动，股市、房市、能源市场、矿产市场等要素市场也随之剧烈变化。中国股市在 2007 年曾经达到 6000 点整数大关，而 2008 年又巨幅下跌到不到 2000 点，就在大家陷入绝望的时候，2009 年再次恢复性上涨到 3000 点以上，而当股民再次燃起对新一轮牛市的渴望之时，2012 年股指则再次跌落 2000 点左右，回到 10 年前的指数水平，2013 年股指一度跌落到 2000 点以下。中国房地产价格自 2000 年始涨幅惊人，尤其是进入 2010 年后上涨近乎疯狂，北京、上海等一线城市房地产价格几乎一天一个价。在政府出台史无前例的房地产调控政策之后，到 2012、2013 年，房产市场尽管短期价格稳定，但未来仍蕴含着极大的不确定性。能源市场同样波动惊人。以煤炭市场为例，在 2002 年以前煤炭是被人冷落的市场，2002 年是煤炭市场的拐点，自此煤炭价格逐年暴涨，到 2008 年中期受次贷危机影响煤炭价格突然暴跌，2009 年起又恢复性上涨。而 2012 年随着宏观经济景气度下滑，发电量不足，再次出现煤炭在中国各个港口堆积如山的现象。

中国企业家明显不适应这种剧烈的变化。

回顾中国手机行业近 10 年的发展，有利于我们充分理解环境变化给企业家决策带来的重大影响。

中国手机行业从2000年到2013年的10多年可谓沧海桑田。2000年之前，中国手机市场被国际品牌所垄断，中国品牌手机的份额可以忽略不计。然而，从2000年开始，国产手机品牌凭借地利优势，通过构建遍布城乡的销售网络及产品微创新等举措开始发力。由于当时国际品牌销售实行的是总代理制，销售代理链条过长，无法充分覆盖农村市场，这就给国产手机品牌留下了成长的空间。TCL、波导、夏新等国产品牌飞速发展，到2003年鼎盛时期，国产品牌占据了中国手机市场份额的60%左右。较为典型的是TCL手机，在万明坚的领导下，它的销售额从0跨越到100亿仅仅花了3年的时间，其经典案例是钻石手机的成功企划与推广。2000年初的头3年可以说是国产手机品牌的黄金年代。

然而，2004年起形势突变，诺基亚、摩托罗拉、索爱等国际品牌开始反击。一方面，国际品牌认识到中国市场的复杂性，开始进行销售渠道的扁平化改造，手机零售连锁商业的发展也为国际品牌深入广大农村市场带来便利，国产手机的渠道优势不复存在。另一方面，国际品牌掌握手机行业的核心技术，它们主动掀起手机升级换代浪潮，接连推出了彩屏手机、音乐手机、拍照手机，使国产手机疲于应对。在手机产品升级换代后，老款手机库存就像是巨大的财务黑洞将国产手机厂商吞噬。

国际品牌的好日子还没有维持几年，手机行业又风云突变。2006年起，山寨手机正式登台。山寨手机的崛起得益于手机芯片行业的技术变革。信仰“破坏性创新”理论的台湾联发科老板蔡明介推出了廉价的MTK手机芯片，将手机主板、软件集成。联发科将芯片、软件平台以及第三方应用软件捆绑，向手机厂商提供“一站式解决方案”。于是，制造手机变成了简单的组装加工业。教室大小的房间里就可以建成一个初具规模的手机工厂。自此，以深圳为中心，山寨手机迅速兴起。山寨手机因其价格低廉、产品创新速度快等特性而风靡一时，对诺基亚、摩托罗拉等国际品牌造成了极大的冲击。在此期间，西门子将亏损的手机业务出售给明基，明基并购后消化不良，又重新断尾求生。摩托罗拉手机业务也开始陷入亏损。

2008年，中国电信产业重组，成立了中国移动、中国电信、新联通等三家公司，三家公司均获准经营移动业务，3G业务正式开始启动。手机产业又面临新的变化，运营商订制模式开始推广。过去手机是直接销售给消费者的，而3G时代运营商可以直接向手机制造商定制手机，并与通信费用打包销售给消费者，手机制造商的销售对象发生了转换。华为、中兴等新兴势力依靠运营商定制模式开始崛起。

2009年始，移动互联网迅猛发展，苹果公司重新定义了智能手机产品，实现了划时代的创新。苹果的iPhone手机成为平台产品，平台上的应用商店APP Store与广大独立开发商合作，向用户销售海量的网络软件、游戏、书籍、杂志等产品，苹果公司不仅在iPhone硬件上盈利，还能在用户应用软件下载中分一杯羹。凭借强大的平台能力，苹果甚至与运营商分成流量费。它先后与中国联通、中国电信签约，iPhone进入中国。除了苹果公司外，谷歌公司也推出了安卓智能手机操作系统，向所有手机厂商免费开放，摩托罗拉、索爱、三星、HTC、联想等手机厂商纷纷加入安卓阵营，成为移动互联时代最大的一股势力。因开放与免费，智能手机价格大大下降，逐步在中国普及。反观传统手机行业老大诺基亚反应迟钝，2013年，诺基亚被微软以72亿美金收购。

中国手机产业这10多年的变局，对于局外人来说或许只是一个商业故事而已。即使是在商学院里，教授与MBA学员也只能在课堂上做理性的案例研讨。

然而，对于局内人来说意义就完全不同了。尤其是对中国手机产业的企业家来说，这段经营历史与心路历程无疑是刻骨铭心的。从波峰到波谷的变化浓缩了一生的荣辱，很多人也许永远也没有机会翻盘了。

如果我们设身处地地进入这些企业家的角色中去感受，就会体悟到环境的剧烈变化所带来的经营上的残酷性。如果你是TCL的万明坚，你将如何应对国际品牌的反扑？你能迅速提升TCL手机核心技术能力，改变经营策略，取得TCL高层的信任与支持吗？你能避免像万明坚一样被迫出局，客走长虹的命运吗？如果你是波导的徐立华，面对手机产品升级换代后高达十几亿的老款手机库存，你将如何应对？你能扭转波导2006年到2007年的巨亏吗？如果你是山寨工厂主，你将如何适应3G时代智能手机当道的新局面？如果你是明基的李焜耀，你是否能在收购西门子手机业务之前就体察到全球手机市场的急速变化趋势，压抑自己对明基成为世界一流品牌的渴望与冲动，冷静识别出潜在的购并陷阱？如果你是摩托罗拉移动的前任掌门人桑杰·贾，你能从V系列销售奇迹的成功中迅速冷静下来，发现产业变化的最新动向，并推出创新产品？你能避免2011年被谷歌整体并购的命运吗？如果你是全球手机行业前任老大诺基亚的史蒂芬·埃洛普，面对苹果、谷歌等手机行业的新面孔及其带来的全新商业模式的挑战，面对自身不断下滑的业绩，你将如何在变革与保持稳定之间建立平衡，如何重建自己的核心竞争力？更为基本的是，你足够坚强吗？能经受住从波峰到波谷，再由波谷到波峰的上下跌宕起伏吗？

人们总是习惯于以成败论英雄。其实，中国手机产业的企业家都是非常优秀的人，他们步入困局的根本原因是身处变局。中国手机产业的急速变动就像影片《完美风暴》中的风暴与海浪，作为船长的企业家们在惊涛骇浪之中往往来不及反应就被掀翻在水中。

## 企业自身的演变

除了商业环境的变化之外，企业组织自身也总是处于发展变化的过程之中。企业组织的发展变化使得企业家容易丧失对企业的理解与掌控，这一点同样为中国企业家带来挑战。

许多企业家本身就是公司的创业者，他们可能会辩解说企业是自己所创建的，怎么可能对亲手创建的组织不了解呢？然而，即使企业家是创始人，赋予了企业组织生命，但企业不断发展成长之后，他们也可能丧失对它的理解。企业就像是企业家生养的孩子，一旦诞生，它就具备了自己独立的生命，它会成长壮大，也可能不幸夭折。总之，它拥有自己的命运。在这个过程中，企业家可以尽自己最大努力抚养它，但不一定能够真正理解它。尤其是当孩子逐渐长大成人后，也许突然有一天企业家会发现它变成了最熟悉的陌生人，似曾相识但难以理解。这个时候企业家或许会茫然，会无所适从，不知道如何与它打交道，也不知道自己应当在它的成长中扮演什么角色。

随着企业的发展与成长，组织与业务开始扩张，企业家已经无法叫出所有人的名字，也不能掌控业务运营的所有细节，企业家所面临问题的复杂性会随着企业的规模扩大而几何级增长。企业长大后，企业家可能不得不面对地方政府的要求，面对自己亲属的利益诉求，面对其他股东的不同发展意见，面对企业内部创业元老与职业经理人的争权夺利，面对陌生的新市场与新业务。尽管企业名称没有变化，但是这个自己亲手创建的企业看起来越来越陌生了。无法保持对企业组织变化的洞察与理解，是无数企业家陷入洞穴的根本原因。

肇因于企业家对自己企业组织的理解失误，中国企业界出现了大量的职业经理人“空降”失败的案例。当企业发展遇到瓶颈，或是企业面临转型升级时，企业家往往期望救世主降临，拉动企业进入新一轮发展。然而，企业组织的发展具有特定的历史背景，组织内部也形成了特有的系统生态，这包括习惯、情感、价值观、行为规范、潜规则等。因此，要想通过引入新的职业经理人改造组织，带动公司发展，就必须理解与尊重组织原来的生态，选择合适的职业经理人，系统性地调整组织结构及新的授权与分权关系，规划好职业经理人走上岗位的路径与阶段。只有企业家担负起这一责任，才能期望组织发生好的化学反应，获得好的结果。“空降部队”失败的根本原因就在于企业家不能真正理解企业组织的状态及其发展的机理，将企业发展的希望不恰当地寄托在某个人身上，从而陷入黑暗的洞穴。

1989 年 4 月，为实施宏基公司全球扩展战略，施振荣聘请了 IBM 公司的刘英武为宏基执行总裁，期望具有跨国公司管理经验的刘英武提升与改造宏基管理团队。然而，刘英武忽视了宏基与跨国公司的差异，将 IBM 的经营经验与模式简单照搬，并将“中央集权”文化植入宏基，与宏基原有的相对宽松、民主的公司文化发生了极大的冲突，简单、粗暴的组织改造的结果就是出现了坏的“化学反应”，宏基内部充满了争吵、抱怨与不信任，最终引发了财务危机，刘英武也负疚离职。问题不是出在刘英武身上，而是出在施振荣身上。施振荣的最大问题在于

随着企业的发展与成长，组织与业务开始扩张，企业家已经无法叫出所有人的名字，也不能掌控业务运营的所有细节，企业家所面临问题的复杂性会随着企业的规模扩大而几何级增长。无法保持对企业组织变化的洞察与理解是无数企业家陷入洞穴的根本原因。

迷信所谓跨国公司的管理经验，在刘英武刚刚进入宏基，未能充分了解宏基现状，与组织内部员工的磨合也未到位的情况下，就在重大经营决策上贸然授权，忽视了宏基的特定发展阶段，也忽视了职业经理人的局限性。施振荣出于“疑人不用、用人不疑”的想法，即使混乱的征兆早已出现，也依然支持刘英武。但是，对真诚的偏执使施振荣放下了本应承担的责任。正如施振荣的夫人叶紫华所言：“施振荣没有看到真相，所以我随时都和他争吵。”

企业成长的背后是各项经营要素的变化。随着企业销售规模的增长，库存会加大，应收账款也会增长，相应要求企业流动资金的增加。此外，销售规模增长还伴随着销售团队的扩大，广告促销投入的增加，市场销售费用的上升。销售规模的增长还会引发产销矛盾，导致产品服务交付压力增加，对质量控制与运营管理提出了更高的要求。因此，企业销售规模单一因素的变化会引起一系列其他经营因素的改变。但是，许多企业家无法看清销售规模与企业其他因素之间的联系，单纯追求企业规模的超常规发展，忽略了企业资金实力、营销能力、运营能力、质控能力以及人才吸纳能力等各项要素的协调发展，造成系统内部失衡，导致企业陷入危机。有太多的企业家正是忽视了这一简单的道理而导致失败的结局。

顺驰集团董事长孙宏斌的商业经历就说明了这一点。2003 年 7 月，孙宏斌在中城房网的一次论坛上挑战王石：“我们的中长期战略是要做全国第一，也就是要超过在座诸位，包括王总。”自此，顺驰开始实施了激进的规模扩张战略。利用全国招拍挂土地出让制度的实施，顺驰在全国不计成本地拿地，从 2003 年 9 月到 2004 年 8 月间，它在全国共购进 10 多块土地，建筑面积将近 1000 万平方米，得到“天价制造者”的雅号。顺驰 2003 年实现销售收入 45 亿，2004 年就接近 100 亿，号称全国第一，孙宏斌甚至喊出了 3 年后实现 1000 亿销售收入的惊人口号。孙宏斌的底气在于他对房地产市场的判断以及独特的商业模式设计。他认为，房地产市场在未来一定会大幅上涨的，今年的地王价明年就会变成地板价，他在别人还在招拍挂所导致的高地价面前犹豫的时候，却看到了房地产公司迅速规模性扩张的机会。然而，拿地是需要资金的，如果融资，短期不可能有大的突破，那么实现快速扩张的关键就在于最大限度地提高资金的利用效率。于是，顺驰设计出独特的运营模式，其核心思想是通过推迟付地价，加快建设速度，快速回笼销售款的方式最大限度利用有限的资金。但是，这一战略本身存在着矛盾，高地价导致的高房价与快速回笼销售资金的目标是无法吻合的，于是资金链断裂成为这一战略的必然结果。除资金外，因规模的快速扩张所导致的人才短缺、管理漏洞等问题也愈加突出。2006年，顺驰被迫与香港路劲基建公司签署了股权转让协议，孙宏斌失去了对顺驰的控制权。

## 变化带来的问题与机会

为什么中国企业家很难适应商业环境与企业自身的剧烈变化？

变化意味着企业家从未面对过的情势的出现。面对新情况新问题，企业家没有任何可以借鉴的经验。在变化了的形势下，企业家原来的经验不仅无法借用，甚至成为获取新方法与新思维的阻碍。

无论是诺基亚的康培凯、摩托罗拉的桑杰·贾、波导的徐少华还是TCL的万明坚，他们商业失败的根源就是以过去的经验应对全新的问题，而手机产业环境的变化使得企业家的经验迅速过时。

当今剧烈动荡的商业环境一方面造就了无数失败的企业案例，但同样也为企业家提供了发展的机遇。

19世纪美国银行家内森·罗斯柴尔德说："巨大的财富产生于炮弹落在港口时，而不是在舞会上演奏小提琴时。"

在互联网的大潮下，报纸、电视等传统传媒逐渐衰落，而Facebook、Twitter、新浪、腾讯、开心网、人人网等新型社会媒体公司开始兴起。全球变暖趋势下，随着碳排放成本的提升，劳动密集型制造业的生存会更为艰难，但同时低碳经济的兴起会促进绿色节能、新能源产业的飞速发展。

转动的硬币永远具有两面性，对于一些公司是灾难，而对于另外一些公司则意味着盛宴。

不确定性与变化是公司创造盈利的关键。任何行业如果长期没有变化，都会陷入恶性竞争的红海。在红海市场，哪怕像格兰仕公司已经占据了全球微波炉市场份额第一位，也不能确保自己的利润。只有产业保持不确定性的变化状态，而产业内的企业不断抓住变化中的机遇，才能在动态中达到阶段性的盈利状态。

然而，不确定性与变化是很难预测的。即使是长期在产业中浸淫的企业家，也不可能完全把握产业变化。如果无法预测的不确定性变化是公司盈利的关键，那么公司的成功经营就绝不应建立在对产业环境长期假设的战略规划上。

那么，难道我们要将公司的发展寄托在运气上吗？

这样的观点明显带有宿命的色彩。但是，如果你是在商海里打拼多年的人，就会承认运气在成功的商业经营中扮演了绝对重要的角色。在许多成功企业家的商业经历中，当企业处于千钧一发的危机时，常常会发生不可思议的转机，使得企业避免崩盘的命运。这些形势的转变，不依赖于企业家个人的能力，只能归因于不可知的神秘力量。在商业极端繁荣发达的香港，风水师在商界被追捧，反映出香港商人在经历了无数商场沉浮后，形成了对运气的崇拜。

相关研究表明，公司自身经营策略及有效执行只能解释公司价值的一半，另外一半可以归因于宏观经济与产业环境的形势。所谓“形势比人强”，即使是一个天赋与勤奋并重的企业家，如果没有机遇的垂青，也只能在行业的红海中挣扎。我们通常会高估个人的能力，而低估行业大势的影响。许多企业家创造了优异的业绩，但这只不过是因为恰巧处于爆发性的产业而已。因此，从理论上说，经营的一个有效的方法就是寻找一个处于爆发性增长初期的行业进行投资，并顺势而为。

然而，将商业经营的成功与失败完全归因于运气并不能成立。如果说在一个公司的某一个发展阶段，运气可能会扮演重要角色的话，那么从长期来看，不同公司的运气大致相同。任何公司都不可能永远依靠运气获取长远的发展。

企业家不应依靠运气活着，而是应当靠设计与策划运气而发展。那么究竟如何设计运气？那些有着长期经营历史，并成功进行多次业务变革与转型的企业往往会给我们一些思考的启示。

具有 100 多年经营历史的美国零售巨头西尔斯·罗巴克公司，你能想象到它起家的时候是做什么业务吗？是倒买倒卖！1880 年代，美国农村消费能力较低，创始人老西尔斯从工厂低价大量收购处理不掉的尾货，再向农村市场低价倾销这些处理品。西尔斯抓住这个市场机会完成了公司起步。19 世纪 90 年代后期，美国农村市场消费能力开始提升，但是商业零售业发展滞后，再加上以马车、乡间道路为主的交通体系带来的出行不便，为邮购业务带来机会。西尔斯新一任接班人洛森沃尔德着手建设正规的邮购工厂，将西尔斯商业模式转型为现代邮购业务。时间到了 20 世纪 20 年代中期，随着汽车的出现与普及，美国农民的出行条件得到了极大的改善，邮购业务开始萎缩。面对环境变化，当时西尔斯的掌门人伍德将军提出了构建城乡交界处连锁购物中心的创新商业模式，并领导西尔斯成功进行了变革与转型。此后，西尔斯还历经了 20 世纪 80 年代的布吉克改革，2000 年开始的互联网电子商务革新。直到今天，西尔斯的变革还在持续。

与西尔斯类似，IBM 同样依据商业环境的变化，成功实施了商用机器、大型计算机、PC 等多次业务转型，最近的一次是 2004 年将 PC 业务销售给联想，成功转型为信息科技服务与咨询提供商。

无论是西尔斯还是 IBM，仔细分析它们的发展历程，给我们的最大启示就是它们对环境变化的敏感性以及变革的果断与勇气。通常大部分企业家把他们的主要努力放在现有业务的管理上，然而从西尔斯与 IBM 的案例来看，对外部不确定性的管理或许在创造价值方面具有更大潜力。

简言之，在极度动荡的商业环境下，成功经营的基础不仅建立在运气上，还建立在对产业环境变化的洞察力、敏感性以及改变自身策略适应变化的执行能力上。

无数迹象已经表明，世界不仅是平的，还是变化的。当今急速变化的商业环境预示着中国商业社会已经步入了一个新的时代，在这个时代里，如何适应变化，提升自身变革能力成为商业成功的关键。企业家也只有在这方面下工夫，才能摆脱经验主义给自己设下的思维洞穴，永远站立在行业变革的潮头之上。

# 第二章

# 关系交织的洞穴

# 企业家与股东、员工的关系
## ——现代商业的种子在东方农耕文明的土壤里

### 中国式的合伙关系

中国企业家需要处理的最直接的关系就是与合伙人之间的关系。然而，我所接触的大部分企业家对这一关系的本质并未做深入的思考，而是放任自己的经验与情感去处理，缺乏理性与原则的结果是恩怨纠葛的股东关系，这会对企业健康发展产生不利影响。

为便于理解股东合伙人关系的精神实质，让我们先回顾一下市场经济中公司合伙人关系设计的最初理念是什么。

公司诞生于现代商业文明的土壤里，股东之间的关系是一种典型的以契约为基础的商业关系，这种商业关系强调理性精神，依靠现代公司治理体制及法律进行规范与调节。现代公司治理体制的精髓是降低交易成本，公平体现股东意志与利益，使得社会资源发挥最大作用。

与大多数人的理解不同，这一体制并不强调股东合伙关系的天长地久，而是将重点放在合作效率上。股东合作则同心协力实现企业绩效，股东分手则干净利索、利益清楚，股东将时间与精力投入到新的事业中。这一机制不仅有利于股东各自利益的实现，还在整体上提升了市场的效率与企业的效益。

不强调合伙关系的长久是源自商业的无常。在创业期或是公司发展的特定时期，股东们的利益与观点的共性大于差异，大家拥有不同的资源及能力，有相互合作的需要，合伙成为这个时点的最佳选择，于是股东们通过创建公司走在了一起。在此之后，随着企业的发展，股东的利益、资源、心态、想法也在发生改变，股东在企业中所扮演的角色也不断发生着变化。于是，股东之间的冲突与矛盾在所难免。大家或是对企业的重大决策存有分歧，或是对企业的控制权进行争夺，或是对利益分配的看法不一致，或是对各自的行为与贡献存在不满。当这样的矛盾冲突无法在股东会协调解决的时候，股东们能够用简单和平的方式分手，比不得不绑在一起，在痛苦与纠结中相互忍受与煎熬要好得多。

苹果公司的成功就部分归功于这一体制。尽管乔布斯是苹果公司的创始人，但是当苹果上市后，乔布斯狂妄自大，经常越过正常管理组织与流程直接干涉产品研发等工作，使得他与公司董事会及管理层矛盾激化，公司董事会联合部分股东提出动议免去了乔布斯的管理权力，乔布斯被迫于 1985 年离开了苹果公司，并抛售了苹果股票，开始二次创业。到 1996 年，苹果公司陷入困境，而乔布斯的二次创业成功证明了他的能力，苹果公司股东会、董事会邀请乔布斯以换股的方式重新回归苹果大股东的地位，并赋予他执掌公司的全部权力。乔布斯带领苹果公司实现了众所周知的成功。在这个实例中，现代公司治理结构对苹果的二次崛起发挥了关键作用。它竟然能做到将公司的创始人赶出公司，也能够在公司不利的形势下将被赶出去的创始人再请回来。这种让人匪夷所思的做法的背后，正是市场经济理性精神的作用。

然而，公司治理结构所体现出的理性精神在中国却遭受了挑战。中国经历了几千年的农业社会，农业文明的价值观依然占据着社会主流。当市场经济引入中国，公司这一现代商业主体移植到农耕文明的土壤上时，必将受到深刻的影响。中国合伙人在处理彼此之间的商业关系时，往往缺乏理性的精神，而是掺杂了中国传统文化中情与义的成分。于是江湖义气、兄弟感情与理性计算、利益权衡纠缠在一起，使得中国公司的股东关系更为复杂纠结，形成了典型的中国式合伙关系。

中国式合伙关系在许多企业的发展历史上都反映了出来。柳传志与倪光南在联想成立十年的时候分手，反目成仇。联想退出倪光南主导的汉卡市场，倪光南状告柳传志有经济问题。万通兄弟六人创建公司，当兄弟情谊与商业利益关系发生冲突时，合伙人关系变得异常复杂纠结。冯仑回忆分手时谈到："我住在保利大厦1401房间，潘石屹住楼下，我们很痛苦地讨论着，等待着，就像一家人哪个孩子都不敢先说分家，谁先说谁就大逆不道。"

中国式合伙关系还体现在处理股东矛盾的方式上。中国人不习惯公开谈判，而更愿意使用权谋之术。中国具有几千年封建专制历史，这样的社会中人们更习惯于零和游戏。零和游戏的本质是我的收益就是你的损失，我只有吃掉你才能得益。皇帝只有一个，我只有踩着你的尸体才能上去。在这个背景下，中国传统文化特别尊崇权谋之术。无论是《孙子兵法》，还是当下中国人喜爱的《甄嬛传》之类的宫廷戏，权谋之术都是核心要素。受传统文化的影响，中国企业家大多具有零和思维惯性，喜爱运用权谋之术处理商业问题。然而，商业的本质并非零和游戏，而是一场双赢多赢的游戏，股东们通过共同做大蛋糕来扩大每个人的分享收益，这是股东关系的本质。考验企业家的是能否不断发现与创造合作方共同的商业价值，而非相互之间的低层次竞争。健康的股东合伙人关系需要阳光、公开、坦诚，而中国企业家往往习惯于背后搞小动作，这就会损害合伙人之间的相互信任基础，将商业合伙关系拖入恶性斗争之中。

在2012年雷士照明的股东纠纷事件中，雷士创始人吴长江与软银赛富投资人阎焱、施耐德中国区总裁朱海之间展开了一场斗争与妥协的大戏。从吴长江辞去董事长职务开始，到他回归雷士照明为止的4个多月时间里，各种剧情持续上演，有吴长江夫妇接受重庆案件调查的传言，有员工与股东决裂、威胁罢工的情节，也有核心供应商另外注册品牌、威胁断货的说法，而雷士照明的股价则一路狂跌。面对现实的利益，事件最后以股东们的妥协收场。然而，股东之间的伤痕已然造成，为雷士照明的未来发展埋下了隐患。

中国式合伙关系还缺乏契约精神。中国传统社会强调以德治国，通过道德建立社会规范与社会秩序，这明显是自上而下的统御方式。而在市场经济的诞生地欧美民主社会中，任何社会上层建筑存在的合法基础都是人民基于契约的授权，明显是自下而上的民主方式。二者之间的思维方式与价值观完全不同。受中国传统文化影响的企业家认为应当以情动人、以理服人，强调事情的合理性，只要符合情理与道德规范就可以无视契约的存在。表现在谈合同时碍于情面不愿细究条款，羞于讨价还价，而签约之后一旦发现合同对自己不利，就会有一种受骗上当的感觉，于是想尽各种方法在背后违反合同约定。你不讲理在先，我就是这样做你又能把我怎么样？而秉持现代契约精神的人认为人都是自利的，情理在商业中不是重点，真正重要的是对契约的尊重，表现在谈合同时使用一切对自己有利的策略，甚至运用阳谋诡计，合同签约后如果出现对他人有利的情况就愿赌服输，而出现对自己有利的情况也不会客气，谁让你这么笨！契约精神降低了市场交易费用，如果没有对契约的尊重，现代商业信用体系就无从建立，现代商业社会也就丧失了根基。当中国企业家与欧美跨国公司建立商业合伙关系之后，理念的差异与行为方式的不同就会导致剧烈的矛盾冲突。

最能体现上述观点的事例就是娃哈哈与达能的股权纠纷大战。1996 年，在与达能、百富勤的合资谈判中，宗庆后并未识别出达能的战略性控股意图，也未能看透达能与百富勤之间的合作关系。亚洲金融危机之后百富勤将股权销售给达能，掌握控股地位的达能与创始人宗庆后之间必有一战。当 2007 年双方矛盾激化后，宗庆后无视合同的契约规定，与达能对簿公堂，动员员工、经销商与消费者声援娃哈哈，大打民族牌。在中国特殊的政治法律环境下，双方最终妥协。娃哈哈尽管在合同上有缺陷，依然拿回控股权。这看似是宗庆后的胜利，但是娃哈哈也付出了高昂的股权回购代价。更重要的是娃哈哈与达能合资，除了资金的利益之外，并未能从达能身上学到现代管理模式与食品运营经验，这样的股东分裂使得娃哈哈重新回到一个封闭的系统中去，过度依赖宗庆后个人的经验与营销天赋，加大了未来经营的风险。

## 复杂的企业人际生态环境

企业组织是由人构成的，而人既是自私虚伪的，又具有高尚品德，因此人是世界上最难懂的动物，由人组成的组织无疑也是最难理解的。请你想一想，100个人的肚子里装着100条心，你能搞懂每个人的真心吗？人与人之间又形成了不同的关系圈子，你能看透所有或明或暗的关系网络吗？

中国企业家所面对的组织生态更加复杂。如我在上文中的分析，零和游戏、权谋的思维已经深入到中国人的血液中，漠视规则、重视情义成为中国人的惯性思维。这样的思想习惯与思维反应模式造成中国企业内复杂的人际生态环境。这种复杂的内部人际关系与洞穴期中国道德底线崩塌的环境一起，给企业家带来极大的经营风险。

中国企业复杂的人际生态环境导致的经营风险以多种形式体现出来，对企业家的应对能力带来挑战。

中国企业人际环境复杂所导致的一个重大难题是企业内部的政治斗争。企业内部的股东、高管、员工的背景不同，部门不同，价值观不同，对公司的要求与期望不同，就容易形成非正式组织、小团体、潜规则，公司政治就会随之出现。而企业组织内的资源与权力有限，小团体与派别会为争取各自利益而相互竞争。派别内的员工不自觉地团结在一起，派别间会为了派别利益而进行斗争。出于中国人天生的斗争精神，中国企业的内部权力斗争往往异常激烈。

我们经常能观察到，企业在成长转型期，往往会面对创业元老与职业经理人之间的权力斗争。创业元老是最早加入企业的那一批人，他们一般是小股东，与老板是亲戚或是朋友，在企业创业史上立下过汗马功劳。但是创业元老的学历一般不高，职业能力与素养不高，难以适应公司发展壮大后的新形势。职业经理人则是企业发展壮大后，企业家高薪聘请过来的职业管理精英。他们工作经验丰富，学历高，能力强。由于出身与经历不同，创业元老与职业经理人往往矛盾重生。创业元老感觉职业经理人不可靠，他们的到来是对自己既得利益的威胁。而职业经理人则在经营管理理念上与创业元老不一致，他们瞧不起创业元老土得掉渣的语言与行为方式，双方为了生存，不自觉地凝聚在一起。企业家则夹在双方中间，很容易迷失而错判形势。如果企业家无法有效控制局面，那么这样的内斗会打破企业正常的组织管理秩序，导致企业内部缺乏相互信任，经营管理陷入混乱。

中国企业人际关系复杂导致的另一种风险是职业经理人对老板的逼宫。职业经理人或是联合其他股东篡夺企业控制权；或是带领手下人集体辞职，带走公司客户资源，另立山头；或是窃取公司技术商业秘密，跳槽到竞争对手那里去。

2010 年黄光裕与陈晓之间的决斗就鲜明地体现出中国企业内部斗争的复杂性。永乐被国美收购后，陈晓在 2008 年黄光裕服刑期间被委任为董事局主席，实际上是高级职业经理人，为大股东黄光裕及中小股东打工。然而，2010 年起，陈晓暗地联合贝恩资本等股东，并招安国美部分旧将，企图稀释黄光裕家族在国美的股份，篡夺国美主导权。尽管这场决斗以黄光裕最终取胜为结果，但是国美却遭受重创，一蹶不振。

如果你深思整个过程，从陈晓 2006 年被迫将永乐卖给国美，到忍辱担任国美总裁，再到趁黄光裕被拘押将贝恩资本引入国美，最后到冲突公开后一系列谋略之术的使用，我们不得不感叹中国职业经理人心思之深、用心之重。

2000 年，创维集团中国区销售总经理陆强华率领 100 多名创维营销中高层经理集体投奔竞争对手高路华，带走了创维营销团队的半壁江山。这就像是一颗重磅炸弹，让黄宏生措手不及，对当年的创维产生重大影响。

除了职业经理人逼宫之外，民企内部腐败问题也是一个重大风险。即使不像职业经理人逼宫那么具有戏剧性，企业内的腐败问题却具有更大的侵害性。由于自利性是人的本能，因此权力往往滋生腐败，这几乎是“自然法则”，任何组织都无法完全避免。然而，中国法律对于民营企业的保护异常欠缺。如果国有企业出现员工腐败行为，可以用侵吞国家财产罪判刑，而民营企业的腐败行为却往往难以追究。在实践中，许多企业的贪腐行为得不到惩罚，导致员工有恃无恐，腐败问题扩大化。

腐败问题越来越成为令中国企业家头疼的问题。无论是阿里巴巴集团执行副总裁卫哲因内部员工腐败而辞职，原聚划算总经理阎利珉因涉嫌非国家工作人员受贿罪被杭州警方带走，还是华为董事会2013年初的高调自律宣誓大会，均反映出民企内部腐败问题的严重程度，也昭示了马云、任正非等企业家对企业反腐的高度关注。

## “朱元璋陷阱”

由于中国企业复杂的人际生态环境，许多企业家都吃过这样或是那样的苦头。据我观察，相当一部分的企业家多疑、紧张、提防心理严重，采取多种不正常手段监控员工。然而越是这样，越容易陷入“朱元璋陷阱”中。

明朝开国皇帝朱元璋出身草根，青少年时期饱受贪官污吏的欺凌，在心中存有对一般官吏的深刻怀疑与憎恶。于是，明朝初年，当他打下江山之后，建立了一整套对官员、老百姓监控的严密制度，这包括锦衣卫、里甲制度等。在这一制度下，几乎人人都成为告密者，这就像是编织了一张无所不在的大网，将所有人罩了起来。其成果也是显著的，明初的胡惟庸案、蓝玉案等大小案件牵扯了成千上万的官员与亲属入狱甚至掉脑袋，官员人人自危。由于官员入狱太多，造成人力短缺，有些地方竟然出现了官员戴枷开堂的现象。然而，这一看似严密的制度与方法并没有奏效。少数亲信利用特权变本加厉，官员贪腐现象愈演愈烈，朱元璋反而失去了对真相的洞察。最终，朱元璋被迫部分调整了过于极端的政策。

我们可以将朱元璋的信息控制失败原因简单归纳如下。由于领导人过度怀疑他人，害怕被他人欺骗，就采取一切手段来监控他人，培养亲信耳目，从而制造出紧张、恐怖、压抑、人人自危的黑暗环境。在这种环境下，绝大多数人不敢讲真话，说实情。于是领导人所获得的信息被少数所谓亲信垄断，自己非但没有看清真相，反而陷入黑暗的洞穴之中。这就是领导者在认知问题上容易陷入的“朱元璋陷阱”。

那么“朱元璋陷阱”的本质到底是什么？这就不得不谈到哲学上的认识论问题。朱元璋其实是迷失在主客观二元论的迷思之中。

主客观二元论是人类在认识论上的传统观点，它主张在认识世界里存在着完全分割的主体与客体，认识客体具有客观性与确定性，认识主体通过观察、实验、学习等手段，可以获取认识客体的属性与发展规律。从表面来看，这好像是合理的。

但是，主客观二元论最大的问题是忽略了认识主体与认识客体之间所存在的密切联系。实际上，主体与客体处于同一个认知系统之中，它们之间相互作用又相互依赖，共生共存，不可分割。

简言之，朱元璋的错误就在于忽视了自己作为认识主体在整个认知系统中所起的关键作用。明朝官吏的行政效率与清廉贪腐情况并不是全然客观的，它们受官场环境系统的巨大影响。而在封建帝制下，皇帝朱元璋对这一系统显然具有决定性作用。这一系统包括封建政体、行政管理制度、科考制度、晋升制度、薪酬制度以及官场文化与潜规则等内容。

在这样一个官僚系统中，认知主体——开国皇帝朱元璋的做法同样会对认识客体——明朝官吏产生重大影响。朱元璋担心被欺骗，怀疑一切大臣，他采取的白色恐怖政策反而进一步恶化了官吏的行为，自己也被少数亲信所蒙蔽。这一点是朱元璋万万想不到的。

事实上，认知主体自身也构成了整个认知系统的一部分。当我们面对一个头脑清醒、值得信任的人的时候，我们往往会放松下来，倾吐衷肠；当我们面对一个阴险狡诈、反复无常的人时，我们会紧张失措，下意识保护自己，不敢和盘托出所有真相。当我们处于一个宽松、民主、快乐的工作氛围中时，我们往往会知无不言、言无不尽；而当我们处于紧张、专制、阴郁的工作氛围时，我们往往会吞吞吐吐、虚与委蛇。

在中国特定的历史文化背景下，与轻信他人而被蒙骗相比，步入“朱元璋陷阱”的企业家更多。这类企业家将所有人视为假想敌，在他们的眼里，所有人都是别有用心的，总是处心积虑地从他这里欺骗钱财。于是，他处处设防。在组织内部，他倾向于打破正规的组织秩序，重用自己的亲属或是亲信，使用“锦衣卫”式的人物监控干部员工。这种做法会毒化组织氛围，使组织内人人自危，人们就更加不肯说真话。具有讽刺意味的是，他所信任的亲信往往反而是最终出卖他的人。当他发现被欺骗之后，就进一步强化了不能相信人的心理误区，于是心理上的恶性循环就此形成。最终，这类企业家会画地为牢，丧失了真实的信息来源与信息辨别能力，从而陷入自己挖掘的陷阱之中。

## 员工动机的复杂与变化

基于人性的复杂，员工工作的动机是多元的。人不仅要考虑金钱、地位等与生存发展相关的物质因素，还要考虑人类精神层面的追求。在一个组织的内部，员工对于基本薪酬福利的需求是物质性的，这是员工的基本工作驱动力，而员工对于工作的成就感、团队归属感、自我实现的需求则是精神性的，这同样构成了员工工作驱动力的重要组成部分。如果企业家忽视员工的物质性利益，一味强调组织文化的感召，在员工饿肚子的情况下还要求员工具有奉献精神，显然会犯过于天真的错误。但是，如果企业家过于强调员工的物质自利性，而忽视员工的精神自觉性，则会步入另一个陷阱。

我熟悉的一家企业有一个非常奇怪的现象。每年春节之后，大部分员工与老板之间都要进行一次待遇谈判，谈判的结果决定了员工是否留在公司工作。这种方式反映了员工的短期打工心态。老板与员工之间是劳动力买卖关系，而非一起创造事业的共同体。这一谈判往往要持续一个多月，对公司运营产生了不利影响。仔细分析这一现象发生的根源，还是出在这个老板自己身上，他从心底里将员工视为纯粹的利益主体。他的这一思想观念通过各种信号传递给员工，从而导致了员工的短期心态，出现谈判式管理现象也就毫不奇怪了。正是对人性过度简单的解读，使得这位老板陷入困境。

企业家还需要面对企业员工思想与心态的变化所带来的问题。随着时间的流逝，企业员工的年龄在增长，职位不断变化，人际交往圈子也在发展，薪酬财富也不断调整。随之而来的是他们思想与价值观的改变与工作驱动力的变化。这为企业家调动他们的工作积极性带来难题。

当史玉柱创办的巨人公司上市后，公司经营团队一夜暴富，千万富翁比比皆是，普通网游设计人员也能开上宝马、奔驰了。有钱之后，人的思想会发生变化，一般来说更追求生活品质的提升，而非金钱绝对值的高低。昔日巨人团队艰苦创业、勇于创新的精神淡化了。这样的情况对巨人公司原来的人力资源激励制度提出了新的挑战。

另一种变化是员工的流动性带来的。随着时间推移，企业员工也在不断的流动之中，新员工不断替代老员工，不知不觉占据了企业员工团队的主体。由于新聘任的员工属于新的时代，与老员工的成长背景与价值观念存在很大差异，于是，企业家会逐步丧失对员工思想与价值观的把握，企业原来的管理模式与激励机制面临失效的风险。

2010 年，世界 IT 代工巨人富士康在深圳的工厂发生 12 连跳的工人自杀事件，将富士康置于舆论的风口浪尖之上。中国政府介入调查，苹果等大客户也决定对富士康进行劳工状况评估。然而，尽管富士康军事化的工厂管理模式比较严格，对待工人缺乏人性关怀，但是它的信誉还是很好的。富士康从不拖欠员工工资，员工薪金水平处于同行业较高水平，员工住宿、工作环境也是不错的。那么问题究竟出在什么地方呢？

关键原因在于农民工主体的变化。在 20 世纪八九十年代，改革开放刚刚开始，内地到沿海地区谋生的农民工大多是 60 后、70 后，在落后的农村长大，温饱生存是主要矛盾。他们能吃苦，肯忍耐，离开家乡在工厂打工就是为了攒钱养老，供孩子读书。在这个时代，富士康的工厂管理模式尽管严格，却能满足这些农民工的基本经济需求，从而获得了大规模生产的相对成本优势，使得鸿海集团在全球电子产业链中占据了重要的一环。

2000 年之后，尤其是 2010 年之后，80 后、90 后新一代农民工进入职场。他们在成长过程中并没有吃过苦，见识与眼光却远非他们的父辈可比。他们追求精神享受与自我实现，却厌恶单调与枯燥的生活现实。新一代农民工对企业的要求就不仅是薪金待遇了，还有职业生涯的发展、物质的享受、精神的满足、自我的实现。而富士康管理模式的假设就是将工人看作工厂设备上的一个螺丝钉，只要不出事，就让它持续运转。然而这是一个有血有肉的螺丝钉，他们有思想、有情感，需要交流，需要希望与前景。过去粗暴简单的管理模式营造出单调、漠然甚至令人绝望的人际环境，导致脆弱的新一代工人的自杀行为。

郭台铭需要认清中国大陆劳动力市场的根本性变化，并顺应员工思想价值观的变化而调整自身管理模式，这是摆在富士康面前的重大管理课题，也是整个鸿海集团能否突破经营困境的关键。

# 企业家的家庭关系
## ——模糊的家庭伦理和职业道德

### 职业伦理与家庭伦理的混淆

中国企业家在创业前期，各项资源匮乏，企业小的时候，没有人会来求职打工。企业家不得不依靠家人亲情关系的帮助与支持，向家族及亲戚举债创业的现象也非常普遍。因此，当企业成长以后，公司股东与高管家族化的情况就很常见。

家族企业里必然存在两套角色，一套是企业角色，一套是家庭角色。在公司里，大家之间的关系是董事长与总经理、销售总监等职业关系；而在家里，大家的关系变成丈夫、妻子、儿子、亲戚之间的家庭关系。

出于对上述两套角色的模糊理解，企业家容易陷入角色混乱，在不同场景下错误应用不同的伦理规则，混淆了职业伦理与家庭伦理的界限，导致自己陷入一团乱麻的复杂关系中。

为帮助企业家透彻的理解这一问题，让我们从企业组织与家庭组织的本质展开分析。

企业与家庭均是社会中的典型组织方式，但是上述两种组织的类别是不同的，功能也具有差异。

企业组织诞生于近现代市场经济制度中，它是法人主体，受社会法律、经济、政治制度的调节。它是人类社会发展进步的结晶。企业通过正式的组织、制度与流程将股东、员工组织起来，并通过整合资源创造商业价值获得生存与发展。企业的根本目的是盈利。

家庭的历史则长久得多，自从有人类历史以来就有家庭。与企业不同，家庭并非是各方通过协议建立起来的组织，而是以感情及天然的血缘关系为纽带形成的组织体系，小的家庭之间通过血缘关系可以构建起大的家族体系。繁衍与抚育后代，维护健康的生活是家庭的主要目的。

两种组织的类别不同，自然组织内的角色以及他们之间的关系也就存在根本差异。企业组织内部主要有股东、董事长、总经理、班子成员、部门经理、一线员工等不同角色，他们之间的关系是商业与职业关系。家庭组织内部主要有父亲、母亲、儿子、女儿、爷爷、奶奶、姑姑、舅舅等角色，他们之间的关系是夫妻、父子、爷孙、叔侄等家庭关系。

很显然，企业与家庭两类角色与关系需要不同的道德伦理规则来调节。企业组织内部的角色需要职业道德准则来调节，家庭组织则需要社会道德准则调节。前者属于商业伦理范畴，后者则从属于家庭伦理范畴。

企业家在处理企业内部关系时，应当依据基本的职业道德要求。对待股东合伙人，应当尊重他们的基本权益，遵守契约，通过股东会、董事会等正式的议事决策规则解决利益关系。对待员工，应当保持公正，按照员工绩效表现客观评估其对公司贡献，并以此作为薪酬与职务升降的依据。企业家在处理家庭关系时，应当依据家庭伦理与道德。比如，夫妻应相互忠诚、互敬互爱，晚辈要孝敬长辈，长辈应当爱护晚辈，亲戚之间要和睦相处等。

企业家在处理上述两种关系时绝不能混淆，既不能应用家庭伦理道德调节企业内部关系，也不能用职业道德处理家庭关系。例如，在家里讲亲情、讲爱、讲责任，妻子为丈夫做饭是因为爱，是一种发自内心、自觉自愿的行为。如果丈夫想用奖金、礼品的激励方式来获得妻子为他做饭的结果，就是不恰当的行为，其本质是用商业伦理调节家庭关系。在公司讲利益、讲理性、讲绩效，如果因为下

企业与家庭是两类迥然不同的组织，它们内部关系的性质具有根本差异，需要不同的道德伦理规则来调节。前者属于商业伦理范畴，后者则从属于家庭伦理范畴。混淆了两者的适用范畴正是企业家将人际关系搞得一团糟的根本原因。

属是你的儿子，就因关爱而变成无原则的袒护，就会破坏公正的企业氛围，其本质是用家庭伦理调节商业职业关系。

然而，在中国家族企业的实践中，企业家及家人经常会混淆两种不同的角色关系。以下这些场景非常常见。

在公司里，做采购部经理的妻子总是越过总经理与做董事长的丈夫直接沟通，从不参加总经理召开的产销协调会议，其他部门敢怒不敢言，采购部门成为公司禁区；当人力资源部招聘的高管上任后，做国际贸易部经理的弟弟却不通过做董事长的哥哥，直接电话通知人力资源部经理，让他将这个职业经理人解聘；负责财务部的小舅子与负责人力资源部的小姨子抱团，与负责销售部的哥哥有矛盾，在公司内部经常发生正面冲突；企业家的母亲在厂区内开设小卖部，销售酒水杂货，违反了工厂的纪律，然而大家却不敢直言。

这种情况下，作为企业家的你，该如何处理这些复杂的关系？当有率直的员工向你投诉采购部采购原料质次价高的时候，你能站在公正的立场上找出原因所在，还是会对此员工怀有怨言，认为他对妻子甚至自己不够忠心？当人力资源部向你反映弟弟越级指挥的问题时，你会心存忌惮，默认他的违规行为吗？当小舅子与哥哥之间发生争斗，到你这里打官司时，你能秉公评判吗？当你的母亲做企业的生意，并影响了企业正常工作秩序时，你能下狠心关闭母亲的生意吗？如果企业家无法解开面对亲人时的心结，就无法在企业内部真正建立起职业化的严谨氛围。

王强与徐小平在回忆与俞敏洪共同创业的经历时，曾经提起他们推动新东方的正规化改革的事情，其中一项重要内容就是解除俞敏洪的母亲对企业的影响。俞敏洪的母亲李八妹将新东方视为家族企业，对公司人事及经营经常干涉，还以新东方学校为客户，建立起餐馆、食堂、小卖部、印刷等一系列关联生意。俞敏洪是孝子，尽管对母亲的行为并不认同，但还是委曲求全。当三人在李八妹开的饭馆中吃饭时，李八妹因事哭闹，俞敏洪当着大家的面喊了一声“妈”，就当众给母亲跪了下来。

俞敏洪的纠结很容易理解。我们都有母亲，能够体会到自己对母亲的依恋之情。当自己母亲的意愿与公司的规范相冲突时，的确难以抉择。母亲只有一个，为母亲舍弃事业又有何不可？当母子之间的亲情与公司商业利益关系纠缠在一起时，企业家的纠结与痛苦是必然的。

## 企业经营与家庭生活的相互影响

企业家的家庭生活不可避免地与商业紧密联系在一起。于是，企业家的商业事业必然会对家庭生活产生影响，而企业家的家庭生活也会对企业的发展产生重大影响。家庭生活与企业经营之间是互动与共振的关系。因此，如果企业家处理得好，家庭和事业会相互促进、共同进步。如果企业家有一方面没有处理好，就会影响另一方面的发展，走向负面循环。

企业家的创业历程必然会影响自己的家庭生活，这首先就是对家庭收入与生活水平的影响。企业家的创业历程不会是一帆风顺的，其中充满了艰苦与不确定性，也会有长期困苦后的突然成功。商业上的大起大伏很正常，却对企业家的家庭生活非常不利。当企业家处于创业的困难时期时，对家庭收入的贡献很低，甚至还要向配偶及亲戚借钱投资，家庭经济的困难难免会让家人心存怨气。当企业遭遇困难时，企业家配偶担心企业债务成为家庭一生的负累，会产生恐惧与失望的情绪。横向比较朋友家庭经济生活的富裕与稳定，心理上必然会有不平衡，家庭矛盾与冲突很难避免。而当企业家创业成功，突然暴富，家庭却要经受另一方面的考验。巨大的财富就如同黑暗中的熊熊火焰，引来无数飞蛾不顾一切疯狂扑火。面对巨大的财富，人性中的贪婪会被最大限度地激发出来，家族中的成员很可能会围绕企业内的权力不择手段进行竞争，最终将建立在血缘关系上的亲情彻底摧毁。

巨大的财富就如同对企业家家庭关系的诅咒，豪门恩怨几乎成为这些家庭的宿命。

在家族企业众多，发展历史悠久的香港，这样的情况比比皆是。新鸿基创始人郭得胜去世之后，其长子郭炳湘接任新鸿基掌门。但是郭炳湘与两个弟弟郭炳江、郭炳联关系破裂，弟弟们联手将他驱除出新鸿基。郭炳湘不服，向香港高院起诉两个弟弟，同时向香港廉政公署举报新鸿基违法事实。2012 年 3 月，根据法律与相关事实，香港廉政公署拘捕了新鸿基地产联席主席郭炳江和郭炳联兄弟与香港前政务司长许仕仁。家族内部争夺财产导致决裂的事件不胜枚举。“赌王”何鸿燊家族爆发分财产大战，几房妻儿公开争夺何鸿燊的赌业资产。霍英东去世后，霍家儿子之间同样因分家矛盾而对簿公堂。围绕华茂的世纪遗产之争更像一出戏剧，无论是龚如心与公公之间的官司，还是龚如心去世后风水师与基金会的对决，均折射出人性面对财富时的贪婪与无耻。

企业家的家庭生活同样会对企业经营产生重大影响。企业家自己的家族也是一个复杂的系统，充满了各类复杂的关系与历史恩怨。丈夫与妻子之间，父母与孩子之间，丈夫家族与妻子家族之间，既是世上最亲密的关系，又因为长年生活在一起，相互有期望，有要求；也随之有失望，有摩擦。亲人之间既有爱又会有怨，而且爱之愈深恨之愈切。生活中的矛盾本不可避免，当商业利益上的冲突与家庭生活的矛盾搅和在一起时，家庭关系就会愈加紧张，甚至导致激化后的决裂。家庭关系处理不好，必然会对企业发展产生不利影响。这里非常重要的一个联系纽带就是公司股权属于夫妻双方共同财产，如果家庭破裂，企业就可能产生动荡。

一个典型的例子是土豆网创始人王微的离婚案。2010 年 11 月，土豆先于竞争对手优酷向纳斯达克提交了上市申请，全面启动与优酷的视频网站行业龙头的争夺战。在这一关键时期，王微的妻子杨蕾向法院提出了离婚财产分割诉讼，并申请对王微的股份进行诉讼保全。这一离婚案彻底改变了竞争双方的形势。优酷于当年 12 月上市成功，前后融资总额达到 8 亿美金，土豆网却错过了最佳的上市融资时机。当土豆拖到 2011 年 8 月上市时，当日股价即告破发，估值也仅有优酷的 1/3。王微的离婚案导致的商业结果是残酷的，2012 年 3 月，优酷收购土豆，土豆彻底放弃了在中国视频行业独立发展的意愿。不知王微当初是否料到，家庭矛盾没有处理好，竟然会对土豆在行业逐鹿的结局产生如此关键性的影响。

家庭生活对企业经营的影响还不仅仅停留在经济的层面。不幸福的家庭生活会让企业家经受精神的折磨，而这必将牵扯企业家有限的精力。企业家创业成功拥有财富之后，在择偶的时候，甚至都不知道对方看重的是自己这个人，还是自己的财富。企业家与家族成员打交道时，尽管享受了尊重与殷勤，但是这些关系的背后不可能不隐藏着经济利益上的企图心。本应放松随意的亲情交流，却不得不带着紧张与警惕之心。家庭本是航船休息的港湾，这个港湾现在却波涛汹涌充满风险。当各种各样的家庭矛盾最终演变成一场悲剧，企业家往往是最大的受害者。

杜双华与前妻宋雅红之间的关系纠葛就非常深刻的反映了这一点。2010 年 9 月，宋雅红在北京海淀区人民法院提起对杜双华的离婚诉讼。认为 2001 年在衡水法院的离婚判决不成立，想要重新分割杜双华的财产。自此，媒体关于杜双华离婚案的报道铺天盖地，大多是同情宋雅红的“被离婚”解释，认为杜双华仗着巨大的财力欺凌弱女子。2011 年 7 月，杜双华打破沉默，发表了《亲情、法律、金钱的交织负累——我与前妻宋雅红绕不开的那些是非纠葛》的万言公开信。信中坦率表达了对宋雅红及其背后利益主体的愤慨，也表达了对儿子及父母牵扯入是非漩涡的无奈与痛苦。在这场家庭悲剧中没有赢家，相信它对杜双华、宋雅红及家庭中的每一个人的精神伤害都是巨大的，甚至是不可复原的。如果自己最亲的亲人之间充满了仇恨，企业家自己的精神一直沉浸在痛苦之中，要这些财富又有何用？在国有企业与家庭生活的双重打击下，杜双华的事业不可能不受到巨大冲击。

## 对家庭的不忠与风险

中国企业家群体出现不忠于家庭的出轨事件非常常见，属于违反家庭伦理道德的高风险人群，这主要出于以下几点原因。

第一个原因来自于人性本能。性欲及占有欲是人类的本能，是人们努力工作开疆拓土的隐形驱动力。企业家一般具有超出常人的勇气、体力与意志力，并经历了艰难与挫折，取得了巨大的财富，掌握了企业发展的巨大权力。基辛格曾经说过，“权力是最好的春药。”而成功后的企业家年龄也不小了，配偶在这个年龄段一般会失去性吸引力。在这种情况下，本能无法被满足，形成了异常强大的能量，总是想找一个合适的出口释放出来。这一巨大的能量如果不能通过创业与经营所需付出的巨大精力与体力消耗殆尽，又不能通过幸福的夫妻生活来缓解，就极可能冲破社会道德的堤防，形成欲望的泛滥之灾。

第二个原因与企业家的夫妻关系相关。企业家的工作十分繁忙，给予家庭与配偶的时间非常有限。尤其在创业的艰苦时期，企业家的精神压力十分巨大。即使人在家中，头脑却还在思索公司的难题如何解决。而公司的难题又往往无法向配偶说明，因为这样不仅于事无补，还会给配偶及家庭平添担心与压力。企业家的配偶却很难理解这一点。他们一般期望企业家加强对自己的关爱与陪伴，在子女的教育、老人的孝敬、家务事的操心等方面投入更多精力。这样的期望与企业家实际能够支配的时间形成矛盾，而配偶又很难理解企业家的内心焦虑与难题，夫妻之间在心理上会出现一条巨大的鸿沟，于是失望、争吵与冷淡就会随之而来。企业家在最难的时候，需要的是精神上的温暖与慰藉，却遭遇到配偶的质疑与冷漠。于是，寻找“红颜知己”就成为大概率事件。

第三个原因来自于中国的民族文化性。从时间上看，仅仅不到100年前，中国还实行一夫多妻的家庭制度。从空间上看，长期在香港、澳门活动的何鸿燊和霍英东还拥有三妻四妾。在相当一部分中国企业家的心目中，找三妻四妾的行为不仅不是违法的事情，还是有成就的商业精英的标志。企业家没有意识到，一夫一妻制不仅代表着现代社会道德伦理观念，还是受法律保护的基本家庭规范，私下里养小三的行为不仅会犯重婚罪，还破坏了社会道德规范，导致家庭的矛盾与决裂，最终将自己置于极其被动的局面。企业家犯这一错误的根源在于过时落后的封建文化在企业家头脑中的残存意识。

第四个原因来自于当下中国特殊的社会风气。在洞穴时代的分析中提到，中国社会处于整体腐化堕落的特殊时期。在这样一个社会中，每个人都追求个人利益的最大化，金钱成为衡量一个人成功与否的唯一标准。社会部分人笑贫不笑娼，一些普通人为金钱可以不要廉耻，浮躁、虚荣、享乐、浮华逐渐成为社会普遍风气。这一风气对社会中的女性也产生了巨大的影响，“宁可坐在宝马里哭，也不坐在自行车上笑”竟然成为一些女性的信条，于是个别女性将傍上老板作为自己的追求。这种情形下，企业家面临巨大诱惑，客观上为出轨提供了极为便利的条件。

如果企业家经不住诱惑，突破家庭道德伦理准则，就很可能导致家庭的破裂，进而影响到企业的经营。

真功夫创始人蔡达标就犯了这一错误，最终导致家庭事业双输的结局。蔡达标与妻子参股妻弟潘宇海的 168 蒸品店，并以此为基础建立了真功夫中餐连锁，担任董事长兼总裁，实现了真功夫的高速发展。成功之后，蔡达标经不住诱惑，开始背着妻子找女人，他的行为最终被发现，导致夫妻关系的破裂，2006 年蔡达标与妻子潘敏峰离婚。为彻底将真功夫控制在自己的手上，蔡达标在公司内开始了清除妻子家族员工的措施，将自己的亲戚安插进公司掌握实权，并挪用公司资金收购公司股权，达到绝对控股的地位。潘氏家族显然不可能坐以待毙，向广州天河法院提起诉讼要求履行公司知情权。潘氏家族最终获得司法支持，开始审计之后，发现了蔡达标的违法犯罪事实，并向司法机关报案。2011 年，蔡达标最终被依法逮捕。

蔡达标案为企业家敲响了警钟，尽管你有千万种理由，一旦你违反社会道德，就很可能会造成不可收拾的后果。

## 家族企业接班的思维误区

从改革开放起算，成熟的中国企业大多具有二三十年历史，开始进入了交接班的高峰时期。无论从企业长远发展的立场看，还是从家族的财富传承来看，企业权力的顺利交接都是创始企业家最为关心的问题。然而，这一问题涉及因素众多，是最难以处理的问题。在这一点上，企业家有许多思维误区。

企业家的一个常见的思维误区是自己的位置一定要由自己的子女继承。企业家会想，子承父业不是天经地义的事吗？自己的孩子当然会有责任心与忠心，对企业的发展有利，自己退休也安心，孩子也会获得快乐与成就。

然而，这是一个肤浅的逻辑。你是否深入思考过，你的上述期望是否一定成立？子女接班一定对事业发展有利吗？子女一定会过上幸福、快乐、满足的生活吗？

从企业稳定发展的角度看，接班人的综合素质与领导力越高越好，接班人要智商与情商兼具。既能够有敏锐的市场眼光，还需要有对人的亲和力；既要熟悉一线业务，又要了解企业人际关系；既要在企业中得到大家信服，又要拥有行业广泛的人脉关系；还应当具有领导能力，有坚韧的毅力与对企业的忠诚。从上述标准看，企业接班人很难寻觅。这就需要在一个更为广泛的候选人群体中进行遴选，如果仅仅将遴选的范围缩小到企业家的子女，成功实现接班的概率很低。

为什么这样说呢？首先就是经营天赋问题。必须承认，企业家是一个挑战性极强的职业，绝非每个人都适合的。有的人天生好动、要强、反叛、敏锐，具有开拓精神，而有的人天生好静、懦弱、顺从、迟钝，比较保守。如果你的孩子不属于前者，就千万不要勉强他接班。龙生龙凤生凤的定律并不是总是生效的。

其次，即使你的孩子拥有经营天赋，他是否有足够的历练呢？要知道，你在他这样的年龄时并不具备今天的能力，你的能力是随着企业由小到大，经历艰辛万难历练出来的。没有这个苦难的过程，就没有今天你对企业的从容掌控。请反思你的孩子有这样的经历吗？他们即使在企业基层“磨练”过，你能相信其他员工真会将他看作普通人吗？他能得到真正的锻炼吗？任何人都会被自己的生活经历塑造。企业家的经营素质与能力是与企业的成长协调发展的，就像是一个不断坚持训练的举重运动员，随着艰苦训练的过程，能够举起的重量逐步提升。然而，企业家的孩子并没有这样的经历，让他骤然接班，就相当于将一个两百公斤重的杠铃突然压在一个儿童的身上，很难承受。如果承受不住，企业必将产生动荡。

接下来让我们从另外一个视角看，企业家子女是否能通过接班获得幸福快乐的生活呢？这显然也未必能达成。请你反思，你是否能真正站在自己孩子的角度体察他的思想与情感呢？你能否尊重孩子的意见，试图了解他们真正的兴趣与追求呢？你能确知接班家族企业是否是孩子真正感兴趣的事业吗？外表受人羡慕的富二代，其实也有自己的烦恼与问题。心理学研究表明，人的幸福快乐并不来自于对财富占有的多少，而是来自于对财富占有的积累过程。人的痛苦也不完全来自于贫穷，而是来自于由富变穷的过程。因此，你的孩子尽管是含着金钥匙长大的人，但是他已经习惯了富人的生活，并不能从对财富的占有中获取快乐。相反，如果他的财富开始减少，尤其是减少的原因是他错误的决策造成的，他会陷入极端的痛苦和自责之中。他们敏感的内心很难承受“败家子”的社会舆论。事实是，事业只有是自己亲手创造出来的，才真正属于自己。你的孩子有自己的世界与命运，让他们沿着自己感兴趣的道路不断探索追求，才能真正获得自信、成就感以及充实完满的人生。

中国企业家的另一个思维误区是总觉得接班计划还很遥远，不愿意未雨绸缪，及早实施。但事实是，接班人计划因其复杂性与敏感性，需要一个长期的过程，很难一蹴而就。这个过程从接班人的甄选开始，到多个候选人赛马式的考察，接班人多部门的轮岗学习，接班人在企业内权威的逐步建立，再到权力逐步交接，最终扶上马送一程才算结束，过程往往并不顺利，可能会出现各种意外情况。因此，接班人计划属于典型的很重要且不能仓促执行的事项。即使企业家还处于年富力强的状态，生命却是脆弱的，疾病与各种意外会突然降临，如果企业家没有提前谋划与安排，企业就很可能陷入群龙无首的混乱状态。

2003 年，海鑫集团董事长李海仓突然遇害，而其生前并未对企业接班人做出安排。事发突然，他也没有留下遗嘱。海鑫集团一时混乱，经营陷入被动。李海仓有 6 个儿子，为稳定局面，迅速解决企业继承权的问题。地方政府出面，由李海仓之父李春元主持，将董事长位置交由其子李兆会继承，才勉强渡过家族企业内部的继承危机。然而，这种继承方式是极为被动与勉强的，为海鑫未来的发展埋下隐患。

由于中国企业相对年轻，企业家在接班问题上的思维误区所导致的接班失败尚未在实践中大面积暴露出来。然而，从全球视角来看，家族企业富不过三代的情况非常普遍。为企业的基业长青计，中国企业家需要突破自己的接班思维误区。

## 企业家与社会的关系
## ——自我情怀、理想、商业经营的混淆

从更为广阔的视野来看，企业家还需要处理好与社会公众之间的关系，这就进入了商业道德的范畴。在这些方面，中国企业家有许多困惑的问题。

例如，在商业经营中，是否必须遵循人类基本道德规范，遵循道德规范是否会限制企业竞争力？商业道德是企业经营的根本，还是用来自我粉饰的口号？商业与道德是否天生是一对矛盾？如何承担企业社会责任，它的核心内涵是什么？

对这些问题的认识偏差，造成了企业家的行为误区。

### 漠视商业道德的失败结局

企业家不能以损害社会大众的利益为代价获取商业利益，企业经营应当遵循基本的商业道德，这似乎是不言而喻的道理。然而，在中国商界，尽管大家都在唱承担企业社会责任的高调，突破商业道德的事情却屡屡发生。

中国食品业的瘦肉精事件、苏丹红事件、面粉增白剂事件，医药卫生行业的回扣黑幕，教育培训产业中因考研培训机构的商业利益而导致的国家研究生考试泄题事件。煤炭产业的矿难掩盖事件，非法烟花工厂童工被炸事件，中国企业虚假上市圈钱事件，中国足球产业从上到下的假赌黑，中国房地产行业中个别官商

勾结腐败的问题，所有上述事实都说明中国企业界道德与信仰的缺失已经达到了惊人的程度。

在这样一个道德相对缺失的商业社会中，道德底线已经被当作道德模范来敬仰。诚信正直成为少数派，相当一部分企业家逐渐被现实所麻木，变得世故、唯利是图。他们逐渐习惯于为了个人利益而放弃公认的道德准则，甚至丧失了最起码的羞耻心。

在这部分企业家的内心里，商业与道德从根本上是矛盾的。他们认为，商业社会中充满了尔虞我诈、勾心斗角，因此要在商业社会中获得成功，就必须昧着良心干投机取巧的事。在以经济利益驱动的组织中，一切温情脉脉的精神的东西都是奢侈的，道德价值观显然应当被挤压与排斥，至多被当作企业化妆的粉饼罢了。什么企业使命，什么企业精神，都是印刷在企业宣传册上的口号而已。

必须承认，商业社会确实充满了你死我活的竞争，有些商人通过突破道德底线的行为获得了短期的利益。然而无论中外，与之相应的另一个现象是，那些通过违反商业道德获得成功的企业家，从长期来看却会遭遇失败的结局。

牛根生在成就了蒙牛的商业奇迹之后，却因产品中的三聚氰胺超标遭遇社会信任危机，品牌被一夜之间打回原形，蒙牛公司也因资金链断裂，于 2009 年被中粮集团并购，牛根生等创业群体被迫退出自己所创办的公司。三鹿食品更是因三聚氰胺危机而倒闭。

更加典型的一个例子是三株口服液的倒闭。1998 年，号称销售收入80 个亿、员工 15 万人的三株帝国一夜之间土崩瓦解，导火索是 1996 年湖南常德一位老人因服用三株口服液而丧命。大多数人认为三株悲剧的发生是因为这一偶然事件。然而，三株的衰亡偶然之中有其必然性，这一必然性就在于企业违反了诚信原则。三株公司将三株口服液宣传包装成为包治百病的神药，并通过公关地方卫生行政机构进行产品推广，无论是在广告宣传之中还是在销售推广之中都存在明显的欺骗行为。这一做法在短期极为奏效，消费者排队抢购三株口服液，企业业绩连年大幅增长，迅速构建起覆盖乡镇的庞大销售网络。然而，欺骗行为导致了两个严重后果。一个是虚假宣传提升了消费者的期望值，一旦实际服用效果无法达到消费者的期望，报复性的负面评价就会成为毁灭三株的定时炸弹。另一个后果是对公司文化价值观的毒化，公司系统化的欺骗行为必然会挫伤团队的凝聚力与忠诚度。你不可能一面要求员工欺骗消费者，一面要求员工对公司讲诚信。三株不道德的商业行为对消费者与企业伤害极大，是造成三株倒闭的关键原因。

## 商业泛道德化的陷阱

与前一类企业家相反，许多中国企业家都有一种对家国、社会的理想情怀，有勇于担当、以天下为己任的气概。这当然是好事，然而，如果企业家将这种情怀用于商业经营之中，进而认为商业经营的主要目的就是改造社会，为社会发展与大众福利做贡献，那就走向了另一个极端，将商业泛道德化了。

为了更加清楚地理解这一问题，让我们来重新思考商业的本质。要知道，作为市场经济体制下诞生的新型组织，企业的根本目的就是实现盈利。企业是典型的盈利组织，它天生就是功利的，是追求绩效的，也是现实的。无论是企业家还是企业的员工，都被潜在的市场经济法则所影响，不可避免地进行竞争，追求企业及个人的经济利益最大化。市场经济的法则是冷酷的，市场经济不相信眼泪，企业经营中过度追求高的道德标准会丧失竞争能力，被竞争对手所淘汰。如果企业连生存都无法保障的话，何谈社会责任与担当呢？

在商业经营的现实中，我们经常看到不那么“道德”的企业，却获得了重大的成功。

法拉利车队的创始人恩佐·法拉利就是一个典型。在20世纪50年代，由于汽车安全技术落后，赛车手职业是非常危险的，平均每个赛季20名赛车手中会有4人死亡。那么为什么还有如此之多的年轻人对法拉利的赛车手职位趋之若鹜呢？这是因为成为法拉利赛车手意味着金钱、名声与美女。为提高车队竞技能力，法拉利还刻意鼓励车手之间的竞争行为，全然不顾这一行为产生的危险后果。于是，伴随着法拉利车队竞赛成绩的直线上升，法拉利车手的死亡率也直线上升，至今保持着单赛季死亡人数最高的不光彩记录。但是，这个不太道德的企业家，竟然创造了世界赛车世界的惊天伟业。法拉利的成功很大程度建立在对人性的理解与利用之上。贪欲、虚荣、好色、好斗遮蔽了法拉利赛车手内心对死亡的恐惧，激发出他们的勇气，促使他们在极端危险的赛车道上玩命拼搏。最危险的工作需要利用人性中最大的弱点来激励。尽管真相看起来残忍，但某种程度上却是法拉利对这一特殊行业本质的理解。而它确实奏效了。

而且，尽管法拉利的做法“不那么道德”，但是毕竟没有突破道德底线，他的做法并没有影响社会公众，而赛车手是明知危险自愿参加的。商业实践中这种“不那么道德”的事情并不少见。国美、苏宁压榨供应商的做法看起来也“不那么道德”，但是在中国土地上生存下来的家电零售巨头是它们，而不是对供应商温文尔雅的百思买。

这一切都说明了商业的功利性本质，商业不是慈善，将商业泛道德化是个误区。

然而，出于对事业的珍视与臆想，企业家与管理学者们总是倾向于夸大企业存在的价值与意义。他们反感“企业经营的根本目的是赚钱”这样俗不可耐的观点，推崇企业经营是为了成就员工、造福消费者、回报社会这样显然更为高尚的说法。企业家如果只是嘴上说说还情有可原，如果说多了自己盲从此话，就极有可能会遭遇经营困境。

“看着家人的眼泪，听见同事们疲惫委屈的声音，心碎了，真累了，真想放弃。”在 2011 年 10 月淘宝商城新规引发的危机中，马云在自己的微博里袒露了心声。这场纠纷源起于淘宝商城对年费及服务信誉押金的提升引起了中小卖家的强烈不满，他们认为马云过河拆桥，并集体对大店进行了恶意攻击。淘宝商城实际上是网络上的商业地产，当客流量越来越大之后，商业地产的价值势必水涨船高，提升租金是符合商业逻辑的行为，怎么会引起这么大的争议呢?

回顾马云曾经的言论，我们就会寻找到蛛丝马迹。他曾经说过：“我们对挣多少钱兴趣其实不大”，“我们对抢民营企业饭碗毫无兴趣，但是对动摇一下国有企业兴趣极大”，“我们只想为几千万的网商建一个良好的生态系统，把成本降低，把整个社会的成本降低”，“让华尔街所有的投资者骂我们吧，我们坚持客户第一、员工第二、股东第三”。

马云的上述表态给公众的最大感受就是他不在乎企业盈利，他不是在做企业经营，而是在做中国电子商务的救世主。这种思想倾向从他的各种言论中流露出来，将他抬上了高处不胜寒的道德神坛。一旦他的行为无法达到公众及商家的期望，危机的发生就是必然的。

在此事件之后，马云辩解道：“公司想挣钱是正常的，不想挣钱是不正常的。淘宝经历了9年不正常！9年来我们从未考核过淘宝收入，从未要求过淘宝一分钱的利润。今天也没！赚钱不是我们的目的。我们不是道德模范，但我们确实想在中国做一家不同的企业。我们全心帮小企业因为我们懂那种痛。但不是人人从商会挣钱，商业是门严肃的学问。”

我相信马云的话语是真诚的，他具有理想主义思想与济世的情怀，这一点也确实符合一个真正企业家的精神特质。但是，马云委屈与纠结的根源在于他将自我的情怀、理想与商业经营的现实混淆在一起，如此，势必在同一个事业中面对两种不同的规则与要求，从而造成自相矛盾的局面。

淘宝商城事件告诉我们一个商业常识，那就是企业家应当直面真相，以企业盈利为已任，将自己的道德理想与商业经营的现实相切割。或许马云应当向比尔·盖茨学习，创业时期全力以赴于微软的经营与发展，而退休之后又专注于慈善等符合个人理想的事业，不同的游戏规则，同样的游刃有余。

## 企业社会责任迷局

企业是社会的构成细胞，企业的经营必然要反映社会发展的要求，承担起应尽的社会责任与义务，这是无疑的。然而，对于什么是企业的社会责任，中国企业家心中的认识却很模糊。

比较普遍的一种认识是将企业社会责任简单归结为慈善捐赠，认为只要企业多捐点钱，并博得积极慈善的社会名声，就是完成了企业的社会责任。这其实是极为肤浅的。

上述误区在于没有透彻地认识企业社会责任的全面性，将社会责任作为投机性的策略手段，而非企业发展的根本大计。慈善捐赠变成博取社会声誉的手段，而非真实履行社会责任的行动。2008 年，蒙牛在中华食品慈善排行榜名列榜首，但具有讽刺意味的是，正是这一年，蒙牛爆出产品含有三聚氰胺，危害消费者的健康。双汇食品陷入瘦肉精危机之时，同样是慈善捐赠大户。

不恰当的慈善捐赠不仅不能引领社会道德价值观前进，还会助长社会浮躁的拜金主义风气。有些企业家通过大额的慈善捐赠博取政治资本，为权钱交易铺路。有些企业家将慈善捐赠作为市场营销策略，目的是促销推广自己的产品。有些企业家通过慈善捐赠满足自己对万众瞩目的渴求以及英雄主义的自我认知。有些企业家不得已被绑在慈善捐赠的战车上，每逢天灾之时，捐款排行榜就像是一个企业不得不走的红地毯。这样的慈善捐赠已经完全变味了，丧失了慈善捐赠的原有含义。慈善本应当出自人与人之间的相互关爱，对同类的怜悯与同情，对社会成员之间互帮互助的推崇。在中国，现在却变成老板们比阔斗富的名利场。

比较典型的例子是陈光标的慈善捐赠行为，他将慈善捐赠变成了个人的秀场。在刻意设计的秀场里，他能肩挑两大捆人民币出场，也能在临时搭起的人民币墙后张开双臂，还享受亲手派发红包的感觉。这样的慈善不顾受资助者的自尊与感受，只关注自己的名声以及企业因此获得的业务拓展机会，最终结果是受到媒体及社会公众的质疑。

中国企业家的另一个误区是将企业社会责任看成是公关的策略，而非企业发展的根本大计。基于这一认识，有些企业由公关部负责企业社会责任事务。在每次“进行社会责任秀”时，均少不了邀请领导参加，大批媒体到场，事后做媒体传播，这几乎成为了企业社会责任的标准做法。于是，我们在中国商界看到太多企业说一套做一套了。许多企业宣称自己是绿色环保型企业，并投巨资上马环保设备，但是到了晚上，就为节省成本将环保设备关闭，大量偷排污水废气。

然而，在当下透明的媒体环境下，违反社会公众利益的行为必将被报道与公开，受最大损失的还是企业自己。社会及环保组织将企业表面宣传绿色环保，实际却破坏环境的行为，定义为“漂绿”。《南方周末》甚至推出了《年度漂绿榜》。专门揭发这样的行为。2012 年 4 月，央视《每周质量报告》对不法厂家用皮革下脚料制造药用胶囊的事实进行揭露，修正药业牵涉其中，它的广告语“放心药、良心药”成为最大的讽刺。类似的事件在能源、服装等行业同样普遍。如果企业没有尽到基本的社会责任，却想通过欺骗的手段获取虚名，陷入社会信任危机是早晚的事情。

企业家对企业社会责任的功利化与简单化解读，不仅会助长社会浮躁庸俗之风，还会对企业精神造成伤害。

# 第三章

# 自我思维的洞穴

## 思维的牢笼
## ——看到的世界其实是自我思维建构的世界

每个企业家都有特定的出身与人生经历，形成了自我特定的思维。这样的思维一方面构成企业家思考的基础与依据，另一方面也造成了企业家的局限性。

从本质上看，企业家所理解的世界并不是真实客观的世界，而是被自己的思维加工处理过的主观世界，是企业家心目中的世界。这就像是画家的创作，尽管画家的作品与现实景象类似，但它已经融入了画家的思想与情感，是画家的艺术创作，是主观的而非客观的。因此，决定企业家能否真正理解客观现实的是企业家的思维、内心的信念、对事物的看法、积累的经验、价值的取向等。而所有的这一切都存在于企业家的头脑之中，深深地扎根于他们的心底。它们潜移默化地影响着企业家对事物的认知，对现象的解读，对各种细微信号的反应。从某种意义上说，企业家就是自我思维的囚徒。

很多时候，并不是企业家看不到真相，而是企业家的自我让他们选择性地视而不见。这就像是戴上了有色眼镜，企业家只倾向于看到自己愿意看到的事实，而有意无意地过滤掉自己内心不愿意面对的真相。而企业家通常都没有意识到这一点。

从这个意义上看，对于企业家来说，最难的并不是如何征服环境，而是如何面对自我，超越自我。

## 意识的冰山

构建企业家自我思维的建筑材料来源广泛，主要体现在两个方面。

一方面来自外在环境。每个企业家都是一个特定的人，都有自己特定的生命历程，积累了特有的人生与商业体验，从而形成了自己的价值观与信念。家庭出身、教育背景、宗教信仰、社会文化、经商历程，乃至与某些书籍思想的偶遇，都会成为建构企业家自我的重要材料。

另一方面的材料来自企业家内在本能。从生物学及心理学的视角看，企业家的心灵深处潜藏着人类的集体潜意识，这些意识经由漫长的人类发展史，被保留与继承下来。它们是最原始的东西，也是最动物性的东西，它们有关性、繁殖、维持个体生存，是人类的本能。以这些意识为根基，衍生出人类的基本心理特征与情感。从负面的角度，是自私、贪婪、嫉妒、好色、傲慢、虚荣、好斗、恐惧、愤怒等；从正面的角度，是积极、进取、向上、活力、自信、好胜、爆发力。它们是人性的重要组成部分。

随着生命历程的推进，企业家自我思维的建筑材料逐渐被企业家搬入灵魂的巢穴中，用于自我思维框架的建构。这样的自我深深地影响着企业家对客观世界的解读。然而，这种影响尽管深刻，却以悄无声息的方式进行着，甚至连企业家自己都很难意识到。如果企业家不能从客观的视角审视自己的思想，就无法反思与提升自我，只能为自我所奴役。

从这个意义上说，企业家认清自身的思维局限是极为重要的事，但同时也是极困难的事。这是由于自我意识往往体察不到思维束缚，它存在于人的潜意识之中。

潜意识是现代心理学的重大发现。与人类自身意识到的思想、观点、信息相比，潜意识要庞大得多，它由大量理性与非理性的思想与观点、欲望与冲动、演绎与逻辑、情感与生活细节以及各类信息所构成。构成潜意识的这些材料来自于人类个体自小到大的生命经历与体验，甚至来自于祖先基因的遗传。这些庞大的材料尽管不在显意识之中，但却无时无刻不影响着人的思维方式与行为。

如果将人的整个精神世界比作一座冰山，那么显意识仅仅是浮在海面之上的小部分，而潜意识则是潜藏在海面之下的庞大的冰山主体。神秘，却拥有着决定性的力量。

我们的显意识就像一个手电筒，在黑夜中照亮投射方向的事物，而潜意识则是光束之外黑暗中的事物，虽然看不到，但却真实存在。我们都有突然叫不出老朋友名字的经历，当时看着面孔熟悉，就是张嘴叫不出来他的名字。我们也有在考试中突然头脑空白的经历，明明会做的题目却束手无策。其实朋友的名字或是解题的方法我们并没有真正忘记，只是暂存于潜意识中，我们的意识一时无法将它们激活而已。

实际上，我们从小到大读过的书、见过的人、学到的知识、接受的思想观念、心路的历程、经历的故事，真正还存在于我们显意识之中的只是小部分，大部分则静悄悄地储存于我们的潜意识之中，在适当的际遇下就会被激发出来，左右我们的认知与决策，而我们对此却很难觉察。

潜意识的影响在于它让企业家在理解与思考问题时站在特定的立场、采用特定的视角，甚至带有特定的情感。为什么在变动剧烈的商业环境之中，成功会成为失败之母？深层次的原因在于过去成功的经营经验，会深深地扎根于企业家的潜意识之中，最终变成一个隐形的思维牢笼将企业家的头脑禁锢起来，使他们漠视商业环境的剧变，无视陌生的竞争对手的崛起与新的商业游戏规则的建立。

企业家的自我思维不仅来源于商业经营的经验，还来源于所有的生命体验，这些渗透到血液中的东西正是心灵的重要组成部分，它们是最原始的驱动力，是人的信仰、梦想、原则与价值追求，它们赋予你企业经营甚至生命的意义，左右了你的思维方式、工作习惯与个人好恶，甚至冥冥之中决定了你的生命路径与企业的最终命运。

企业家的自我思维由本能、价值观、知识与经验三个部分组成，它们共同构成了企业家的思维框架。

## 本能的力量

企业家自我思维最基本的构成部分是本能层面。

心理学大师荣格认为，人格由意识、个体潜意识以及集体潜意识所构成。其中集体潜意识并非来源于个体的生命经验，而是来源于人类祖先漫长进化历史的积淀，是完全由遗传而来的。科学证实，刚出生的婴儿也能够做梦，婴儿并没有个人生命体验，这些梦境只能来源于人类的集体潜意识。荣格认为，集体潜意识中最重要的组成部分是人类本能的部分，他称之为阴影，它是人格中最内层的具有动物性的遗传，是不道德的欲望、情结与行为驱动力，也是最原始的部分。它强大也难以撼动，是人格中卑劣的一部分，也是最难征服的一部分。

从现代生物学的视角来看，自私的基因决定了人的自私本性，于是个体的生存与繁衍成为人性的根本追求。性欲、自私、嫉妒、权力欲、控制欲构成了人类潜意识中的本能部分。从这一本能出发，人类表现出对自我成功与自我实现的强烈渴望，对自身重要性的追求，对财富与权势的迷恋。这些均构成人类行为的根本动机与驱动力。

自我思维的本能部分与个人生命体验无关，它是人类共同的遗产，是人性的一部分。绝大多数创业者的原始驱动力都来自于人类的本能。无论你的初衷是创建一个成功的企业、推动产业的发展、为社会做贡献，还是养家糊口、光宗耀祖、取得财富与地位，追溯其隐秘源头，都能找到人类的本能潜意识。正是这一强大的内在驱动力，驱使企业家不畏千难万险，忍受千辛万苦，开疆扩土，永不满足，不断追求事业的壮大与成功。

从积极意义上讲，我们应当珍视人类的本能，顺应这一内心的渴望，它是梦想、进步、愿景、创造力、坚忍不拔的源泉，它提供了最强大的心灵能量。认清这一点，企业家不仅可以坚定自己的信念，还能通过企业梦想与愿景的宣传与指引，唤起所有员工内心最原始的进取心。事实证明，提出可实现的、激动人心的目标与愿景永远是最有效的激励手段。

然而，本能又是人格中卑劣的一部分，它强大又隐秘，极难控制与改变。本能潜意识导致了人的利己主义思维方式，这一思维如果不加控制，就会成为企业失败及个人痛苦的根源。不幸的是，大多数企业家往往不能真正认清这一点，最终变成本能的俘虏。

从人性本能出发，这些企业家追求的是个人的成功，创建企业只是满足自己的手段而已。他们将企业视为自己的财产与附庸，或是为个人利益出卖企业利益，损公肥私、中饱私囊；或是将自己视为英雄，将个人名利凌驾于企业之上；或是宁肯看着企业走下坡路，也不愿承认自己能力的局限性，依然把持着企业控制权，以满足自己对权力的迷恋。尽管表现方式不同，但无论是哪一种情况，其本质都一样，都是屈服于自己的本能，将企业作为实现个人妄想的工具。如果将企业的利益与长远发展作为检验企业家的唯一标准，那么这些经营者的行为尽管可以理解，但他们没有真正超越自己，达到企业家应有的境界。

2004 年，黄宏生被香港廉政公署拘捕。法院认定黄宏生兄弟串谋其母罗玉英，从创维的上市公司窃取资金总计超过 5000 万元，黄宏生被判监禁 6 年。黄宏生曾是受人尊重的企业家，创维公司在他的领导下成功在港上市，成长为彩电行业中的领军企业之一。然而，黄宏生还是没能超越自我的贪欲本能，导致自己与企业双输的局面。

从本质上讲，即使是创始控股股东，企业一旦诞生，企业的命运就与企业家的命运分离开了。企业是独立于企业家的生命体，拥有自身的利益与命运，在特定情况下企业与企业家个人的利益甚至是冲突的。真正的企业家能够认清与克制自己的利己思维，做到超越自己，协调好企业与个人之间的利益冲突，甚至将企业利益置于个人利益之上。这些企业家身上具有强大的领袖魅力与号召力，能够引领企业基业长青。审视中国企业发展史，真正能够达到这一境界的企业家少之又少。

## 文化价值观的影响

企业家自我思维的第二个部分是文化价值观。

文化价值观是人类社会的产物。随着人类社会的发展，社会中个体的基本行为规范逐步建立起来，文化价值观开始成熟。文化价值观是关于人类社会内部关系的，是关于道德、法律、伦理、政治、组织、人情世故的，是关于是与非、对与错的问题。它在某种程度上制约了人类的本能，确保了人类社会的稳定与和谐。所以某种程度上说，价值观与本能是一对矛盾，正是它们之间的对立与协调统一，使得人类社会既保持平稳与持续性，又保持前进与发展的动能。

文化价值观与本能不同，它并不来源于人的动物性，而是来源于人类社会，还与人类个体的生活经历与体悟相关。不同国家与社会往往会形成自己特有的价值观、集体潜意识，而不同的组织也会形成特有的组织文化。个人价值观的形成既受到社会及组织价值观的影响，也受制于自己的生活与工作经历。

企业家很少意识到自身价值观的存在，但是它却深刻地影响着我们的思维与决策。在三鹿事件中，田文华明知三聚氰胺奶粉对儿童健康的损害，却没有果断召回产品。这一行为反映了她潜意识中的价值观倾向，那就是将政府权威、商业利益放在比消费者的生命健康还重要的地位。面对同样的局面，不同的价值观思维将导致不同的经营决策与行为。

从文化价值观的适用性范畴来看，存在着终极价值观与权变价值观两个类型。

终极价值观不随时间与空间的变化而改变，它们是永恒的、公认的与普适的。譬如圣经十诫中的第五诫、第六诫、第七诫、第八诫与第九诫:孝敬父母，不可杀人，不可奸淫，不可偷盗，不可作假见证陷害人。这些价值观原则是普世的，无论古代还是现代，无论国家地区、民族的差异，是所有人都共同信奉的道德原则。

再如，《世界人权宣言》所阐明的原则同样是普世性的，这包括所有人的尊严与权利天生是平等的；每个人都有生存、自由与安全的权利；任何人不可被奴役；任何人不可被折磨，或经受残酷的、非人性的、有辱人格的待遇或惩罚；所有人在法律面前都是平等的。

诚信、公正、平等、自由等道德观念与理念已经被人类普遍接受，成为人之为人的基本道德规范。它们是个人、企业组织乃至整个人类社会都必须遵从的神圣不可动摇的价值观准则。这些准则是约束人类内心原始动物性本能的最重要的武器，它们提供了人类思维与行为不可动摇的神圣框架。

与终极价值观不同，权变价值观是存在时间与空间适应性的价值观。

权变价值观与人类社会发展阶段相适应，因社会的进步而不断发展变化，充满了生机与活力。此外，不同国家与地区具有不同的社会文化与历史，因此权变价值观还呈现出地理多样性与多元化的特点。

与终极价值观不同，它没有绝对的对与错，也不是非黑既白的，它只有是否适应当下的问题。企业家常常容易犯的错误就是将权变价值观绝对化、教条化，而不能看到它背后的整个社会系统演化背景。

我在上文中多次提到中国企业家受儒家传统思维的深刻影响，自觉不自觉地用东方文化管理以西方理性精神建立的功利性的企业组织，导致企业管理的混乱局面。这一做法的思想根源在于企业家对儒家文化价值观的权变性认识不足。

近年来随着中国经济的崛起，有人开始自信心膨胀，提出儒教兴国的口号为中国文化招魂，要回归以儒家为代表的中国传统文化。许多企业家也热衷于参与国学班，期望将儒家文化运用于企业的管理之中，探索中国式的管理模式。然而，在一片喧哗之中，中国企业家是否真正思考过，中国近 30 年的崛起是因为坚持了儒家文化传统吗？儒家文化价值观真的适合当下企业的经营管理吗？

检视儒家文化，其核心是一整套的道德价值观体系。无论是“仁智礼信义”，还是对父子、君臣、夫妇、长幼、朋友的五伦规范，都是力图通过对全社会推广道德伦理观念来获得政治统治与社会安定。儒家文化认为天授君权，将君臣之伦视为天经地义的事，并通过礼乐等手段强化民众服从意识，维护封建帝制的政治统治秩序，适合社会运行节奏缓慢的中央集权专制社会，成为社会稳定的黏合剂。

正是出于这个原因，尽管诞生于春秋战国时期，但是在周朝分崩离析的大背景下，儒家学说只是百家争鸣的一家而已，并不适合群雄争霸的乱世。孔孟生不逢时，到处流浪也不受统治者重视，还不如主张合纵连横的苏秦、张仪等人。直到秦朝统一中国，建立起中央集权的专制政府，才产生了儒家学说的用武之地。秦始皇焚书坑儒的目的是铲除自由思想诞生的环境，因为这样的环境是对专制政府最大的威胁。同样道理，汉武帝废黜百家独尊儒术，也是为了铲除所谓异端学说，使儒家文化官方化与纯净化，给老百姓洗脑，维护自身统治。这一驾驭之术很奏效，儒教自此成为几千年来约束与统治着中国人的思维方式。

尽管儒家学说对维护与稳定专制统治居功至伟，但其强调的服从、奴性、尊卑有序等精神与价值观毒害了社会风气，约束了人性的自由发展，阻碍了社会的进步。反观西方文明自文艺复兴运动起，民主、自由、人本等新的价值理念开始崛起，与之相伴，西方的政治经济社会发展迅猛，成为全球文明发展新的标杆。近代中国被西方舰炮打开之后，100 多年来中国人对此进行了痛苦的反思，无论是洋务派、维新派、革命派，还是五四时期各种理论思想的探索与争鸣，其核心无不是吸收西方现代文明的思想与价值观的精华，铲除儒教僵化的价值观教条，走变革图强之路。中国社会近 30 年的发展得益于 30 年前的改革开放，更得益于自五四运动以来中国社会的思想解放运动。而将这一发展归功于早已不适应现代社会发展的儒家文化，进而将它视为指引中国乃至世界未来发展的希望，就实在是太过糊涂了。

儒家文化鼓吹者的潜在逻辑是中国具有灿烂辉煌的历史，儒家是中国历史上的主导文化价值观，所以儒家文化可以指导中国社会未来的发展方向。这一逻辑的最大缺陷是没有意识到文化价值观的权变性，也没有认识到文化价值观与社会协同演化与发展的动态性。

然而，面对显而易见的道理，为什么还有那么多人被儒家鼓吹者所迷惑呢？这才是我们需要讨论的重点问题。儒家文化价值观统治了中国主流社会几千年，对中国民族心理的影响是极为深远的，可以说，它已经深深地渗入到中国人的血液之中，成为中华民族集体潜意识的重要组成部分，至今仍然对中国人的思维产生着重大的影响。尽管这一价值观明显不适应现代社会发展阶段，尽管梁启超、陈独秀、鲁迅、胡适等近代思想家不断地试图唤醒中华民族，但是这一集体潜意识绝不是凭借几代人的努力就能够被彻底改变的。

熟悉的东西往往会使人产生安全感，但同时熟悉的东西往往不能适应当下与未来。过时的儒家文化价值观还潜藏在大多数中国人的潜意识中，囚禁着我们的思维，直到今天仍然无法彻底摆脱。

1927 年 6 月 2 日，末代皇帝溥仪的老师、国学大师王国维在颐和园昆明湖的鱼藻轩投水自杀，时年仅 50 岁，正是学术盛年之时，令人扼腕叹息。关于王国维的死因，陈寅恪在悼念王国维的《王观堂先生挽词并序》中作了分析："凡一种文化，值其衰落之时，为此文化所化之人，必感苦痛。其表现此文化之程量愈宏，则其所受之苦痛亦愈甚。迨既达极深之度，殆非出于自杀无以求一己之心安而义尽也。"

陈寅恪所言一针见血。作为浸淫儒家文化一生的读书人，儒教已经成为王国维的终身信仰。换句话说，他的头脑已经被儒家文化思维紧紧束缚住。面对中国近代社会的剧烈变迁，面对传统儒家文化的衰落以及西方近代文明价值观的兴起，王国维痛心疾首，难以适应。可以说，儒家文化价值观环境对他的意义已经像是水对鱼一样，离开了水，鱼必死无疑。最终，王国维以自杀这种极端形式对社会现实进行抗议。然而，社会的发展自有其规律，是不以任何人的主观思想为转移的。因此，这看似悲壮的一跳，并不能激起后人的景仰之情，只能留下何必如此的感叹。

华人企业扎根于中国文化的土壤，企业价值观也就不可避免地受儒家文化的影响。于是，华人企业在管理上往往倾向于集权，重视家族管理与控制，强调企业内部的层级与尊卑有序，强调集体主义与纪律性而压抑员工个性的张扬，注重将权谋之术用于企业内外部资源的掠夺。很显然，这样的文化价值观对创新不利。

确实，从全球范围来看，华人企业在推动全球产业经济发展的重大创新方面乏善可陈，在需要创造力的微笑曲线的两端建树甚少，中国制造的名声要远大于中国创造。在台湾 IT 产业，主流企业是鸿海、广达等代工企业，创造全球 PC 品牌的宏基只有一个。在大陆，企业创建了全球化品牌的还不多，华人企业家要么依靠劳动密集型制造业在全球产业价值链的下游立足，要么只能在房地产、股票等泡沫行业中成为一方财主。在这一现象的背后，其实是腐朽落后的传统文化思维对华人企业家的束缚。因此，睿智的华人企业家应当在尊重中国传统文化价值观的基础上，将以人为本、尊重个性与创造性、民主决策、职业化、绩效文化等现代价值观理念引入企业文化，从而实现对企业传统思维的改造。

此外，企业家还应当认识到企业内部文化价值观的权变性，警惕自己的价值观潜意识迷思。任何企业都具有自己独特的文化价值观，有些价值观与企业的发展历史阶段是相适应的。例如，企业处于创业期时，人员不多，相互关系紧密，因此大多数企业推行的是亲情文化，突出“企业就是我的家”的家文化，强调激情与奉献精神。而当企业发展壮大之后，随着人员增多，管理复杂，利益冲突增加，企业原有价值观就应当逐步扭转，开始强调规范化、制度化，强调现代法人治理结构，强调理性与职业化精神。

当企业发展进入转型期的时候，往往会出现公司人事动荡，公司创业群体容易产生矛盾与分歧。究其原因是创业者潜意识还停留在过去的公司价值观上，不能了解公司价值观必须转变以适应新的历史发展阶段的道理。

IBM 就强调公司价值观的适时而变。20 世纪中期，IBM 主要盈利依靠大型计算机业务，产品与技术是公司的核心竞争能力，高科技人才是公司的关键财富。这个时期，“尊重个人、追求卓越、服务顾客”成为 IBM 的主流价值观，并指引企业走向成功。20 世纪末，随着个人电脑市场的兴起，客户需求及变化愈加多元与复杂，单靠产品与技术无法成功，IBM 固步自封，陷入对所拥有的高科技的迷恋，从而步入危机。当时的 IBM 总裁路易斯·郭士纳看到问题的症结，引领 IBM 实现了变革，将企业转型为硬件、软件整体系统提供商。与之相应，郭士纳提出了“胜利、执行和团队合作”三条新的企业文化价值观。2000 年后，IBM 将 PC 业务出售给联想，实现了新的业务转型。新的时期，经过全体员工的讨论，将“诚信负责、成就客户、创新为要”确定为 IBM 新的核心价值观。不断更新的价值观为 IBM 注入了新的活力，造就了企业持续的辉煌。

## 知识与经验的绳索

企业家自我思维的第三个部分是知识与经验。

知识与经验是企业家在生命历程中所习得的各种原理、规律或是模式。与本能、价值观不同，知识与经验的形成与集体无关，完全是个人化的，源于个体的学习经历、生活经验、工作历程以及生命感悟。

人们一般通过两个途径学习知识。一个是通过亲身实践来获得，另一个是通过学习别人的经验来获得。例如，我们学习围棋知识时，一方面可以与别人过招来学习，通过不断对弈总结下围棋的规律，形成属于自己的知识。另一方面可以钻研棋谱与棋局进一步体悟，结合自身经验提升围棋水平。这就是所谓知识学习的实践性与理论性的结合。

任何知识的获取，包括企业经营规律的探索，都离不开实践与理论两种手段的结合。通过亲身实践学习知识，好处在于可以体察实践环境的丰富性与复杂性，获取的经验与知识不易忘记，可以形成准确的直觉。然而，由于时间与精力的限制，个人实践的范围毕竟有限，视野相对狭窄，这就需要以对理论的学习为补充。

无论你采取哪一种方式进行学习，都应当时刻警惕不被所学的知识所束缚。

所谓个人经验尽管可靠，但是时间改变，当初的条件也随之改变。我们通过亲身实践获得的知识因而具有局限性，它是在特定时间、特定地点与特定情形下的独特规律。然而，由于这是我们的亲身体验，对于自己来说特别深刻，因而我们会倾向于将它视为普遍化的规律，并使其成为我们潜意识的一部分，变成束缚我们思维的绳索。我见过许多企业家对自己过去的经营经验几乎到了迷信的程度，他们不肯倾听他人的不同意见，不愿接受新鲜的观点与信息，从而局限了自己的视野，丧失了发展与创新的机会。

受制于自己的经验，每个企业家就如同井底之蛙，只能望见井口的一小片天空，无法获得全景认知。

企业家的思维盲区往往会决定一个企业的命运，2000 年始的牛奶行业大战就说明了这一点。光明乳业是上海公司，当年的董事长王佳芬是上海人。上海是中国最洋化的城市，上海的企业家也往往眼光向外，具有全球视野。王佳芬经常走访欧美市场，并将欧美市场视为中国市场的未来。在欧美市场，由于鲜奶比常温奶营养好，低温鲜奶占市场总份额的 90%，常温奶份额则微不足道。于是，王佳芬为光明制订了“聚焦新鲜”的战略决策，全力发展低温鲜奶，光明也确实占据了低温鲜奶的最大份额。然而，牛根生、郑俊怀却发现中国广大内地市场还处于喝不上奶的初级阶段，品质的差异不是重点，满足市场基本需求才是重点。低温奶尽管营养好，但是受制于保质期及冷链建设，很难全面覆盖中国内地农村市场。而利乐包装提供了常温杀菌、包装、运输的创新方案，能够低成本地将产品迅速渗透到全国市场。于是，蒙牛、伊利将重心放在利乐装常温奶的推广上，最终常温奶占到中国市场份额的 80%以上。凭此一役，伊利、蒙牛实现了对光明的反超，将光明牛奶远远抛在身后。正是对中国市场“喝上奶”还是“喝好奶”的认识差异，导致了行业结局的不同。王佳芬的知识与经验成为捆绑她思维的绳索，导致了她的决策失误。

从另一方面看，企业家对理论的学习也不应盲从盲信。所谓理论是对他人经验的提炼与思考，真伪如何，是否适合你的情况都是未知数。书读多了，难免不受到书籍中知识的束缚，大多数读书人最多成为职业经理人，很难成为真正的创业者。自古以来，开创新朝代的帝王极少有真正的读书人出身。如汉高祖刘邦、明太祖朱元璋等开国皇帝，都是真正的草根出身，一辈子也没读过几本书。而韩信、萧何等聪明的读书人最多只能扮演辅佐大臣的角色。读书人读书越多，束缚也越多，就会畏首畏尾，缺乏开创事业的魄力与勇气。

中国革命的早期，在中共内部曾经有一个以王明、博古为代表的苏联留学派，他们具有共同的苏联留学背景，号称接受了最正统的苏维埃理论教育，并在苏共的支持下回国领导中国革命。然而，由于缺乏对中国革命复杂性与特殊规律的认识，他们先是犯了“左”倾冒险主义错误，当革命陷入低潮时，又犯了右倾投降主义错误。将自己的认识建立在他人成功经验的基础上，使得他们对待中国革命的具体问题没有定见，心理脆弱，稍有挫折就容易产生思想动摇。

同样，在中外商业史上，真正白手起家成就伟业的企业家也大多草根出身，偶然出现比尔·盖茨、扎克伯格这样的哈佛大学学生，还中途辍学了。记得电影《华尔街》中，迈克尔·道格拉斯所扮演的华尔街金融商人对新毕业的MBA学生说："忘记你所学的一切吧。"真实的商业经营是极为复杂的，必须随机应变，不能有太多的思维框框束缚自己。而大多数商学院所传授的是死的知识，而非活的思维方式与实际经营的能力，MBA学生稍不注意就容易被知识的教条绳索所捆绑。

## 以自我为中心
## ——信念固着和自我膨胀，矛盾个体的一面

由于自我的束缚，人天性中存在两大弱点，一个是以自我为中心的思维，另一个是盲从。

企业家职业的特殊性放大了这两大弱点，主观偏见与病态思维成为企业家身上的常态。这些不公正的思维方式以一种自动的、天然的方式发生着影响，而企业家自己却很难觉察到。如果企业家期望通过修炼走出洞穴，就必须真正透彻地了解自己，认清自己作为人类所具备的天性弱点。

人性的最大弱点，就是以自我为中心的思维方式。

这一思维方式也是人的天性。

在上文中分析了人类的自私本质，这一本质作为潜意识中的本能深深地扎根于人类的意识之中，以自我为中心正是这一隐秘潜意识的外在表现，它是人性的重要组成部分。

儿童心理学发现，婴幼儿是无法区分自己与世界的界限的，他们认为自己与周围的世界是一个整体。当他快乐时，他以为整个世界也是快乐的；当他痛苦时，整个世界也是跟他一同痛苦的。随着长大，他才逐渐认识到自己与周边世界的界限。自己的喜、怒、哀、乐并不能影响周边世界，世界并不是围绕自己来运作的，世间的人都具有各自的生活与目标。尽管成人已经脱离了婴幼儿的这一心理误区，

但是在潜意识里仍然保持了以自我为中心的天性。

人们总是习惯于从自我的视角出发观察世间万物。例如，当我们坐在正在航行的船只中观察河岸上的景物时，我们会产生河岸景物在动，而我们与船只是静止的感觉。然而，如果换个视角，我们站在岸边观察船只，一定会认为是船只及船上的人们在移动。这种感受的不同来自于我们所处的位置不同，以及我们从自我出发思考问题的习惯。如果我们能够超越自己，采取客观的视角，从上向下俯视河流、河岸以及船上的自己的话，那么我们会看到完全不同的情境。并不是河岸在动，也不是船只在动，而是它们在做相对的运动。但是，人的天性是站在自己的立场进行思考，只关心与自身有关的问题，这种客观的视角必须经由修炼才能达到。

世人关心自己的冷暖胜过他人的死活。我们很少对与己无关的事物感兴趣，最关注的是与自己存在切身联系的事物。我们关心自己与家人的健康，但却很少关心非洲难民的温饱；我们关心自己事业的发展与目标，却很少关心他人对成功的渴望；我们关注曾经的母校、旅行过的城市、儿时的玩伴、过去的年代、曾经激动不已的音乐、亲身经历的重大事件，却对与己无关的人、地方、事件漠然处之。

从人类的内心出发，以自我为中心的思维方式是否也有其合理性呢？作为一个生命个体，世界是因我们的感知而存在的，我们用自己的眼睛去观察世界，用自己的心灵去感受生活，用自己的头脑去判断与思考。当肉体消亡之时，对特定的个体来说，整个世界其实也就不存在了。人类的生命就如花开花落，尽管世界依然未变，但是对于一个具体的生命个体而言，生命历程却只有一次，是弥足珍贵的。如果要寻找生命意义的话，它必定与个体的自我实现相关。无论是要开创一家具有百年基业的企业，还是成为影响人类社会的思想家，抑或仅仅想成为称职的家庭支柱，这些都是与个体的生命目标相关的，在追求这些目标的曲折奋斗过程中，你实现了自己，成就了生命的意义。

许多企业家的内心确实是以自我为中心的，他们认为：“这是一个艰苦、残酷的世界，生存已经是非常不容易的事了。一个人必须变得现实，必须认识到这个世界是不完美的。为实现自我的目标不要有太多顾忌，只有全力以赴、坚忍不拔才能获取成功。”正是凭借这一基本信念，他们忍受了挫折与压力，不断努力拼搏，最终取得了巨大的成就。

然而，以自我为中心的思维方式尽管有其合理成分，但它却是偏见与病态思维的发源地，对企业家的思维与决策构成巨大威胁。

## 信念固着心理

心理学发现，出于以自我为中心的思维，人们一旦对某项事物建立了某种信念，尤其是为它建立了一个理论支持体系之后，就很难打破这一信念，即使是相反的证据和信息出现时人们也往往视而不见。人们越是极力想证明自己的理论与解释是正确的，就越是对挑战自己信念的信息进行封闭。这就是典型的“信念固着”心理现象。

由于信念固着心理，人类天性是喜同而恶异的。总是认为“自己不会错的”，总是不能容忍与自己不一样的思想观点。然而，人们对世界的认识并不是客观的，更多的带有主观的色彩，于是人的思维与现实之间就会存在差异。人们往往先入为主，根据以往经验所形成的心理预期有选择地接受信息，分析问题，做出判断，形成结论。如果将人的内心比喻成一面镜子，那么这面镜子就一定是哈哈镜，客观现实在这面镜子上的反映是扭曲变形的。

听不进他人意见，固执地坚持自己主观的观点，就极易形成认识上的偏见与谬误。当具有权威地位的领导者进入信念固着误区时，就会压制新的观点与思想，造成社会与组织的僵化与停滞。

回顾人类社会文明的进步史，你会发现任何宗教派别都会坚持自己的信仰是对的，而其他宗教派别是错的，是异端邪教；任何政治党派都极力推崇自己的政治主张，攻击其他党派的主张，认为那是无稽之谈；学者们总是将自己的观点绝对化，压制其他观点。于是，我们看到占有优势的宗教派别、政治党派、学术权威总是滥用他们的权势与地位，无情迫害、压制、打击处于弱势地位的宗教流派、政党及学术新人，强迫大众洗脑，让大众相信所谓主流思想观点。这样的景象使得人类思想文明的进步陷入停滞。

与此对应，几乎每一次人类思想文化的大繁荣，经济科技的大进步，本质上都是对政治、宗教、社会权威在思想束缚上的革命与解放。发生在13世纪末意大利的文艺复兴运动，其核心正是对中世纪宗教神学在思想文化领域黑暗统治的反抗，“人文主义”精神的提出彻底打破了强加于人们身上的思想禁锢，人类社会就此进入了大踏步发展的新时期，奠定了人类社会近现代文明的基础。正如托马斯·库恩在其名著《科学革命的结构》中所说：“科学进步经常不是通过新发现，而是通过老观念的卫道士们逐步死去而完成的。”

不仅是人类社会，企业组织也同样如此。如果企业家总是自以为是，压制不同观点，那么员工的自主创新精神就会被挫伤，组织机体就会逐渐僵化落伍，发展停滞。而新的发展契机往往是从对老的思想观念的打破与革命开始的。

从这个意义上说，企业组织能否基业长青就取决于企业家的自我修炼境界，取决于企业家能否战胜自己的天性弱点。但是，由于企业家特殊的处境，他们很容易陷入信念固着陷阱。这主要有以下原因：

其一，企业家往往有坚持自我决策并最终取得成功的经验。这样的成功不仅增加了企业家对既定策略的信心，更加强化了企业家原本就自负的内心。因此，企业家确实很难认真对待创业伙伴及员工的不同意见。

其二，企业家坚持自己的观点还有一个潜在的原因，那就是公司内部权威地位的树立。在企业实际运营中，内部的人际关系往往是复杂的，以资本为基础的显性权力实际上不能完全代替在实战中形成的隐形权力。无论在达能与宗庆后之间的股权争夺战中，还是在雅虎与马云之间关于阿里巴巴控制权的纷争中，最终得势的并不是大股东一方，而是在长期艰苦卓绝的经营中带领企业不断走向成功的企业家一方。从这方面说，企业家需要通过坚持自己的决策来树立在企业中的绝对权威。

其三，企业家创业的重要驱动力就是自我实现与成就感。显然，依据自己的判断，执行自己亲自制定的策略与计划并最终获得成功，这几乎是成就自我的最完美途径。这就像是一副迷幻剂，会给人以强烈的自我满足感。而听取别人的意见改变公司策略，即使最终成功了，也会大大降低自我实现的感受。

表面上看，这些思想很正当，甚至被总结包装成为成功人士的必备品格。对自己能力的过度骄傲，对自我决策的固执坚守被看作“只有偏执狂才能生存”；对企业权威地位的迷恋与对个人权力的欲望被视为“魄力与魅力并存”；追求自我实现与成就感更被包装成为所谓只有伟大人物才具有的“英雄心态”。

然而，去掉这些外表的光环，我们会发现真实的丑陋。说到底企业家的这些思想不过是作为生物物种自利本性的反映，是动物性本质的精神性表现而已。所以，不要把自己看得太崇高。应当看到自己的思想总是被某些隐性的东西牢牢地攥着，摆脱它就是要摆脱本性。

作为本性的一部分，企业家很难做到同等地对待自己与他人的意见，他们总是倾向于重视自己的观点，而对他人的观点选择性遗忘。一旦形成了自己的观点，就会倾向于听取支持的意见与有利的信息，而对明显的负面信息视而不见，对反对的声音则心怀不满。

造成“信念固着”现象的一个重要原因就是人们会从所秉持的信念中获益。科学家能够从自己创建的理论中获取学术地位与荣耀，宗教信徒可以从对宗教信念的虔诚中获取心灵的宁静与祥和，股民也可以从对股票上涨与下跌的预期中获取投资收益，企业家同样期望从自己的信念坚持中获取重大商业利益。

这种潜在的信念收益是以高昂的付出为代价的。企业家就此成为自己思维方式的囚徒。

## 自我服务偏见

以自我为中心会导致对自我的过度关注。而这种关注使企业家不能理解他人的需求，无法洞察整个局势，这成为自我成功的障碍。

从长远来看，任何人不可能将自己的成功建立在他人失败的基础之上。恰恰相反，任何个体的长期成功必然是建立在与他人所组成的更大系统的成功之上的。

企业家只有了解他人需求，才能设计出合作共赢的方案，通过成就他人来成就自己。

试想，在日常工作中，你关注的是事的完成，还是事背后人的喜怒哀乐？你是否想过做事的员工是否满意、是否开心，有哪些难处，又有哪些梦想。你是否关心过商业合作伙伴的利益所在，他们的商业机遇与挑战。你是否理解客户的价值诉求，他们的运营模式，以及自己的产品与服务给予客户的价值点到底在哪里。以自我为中心的思维方式蒙住了你的眼睛，导致你无法看清他人的需要，视野变得狭隘。

如果你是一个不关心他人，不真诚的人，那么不管你表面喊什么口号，员工、客户、商业伙伴都会从你的行动、表情、态度等各种细微的信号中发现那个真实的你，发现你的漠然、自私和功利。于是，他们会以同样的漠然、自私与功利回应你，最终会导致你遭遇困境，自己却还不知道是什么原因。

当欣赏的下属辞职的时候，企业家往往很郁闷，体会到一种因怨生恨的情绪。企业家一般会想："我已经提拔了你，给你加了薪水，对你这么好，你为什么还要离职呢？公司的愿景是远大的与激动人心的，这时离开是缺乏远见的。是我给你的机会，你的经验积累是公司给你的，你翅膀硬了就另谋高就了，太不道德了，缺乏感恩之心。"如果恰逢企业经营处于低谷，这种低落的情绪往往会持续很长的时间，甚至会迁怒到公司其他员工。在这一情绪的控制下，企业家很难对现实做出客观的判断。这一现象就是典型的以自我为中心的思维方式。

企业家总是从自己的角度思考问题，很少站在员工的立场上理解这一问题。事实上，每个人的背后都有一个世界，员工有自身的职业生涯规划，自己的家庭与生活，自己的精神追求与自我期许。是的，你发给员工薪酬，给他们发展的平台与机会。但反过来看，员工也将生命中重要的一段时间奉献给了公司。如果企业家不能摆脱自我服务偏见，站在客观公正的立场上，就不能全面与冷静地理解员工辞职事件，从而获得公司政策改进的机会。

从心理学视角来看，这种怨恨情绪是"自我服务偏见"的典型表现。"自我服务偏见"是指人们心理上总是倾向于将成功归功于自己，而将失败与责任推卸给他人。

经常会看到这样一个场景，当小孩子不小心被凳子绊倒后，大人为哄孩子往往鼓励孩子踢凳子，以发泄疼痛造成的不满情绪。其实孩子绊倒主要责任在自己，与凳子无关，凳子被踢实在是有点冤枉。父母的教育鼓励了孩子天性中的自我服务偏见。

我们某种程度上都像是踢凳子的小孩子，总是习惯于站在自己的立场上思考问题，当我们的利益与他人发生冲突的时候，我们通常认为自己是正义、公正、讲道理的，而他人是无理取闹、不正当的。我们总是能够理解自己的需求与向往，也总是能够体谅自己，却很少能够理解他人的情感与需求，或者即使能够了解也不能真正感受。

于是，在公司发展遭遇波折的时候，企业家往往会埋怨公司员工执行力不够，不能理解经营思想，或是埋怨商业环境不规范，竞争对手不按牌理出牌。如果实在没什么可抱怨的，还有最后一招，那就是抱怨自己运气不好，命运对自己不公平。

这样的抱怨可以使自己心里好受一些，却无助于问题的解决。自我服务偏见蒙住了企业家的双眼，无法反省与发现自己的责任与问题，而发现自己的责任与问题正是个人进步的前提。是的，他人有责任，客观环境有责任，但是认识到他们的责任于事无补，我们无法改变客观环境，也很难掌控他人，我们能够改变的只有我们自己。

改变自己是实现进步的唯一可行途径。

面对员工的离职，如果企业家只是任由自己沉浸在怨恨的情绪之中，就不能发现事件中公司应当承担的责任。企业家真正需要了解的是这名员工辞职的真正原因是什么，是薪酬过低还是公司内部政治斗争造成的不愉快？是对公司的前景不看好，还是对公司的文化价值观缺乏认同？抑或仅仅是出于个人家庭原因？人之将走，其言也真。如果能冷静下来，与员工做当面深入沟通交流的话，企业家就会获得员工的真实想法与观点，看到平时难以了解的真相，发现公司存在的问题。公司的薪酬与绩效制度是否有问题？公司内部是否存在恶性的利益之争？公司的愿景是否缺乏足够的号召力？如果不能发现公司自身存在的问题，也就丧失了政策优化改进的重大契机。

企业家必须克服自我服务偏见，勇敢地承担起自己的责任。尽管这样做并不容易，需要极高的悟性与强大的意志力，但唯其如此才能获得不断修正与改进自己的宝贵机会，成长为真正成熟的企业家。

## 自我膨胀陷阱

自我膨胀是企业家，尤其是成功企业家的最大陷阱。

人是自我经历的产物，成功的领导者所拥有的特定创业历程是自我膨胀的沃土。一般事业的发展历史往往会是这样：领导者力排众议坚持自己的主张，最终引领事业获得成功，并树立了绝对权威。这一发展历程不仅磨练了领导者的坚强意志，而且塑造了领导者近乎偏执的自信。在周围人欢呼崇拜之下，领导者忘乎所以，认为自己无所不能，客观世界也会为自己的主观让路，进入到一种盲目乐观的虚幻状态。在这种状态下，领导者根本听不进他人的意见，也不顾客观实际的条件，会做出匪夷所思的荒谬决策，最终招致失败的结局。这几乎就是成功领导人的宿命。

孙宏斌在天津顺驰遭遇滑铁卢之后，二次创业成功，率融创中国在香港上市，历经坎坷的他在接受记者采访时说："我觉得人要是做成了一件事，做第二件事的时候可能就开始忘乎所以。顺驰的自大也不是凭空的，我们在天津做了那么多年，在当地是绝对的老大。美国的侦探小说特别喜欢写连环杀手。他为什么最后被抓住了呢？因为他第一次第二次第三次都成了，到第四次就一定会出现漏洞。做企业也是一样，成功几次之后对常识就没有敬畏感了。"

2004 年，成功领导 TCL 从名不见经传的小企业发展为庞大的多元化电子企业集团的李东生，为迅速将 TCL 建成为世界级的企业，无视国际化并购中的巨大风险，力排众议收购了法国汤姆逊公司，并放出豪言："18 个月内让汤姆逊盈利！"然而 18 个月后，李东生非但没有让汤姆逊盈利，还被汤姆逊拖入亏损的境地，

在周围人欢呼崇拜之下，领导者忘乎所以，认为自己无所不能，客观世界也会为自己的主观让路，进入到一种盲目乐观的虚幻状态。在这种状态下，领导者根本听不进他人的意见，也不顾客观实际的条件，会做出匪夷所思的荒谬决策，最终招致失败的结局。自我膨胀几乎就是成功领导人的宿命。

TCL集团不得不做出痛苦的战略收缩与重组。

值得深思的是为什么成功的领导人容易陷入自我膨胀的陷阱？事实表明，领导者在特定的时期明显处于非理性的状态，这种状态来自于人性中的自我膨胀倾向，这一倾向在特定的条件下发酵并达到顶峰，使领导者丧失理性产生控制幻觉，认为自己身边的各种事物均受自己的影响与控制。

控制幻觉正是驱动赌徒进行赌博的最大动力，也是人们为许多不可能完成之事努力拼搏的原因。赌徒一旦赢了就归因于自己的赌技与预见力，一旦输了就认为差一点就成了，或是偶然倒霉。从理性角度来看，进行赌博与购买彩票从概率上来说是一场必输的游戏。然而，还是有无数赌徒与彩民因控制幻觉而沉迷于此，妄图以主观打败客观。

亚当·斯密说过："这种对自己好运的荒谬推断，来源于绝大多数人对自身能力的一种自负的幻想。"

正是在这种不切实际的幻想之中，才使得经验丰富的李东生对国际并购实施的难度估计不足，对产业未来发展趋势尤其是液晶彩电的兴起准备不充分，在尽早成就国际领先企业的梦想下，近乎赌博式地将TCL的未来压在对汤姆逊的国际化并购上。

不仅于此，领导者的自我膨胀会进一步促进自己的信念固着心理，这二者相互影响共同发酵，就会放大领导者的决策失误，造成重大失败。这是因为一旦领导人在非理性的状态下形成一种信念，并做出错误的决策，往往很难在短期发现与纠正，最终会付出惨重的代价。

TCL在购并汤姆逊之后，企业已经出现了整合不利的明显迹象。然而，由于这一重大决策是李东生力排众议做出的，因此他个人在企业内的权威地位与这一决策的成功与否就紧密相连。而且如果并购成功，成为世界级企业的梦想对李东生有着巨大的吸引力。因此除非水落石出，否则李东生是不肯承认并购失误的。事实也的确如此，直到整个TCL巨轮可能因此沉没之时，李东生才彻底认账，断尾求生。

企业家自我膨胀的一个副产品就是英雄心态。具有英雄心态的人对自我寄予极高的期望，且心高气傲，对他人的态度极其敏感，视自己的尊严比生命珍贵。可以说，才智越高的人，过去越成功的人，越容易怀有英雄心态。

其中的典型人物是项羽。面对垓下之战的失败，有向江东逃生的机会时，项羽放弃了，他笑曰：“天之亡我，我何渡为！且籍与江东子弟八千人渡江而西，今无一人还，纵江东父兄怜而王我，我何面目见之？纵彼不言，籍独不愧于心乎？”最终在乌江边自刎身亡。反观刘邦，被项羽打败无数次，每次都选择逃亡，谋求东山再起。

怀有英雄心态的人的最大问题是他们很难向现实妥协，无法与环境相容，宁折勿弯。如果成功之路是一帆风顺的话还好，一旦遭受挫折与人生低谷，怀有英雄心态往往会处境危险。

我的一位才智奇高的长辈，在他的职业生涯中取得了很高的成就。然而，他退休之后，在一次聊天中表示：“人最重要的东西就是被需要，如果一个人不再被他人需要了，那么这个人也就没有什么生存的价值了，宁可死去为好。”言语很决绝。这一说法表面听起来很正确，却对他的退休生涯不利。

企业家的经营之路不会一帆风顺，需要抗挫折的韧劲，尽量缩短挫折康复期。显然，英雄心态不如厚脸皮实用。企业家正确的态度应当是与环境相容，能屈能伸，在不利的境况下保持生存，在有利的环境下进行发展。英雄心态颠倒了环境与个人的关系，总想让环境顺从自己，没有看清人必须适应环境的本质。

企业家的自我膨胀陷阱其实很难克服。即使理论上了解人性的这一缺陷，实际上也不一定能真正地领悟。真正理解这一点需要实践与用心思考。你必须将自己的全部身心投入到一项事业中，并用自己的生命与灵魂去体验。

对于企业家来说，顿悟的典型过程一般会是这样。你先是通过全力以赴、艰苦奋斗获得了事业的初步发展。在这个过程中，你逐渐累积了自信、获得了人们的拥戴。但是同时，天性中以自我为中心的意识也不断膨胀。你开始变得过度自信，听不进他人的意见，认为事业发展的主要功劳在自己，并开始关心自己的名声及江湖地位，设想通过事业的超常规发展来实现自己。这种状态持续下去，或早或晚必将导致你的一次重大决策失误，从而使你的事业面临危机。危机发生之后，来自外部与内部的质疑与批评会铺天盖地。你的应急反应可能是强硬与辩解，但如果你是一个有责任心的人的话，情况不久就会发生变化。你会独自回忆所有的过程，并发现自己所犯的愚蠢错误。这是一个痛苦的反思过程，你或许会彻夜难眠，内心不断经受痛苦的煎熬，并陷入强烈的自责之中。在情绪的极度低落期，你会开始怀疑自己，将决策失误归因于自己的能力不足，你的自信心会从过去的高峰一下子跌落到低谷。你会发现自己只是一个普通人，并不具备所谓神奇的力量。如果你足够坚强，或者你的运气足够好，随着时间的推移会逐渐冷静下来，更加客观的看待自己，你的自信心也开始逐步重建。在长期反思之后，有一天你会突然顿悟，发现自己实际上陷入了自我膨胀的陷阱，进入了不切实际的虚幻状态，从而作出了愚蠢的决策。

对这一问题的醒悟，是企业家超越人性，获得精神自由的必由之路。

## 直觉的误区

以自我为中心的思维还会引发直觉思考与决策的习惯。

心理学的一个重大发现就是人类的直觉，这是一个无意识的心灵，一个由直觉在幕后操纵的心灵。正如300多年前法国哲学家及数学家帕斯卡（Pascal）所说："心灵活动有其自身原因，而理性却无法知晓。"

人类的思维、记忆、态度都是同时在两个水平上运行的，一个是有意识和有意图的，另一个是无意识和自动的。我们的所知比我们知道自己所知的还要多。直觉是人类在长期进化中基因优化的结果，是人类反应及处理所面临问题的心理捷径，它节省了人类的心智资源，是人类基于各种信息与刺激的本能反应模式。

直觉思考与决策是企业家重要甚至是主要的思考方式。在现实的商业世界里，面对的情形是复杂的，用于决策的信息通常是支离破碎不成系统的，而决策的时间往往是紧迫的，因此大多数企业家的决策是凭自己的经营直觉做出的。

对经营直觉要辩证地来看。一方面，经营直觉是敏锐与宝贵的，它往往能穿透现象洞察本质，是企业家才能的重要组成部分。有经验的管理者往往凭直觉抓住问题核心并迅速做出决策。它说不清，道不明，但却真实存在。它来自于管理者的长期经营实践，来自于大量的经营事件、细节及过程，来自于成功经验与失败教训，来自于痛苦的反思与深入思考后的顿悟。看似不科学的拍脑袋决策方式背后有着科学的道理支撑。

从另一方面看，直觉思考具有很大的缺陷，对企业家的理性决策构成威胁。这主要体现在三个方面。

一是直觉思考存在敏感性、即时性、既定模式反映等特征，通过直觉进行判断与决策往往带有情绪的色彩，会夸大事物某一方面因素的影响，使得企业家决策产生偏差。

直觉往往令人过度敏感，强烈的情绪性反应使得人们在心理上倾向于高估刚刚发生的事件的影响因素，而低估影响整体系统的其他因素的作用，从而做出错误判断。

1720 年，物理学家牛顿拥有一些炙手可热的南海公司股票，注意到股市的狂热，他卖出了所有股票并获利 7000 英镑。但仅仅过了一个月，他被股市狂热的情绪蒙蔽了理智，又以高得多的价格买入这一股票，结果导致 20000 英镑的损失。牛顿称得上是有史以来最伟大的科学家，但是这个伟大的科学家在这一事件中的表现就欠缺基本的理智。

在决策时刻重要的是理性而非智力。哪怕是牛顿那样拥有超常智力的人，也容易陷入直觉思考的情绪陷阱。

企业家经常会遭遇各种各样的事件，亲身经历各种经营细节，会自觉不自觉地受到这些经历的影响。企业家容易相信自己的亲眼所见，夸大“眼见为实”的作用，而低估自己没有亲眼所见的那些因素。然而，眼见并不一定为实，企业家经常被假象所蒙蔽，据此所做的直觉决策就会误导他们。

企业家应当会有体会，那些悔之晚矣的决策与行动往往是在情绪冲动的时候做出的。尤其在突发事件之后，你特别想采取的某项行动与决策，恰恰是你当时最不恰当的选择项。冷静一段时间后，再思考与权衡利弊，做出的决策往往更为理性、可靠。人不可能避免情绪波动，成熟的企业家会通过决策时间点的控制来消减情绪的影响。

其二，企业家直觉思维的基础是过去的经营管理经验，而他们面对的是当下的环境，决策的指向则是未来的。当环境变化之后，过去的经验已经失效，以失效经验为基础的直觉反应与决策就是不可靠的。

因此，当面对一个变动剧烈的商业环境时，企业家凭借经营直觉进行决策的方式是危险的，具有丰富的经验有时还不如全无经验。产业变革的新形势下，环境系统往往会发生重大的改变，企业家应当系统地收集产业变化的最新信息，全面地反思自己原有的策略与思维，并据此做出变革规划。快速、简单化的直觉思考不能适应动荡环境的应对要求。

其三，企业家过度依靠直觉决策，会压制基于数据与全面信息的理性思考与分析的决策方式，进而破坏企业组织民主集体决策的机制。

缺乏缜密与逻辑的思维习惯是中国企业家存在的普遍问题。太多的企业家依靠自我感觉进行决策，从而败在粗疏与漏洞百出的分析与决策上面。

我曾经遇到过一家玻璃行业的民营企业，企业老板草根创业，抓住了特定历史发展时期的机遇，创建起一个地方性玻璃深加工企业。在这之后，企业老板头脑发热，贸然投巨资建立了两条节能玻璃镀膜生产线，将自己创业以来所有的赌注压在了这一投资上面。然而，在做出如此重大的决策之前，他缺乏最基本的理性思考。首先，投资项目的市场前景如何？未来预计的销售收入与利润情况如何？投资回报率怎样？投资回收期多长？未来该市场的竞争状况会怎样？其次，企业有足够的资金吗？未来现金流量能够支撑这项投资吗？全程的融资安排怎样才合理？最后，企业有足够的人才储备吗？企业有能力做业务的重大变革与转型吗？原有的组织与文化是否支持这一重大投资呢？

实际上，这家企业的资源远远不能支撑这次重大投资与转型。节能玻璃尽管是新兴产业，但是南玻、耀皮、圣戈班等行业巨头已经在这一领域布局，行业内其他厂家也纷纷投资建厂，价格竞争将会极为惨烈，未来很难有良好的投资回报。这个企业原本只是玻璃深加工的地方性中小企业，市场本地化，管理模式家族化与作坊化，缺乏运营现代化节能玻璃制造企业所必需的技术、市场、运营等人力资源，更没有全国性市场基础与现代规范高效的组织文化。最为关键的是企业的资金实力不足以支撑此次投资。总额高达几个亿的工厂长期设备投资，大部分依靠短期银行贷款解决。企业原有业务规模不大，利润还不够支付银行利息。投资之后，企业现金大量外流，资金链断裂，最终导致企业破产的悲剧。我想，如果当初这个老板在投资前有理性的思考，或许会放弃这一投资。如果他能改做房地产投资，倒是符合他搞政府、银行关系的核心能力，小日子也能过得不错。

据我观察，在中国企业界，这个老板的情况绝非特例。有相当一部分企业家凭借魄力与敏锐的市场感觉抓住机会创业成功，掘得第一桶金。然而，面对复杂变换的新形势，他们欠缺将经营成果运用系统管理模式固化下来的能力，更没有引领企业不断变革前进的领导力。其背后的本质就是缺乏最起码的理性思考能力。因此，他们容易被外界的因素所左右，不能主动掌控自己企业的命运。任何一次不经过缜密研究与思考的重大决策失误就会将企业推向绝路。

此外，成功的经营经验使企业家更加倾向于依赖直觉的决策方式，伴随这一决策方式的必然是高度集权的企业管理体制。这种模式不可避免地将企业的命运与个人的命运紧密联系在一起。然而，任何具体的个人都受制于所处环境以及个人的生命周期，也就都存在犯错的可能性。随着企业规模的增长以及竞争环境的剧烈演变，企业准确决策所要求信息的获取数量、质量与及时性都大大提高了，这就加大了个体犯错的可能性。如果企业不能建立起科学系统的信息收集及决策机制，总想依赖企业家个人拍板，必然会出现决策的失误与偏差。

在娃哈哈 1996 年的合资谈判中，就充分体现了这一点。娃哈哈一直坚持在合资中要牢牢掌握经营权，在经营上不受投资方的控制。然而，如果以此为原则，那么它最初合资对象的选择就是错误的，合资的谈判也显得不够专业与审慎。这一切来源于娃哈哈对达能的错误认识，也来源于对财务投资者与产业投资者基本概念的混淆。以娃哈哈仅想引入资金的合资目的来看，选择华平、鼎晖、摩根士丹利等财务投资者显然更为合适，它们以投资收益为最终目标，一般不愿介入具体公司运作。而达能是典型的产业投资者，投资的目的就是要控制企业的经营，服务于其全球总体战略发展目标。以娃哈哈 1996 年的业绩与市场地位，吸引财务投资者并不是难事，而财务投资者与产业投资者的基本概念也很初级，为什么娃哈哈会犯如此低级的错误呢？原因出在娃哈哈的“直觉决策”思维惯性，宗庆后事必躬亲的决策方式压抑了整体公司的思考能力与执行能力。某一领域的专家在另一领域可能就是菜鸟，犯错也就不可避免，这直接埋下了娃哈哈日后与达能股权纠纷的祸根。

## 盲从
## ——模仿随大流和渴望大师，矛盾个体的另一面

人性中的第二大弱点是盲从，它同样是构成企业家洞穴的重要原因。

有一种生长在北极的可爱小动物叫作旅鼠。旅鼠是一种啮齿类动物，主要以草根、草茎和苔藓之类的植物为食，繁殖力极强。每过几年，当旅鼠繁殖数量增大之后，就会出现一个奇特的现象：无论在何处，旅鼠总会开始它们的死亡之旅。先是有部分旅鼠聚集在一起，开始迁移之行，随着旅程启动，会有越来越多的旅鼠加入团队，这支队伍逐渐聚集到数百万只之多，浩浩荡荡地向大海的方向坚决推进。它们跋山涉水、前赴后继，最终抵达海边，然后毫无惧色地集体跃入大海，直到被海水吞没。旅鼠自杀之旅至今仍是未解之谜，但是旅鼠遵从集体意识的坚决行为仍然令人印象深刻。

旅鼠的行为是一种典型的从众行为。社会心理学发现，从众现象在人类社会中也普遍存在。与旅鼠一样，人们容易受他人的影响而做出行为与信念的改变。

### 从众的误区

上述现象源自人类的从众心理。即个体容易受到群体的影响，从而怀疑与改变自己的观点、判断和行为。

美国社会心理学家所罗门·阿希曾经做了一个经典的心理学实验。在实验中，阿希拿出一张画有一条竖线的卡片，然后让被试人员比较这条线和另一张卡片上的3条线中的哪一条线等长。在两次正常判断之后，5个被试人员故意异口同声地说出一个错误答案。在答案显而易见的情况下，有76%的人至少选择了一次与大家一致的错误答案。“阿希实验”表明，从众心理是人类非常普遍的心理特点。

从众来自于人类内心的自我怀疑、恐惧与懦弱。

一方面，我们不可能对每一件事情都有绝对的把握，当大多数人都做了相反的判断之后，我们很有可能放弃自己的主张，至少这样会更为安全。2011年日本发生福岛核危机之后，中国发生了一窝蜂抢购食盐的非理性现象。尽管许多人认为抢购食盐是非理性的，但还是不可遏制地加入了抢购风潮。这就是典型的从众心态作怪。

另一方面，面对大多数人的信念与观点，即使我们有自己的不同看法，即便我们对自己的信念有把握，也往往会选择沉默与顺从。我们不愿冒与公众作对的风险，因为那样通常意味着被孤立与疏离。1968年1月，著名经济学家杨小凯年仅19岁，这位具有独立思考精神的中学生写了名为《中国向何处去》的大字报，提出了尽管幼稚但是独立的主张，这张中学生写的大字报甚至惊动了康生、江青等人，结果杨小凯被投入监狱达10年之久。

中国的文化传统中缺乏独立意识与理性精神，这样的文化土壤成为从众的沃土。企业家作为一个整体，很容易受他人影响，放弃自己的独立思考。这是中国企业家群体非常突出的一个特点。

由于企业家的这一特性，中国企业喜欢一窝蜂做事，如果某种商业模式或是新产品被证明有效，就马上会出现大量的模仿产品及模仿企业。在这场商业混战中，价格竞争成为产业竞争的唯一手段，只有采用仿冒及不规范竞争手段的山寨企业才能生存。山寨企业的低价无序竞争必然会以牺牲产品质量及消费者体验为代价，于是整个行业的声誉一落千丈。那些走创新之路，创品牌优势的企业也容易被这样不规范的行业环境拖入泥潭。这一特有的现象导致中国众多产业被山寨化，中国VCD产业、MP3产业、手机产业的发展历史均是如此。

以中国团购产业为例。在美国 Groupon 开创了网络团购商业模式之后，短短的一年多时间里，中国竟然产生了 5000 多家团购网站，成为世界团购网站数量第一的国家。然而，大多数团购网站并没有自己的核心竞争优势，只是通过简单模仿做同质化的竞争，于是价格战不可避免，团购行业呈现恶性竞争的局面。Groupon 在美国的平均毛利在 40%左右，而中国团购市场则被拉低到 10%，大部分团购网站处于赔本赚吆喝的状态，整个行业陷入泥潭。

此外，企业家的从众心理还造成所谓的行业惯性。企业家一般最关心的是产业内其他企业在做什么。一旦竞争对手有新的举措，无论是否符合自身的发展策略，必定马上跟进。这些相互模仿最终形成所谓行业惯性。时间一长，企业已经忘记了这些做法的使用前提，不顾前提条件是否已经改变，只是教条地遵守这些规则以满足自己的安全心理。

巴菲特认为行业惯性束缚了企业的创新，并将抵制行业惯性作为他所归纳的 12 条最重要的投资准则之一。在对诺驰·戴姆（Notre Dame）商学院的学生发表演讲时，他归纳了 37 家投资银行的失败原因："他们为什么有这样的结局呢？我来告诉你们，那就是愚蠢的模仿同行的行为。"

受制于中国企业家的从众心理，中国企业喜爱随大流，却不愿独辟蹊径；擅长制造，却很少创造；热衷模仿，却不愿创新。这种特性就如同中国企业基因中带来的，顽固且难以改变。

从整体上看，中国产业界缺乏核心技术，几乎没有划时代的商业模式创新，也少有全球品牌的创建。那些取得成功的中国企业，要么以中国市场为基础立足，要么将国外的商业模式移植到国内，要么凭借生产要素成本优势在全球产业链中占据了制造环节。它们的杀手锏就是模仿，互联网主要商业模式是从美国学来的，民族汽车企业的主要技术是通过模仿国外企业取得的，就连文化娱乐产业我们也热衷于模仿，如《中国达人秀》《非诚勿扰》《中国好声音》等收视率高的电视栏目，都是模仿引进国外类似栏目的创意。

模仿短时间内可以拉近与竞争对手的距离，但却永远无法实现对领先者的超越。那些行业的领袖一定是引领潮流的企业，依赖模仿的中国企业注定只能在二流甚至三流的竞争集团中挣扎。

## 庸常之见

从众心理的一个突出特征是不加思考地相信公众的观点或者所谓流行的观点。然而，流行的观点往往不一定是正确的观点，其中总是含有大量的谬误、不完全的真理以及华而不实的思想。于是，轻信的后果是跌入黑暗的洞穴中。

流行的观点往往是过时平庸的见识，这与人类认识发展的模式相关。

人类对世界的认识是一个不断发展的动态过程，老旧的观点被推翻，新生的观点确立。世界是无穷尽的，认识也是无限发展的，它在本质上是一个永恒的过程。人类认识的发展过程往往遵循由少及多、自下而上的模式。

人类知识的突破经常是由极少数人实现的。然而，有趣的是，这些少数精英在提出创见性思想的时候，通常并不占据该领域的权威地位。他们凭借个人的勤奋与天赋，最先捕捉到全新的思想观点，而这些新的观点往往直接挑战了现存主流的思想观念。随着这些少数精英开始推广全新的思想与观念，代表现存秩序的权威势力往往会强力打压这些新势力。然而，新的观点代表着进步与活力，它们拥有极强的生命力，于是越来越多的人开始相信这些观点，加入到这一观点的阵营中来。最终，原有的权威观点会被推翻，新的观点会成为社会大众的主流观点，成为约定俗成的一般见识。就此，人类认识上的新一轮发展又开始启动了。这就是人类认识由少及多、自下而上的典型发展过程。

人类对社会发展规律的认识就遵循这一基本模式。例如，关于中国是否应当发展市场经济，到现在来说已经不是问题了，走市场经济道路已经成为中国一般公众的共识。但是，仅仅是在 20 多年前，中国是否应当实行市场经济却是引起全国争论的焦点问题。1991 年初，中国改革开放进入低潮，面对许多人对市场经济道路的质疑，《解放日报》以皇甫平为笔名接连发表了《做改革开放的“带头羊”》《改革开放要有新思路》等四篇系列文章，不断为市场经济与改革开放摇旗呐喊。然而，在同期《人民日报》《光明日报》则针对性地发表了《筑起抵御和平演变的

“钢铁长城”》等文章，掀起了一场有关市场经济问题的大辩论。这场建国后极为罕见的决定中国命运的大辩论，反映出当时全国上下各种势力对市场经济问题的不同观点与冲突。直到1992年初邓小平南巡之后，社会主义市场经济才成为国策确定下来。

从“皇甫平事件”再向上追溯20年，中国走市场经济道路更是极少数有远见卓识的人才认识到的真理。1957年，顾准发表了《试论社会主义制度下的商品经济和价值规律》，之后又写作了《希腊城邦制度》和《从理想主义到经验主义》等著作，提出了在社会主义条件下实行市场经济的主张。在这之后，他因为所提出的观点两次被打成“右派”，夫人不堪重压，与他离婚后自杀，五个孩子与他脱离关系。然而，顾准在悲惨的生活背景下依然坚持理想和信念不动摇，在1974年临去世之前，依然嘱托学生吴敬琏要坚持市场经济的理念与道路。在多年之后，吴敬琏继承了老师的衣钵，成为市场经济、民主法治社会的著名倡导者，人送外号“吴市场”。正是因为顾准、吴敬琏等少数精英最早认识到市场经济的真谛，并不遗余力地宣传推动，才有越来越多的中国人逐渐接受了这一理念，并使其最终成为中国社会公众的主流认识。

然而，中国社会发展到今天，新的矛盾与问题开始出现，单凭市场经济道路已经不能够解决中国现实的矛盾与问题，市场经济又成为社会大众流行的庸常之见。新的时代呼唤那些具有远见卓识的精英站出来，提出新的思想与理念，引领中国社会的不断进步。

从上述事例可以看出，如果人类认识的这种由少及多、自下而上的发展模式是普遍的，那么真理一般就不是掌握在大多数人手里，而是掌握在少数人手里。因此，如果人们对大众流行观点盲从，就会被过时的思想观念所束缚。

在企业界，真正成功的企业家也是那些能在流行观点中保持清醒头脑的人。当年宗庆后力排众议，推出非常可乐的时候，几乎遭遇了一片反对之声。股东之一达能公司坚决反对，在社会上更是遭到普遍非议。许多所谓管理专家纷纷发表权威观点，认为娃哈哈面对两乐巨头进入可乐市场是以卵击石，“非常可乐，非常可笑！”但非常可乐的成功表明，社会上的流行意见显然是浅薄的，真理掌握在少数派宗庆后手中。如果他当年盲从于社会流行的意见，那么中国商界就少了非常可乐的经典案例。

在产业界，无论是新的商业模式、营销策略还是技术创新，同样遵循着由少及多、自下而上的传播模式。产业内任何创新一旦被证明有效，就会被绝大多数企业模仿，成为产业内企业的寻常做法。时间长了之后，产业内的企业家对现存的商业模式形成固化思维，很难彻底突破寻常做法，从而拱手将颠覆性革新的机会让与他人。

以中国通信产业为例。中国移动、中国电信、中国联通三家运营商是通信产业的传统霸主。然而，三家运营商的商业模式雷同，竞争手段相似。它们均以移动、宽带、固话的收费为主要业务，以业务套餐的形式进行竞争，以政企、家庭、个人为目标客户。然而，微信的出现彻底颠覆了传统的通信产业。微信打破了向客户收费的商业盈利模式，将社交网络、移动、通信等功能创造性地整合在一起，重新定义了通信服务的标准与含义。自 2011 年初诞生以来，它发展迅猛，到 2013 年初已经突破 3 亿用户，改变了消费者的通信习惯。三大运营商原有的商业模式面临重大的挑战。

上述事实进一步验证了下面的观点，那就是产业变革往往不是由产业内的大公司发起的，而是由新兴的小公司掀起的，它们是产业变革的主体，也是最大受益者，它们最终会成为产业中新的霸主企业。正是企业家对产业内企业惯常做法的迷信与盲从，才为新兴的具有活力的小公司带来破坏性创新的机遇。这进一步印证了产业内由少及多、自下而上的创新模式。这一模式提醒我们，只有克服盲从心理，大胆创新，才能成为产业变革的领导者。

## 谁在为企业家洗脑

事实上，大多数人是缺乏主见的，他们只能随着社会大潮浮浮沉沉。法国社会心理学家古斯塔夫·勒庞将社会大众视为乌合之众，在其1895 年出版的名著《乌合之众——大众心理研究》中精辟地指出，社会上的大多数人往往没有独立思考及批判精神，缺乏足够的知识与判断力，容易被误导而感情用事。确实，纵观中外历史，只有少数真正的精英才能看透形势，或者通过独立自主与坚决果断的行动创造伟业，或者通过发表独到的观点引领潮流。

受历史传统的影响，中国是一个缺乏独立思考与理性精神的社会。因此，中国社会盲从的风气特别严重。可以这样说，中国社会是乌合之众的沃土。于是，在中国大师频出，他们看透了中国社会土壤的这一本性，通过各种手段影响与控制大众的心智，进而操纵大众的行为，为他们的个人及团体利益服务。

2010年，张悟本凭借一本《把吃出来的病吃回去》风靡中国。在书中他宣称绿豆与茄子能治百病，使得无数中国民众深信不疑，甚至对绿豆价格上涨起了推波助澜的作用。张悟本被揭露后社会开始反思，难道大众的头脑就这么容易被清洗吗？张悟本竟然有如此之大的能量吗？进一步的调查显示，张悟本之后存在一个利益链条支撑，这个团队整体的宣传策划是专业的，是有计划与步骤的。

张悟本并不孤独，经营着类似商业模式的人还有许多。如四川重庆商人李一也将自己包装成道家现代活神仙，并将这种崇拜转化为信徒们参加高价道家养生班的动力。气功大师王林将个人神秘化，通过编织一张政商、演艺圈的人脉网络来经营自己特殊的生意。风靡中国的各类大师都是采用了类似的模式。

勒庞为这些大师们提供了屡试不爽的洗脑方法论，他提出了“断言、重复和传染”三明治宣传法。勒庞认为这三种手段的结合是精英为大众洗脑，并征服他们心智的强大手段。首先是断言，即不给证据及理由的结论，断言越是简单明了，就越是有力。

张悟本的断言是“绿豆与茄子能治百病！”理由很简单，你的肚子里有油，吃茄子可以去油。李一的断言是“李一就是活神仙！”王林声称：“用气功隔几十米就能戳死人。”

断言之后就是不断地重复。只有不断地向民众重复断言，才能让断言在民众的头脑中生根发芽。曾经的纳粹德国宣传部长戈培尔就曾说过：“谎言重复千遍就是真理，人民大多数比我们想象的要蒙昧得多，所以宣传的本质就是坚持简单与重复。”

张悟本通过近百万册的书籍销售以及大量的媒体宣传来推销他的观点。李一同样构建了电视、报刊、书籍等全方位的媒体宣传攻势。王林将自己与政商、演艺界名流的合影出版，命名《中国人》，以宣传包装自己。

重复之后形成人群之间对观点的相互传染。如果一个断言得到了有效的重复，那么人群中就会形成所谓的流行意见，强大的传染过程就此启动。人们相互影响，对断言深信不疑。重复宣传之后，大量的普通百姓成为张悟本的信徒，甚至悟本堂被查封之后还有人为他鸣不平。李一的生意也非常不错，大师王林的拜访者众多。

企业家本应当是具有强烈个性，喜欢独立思考，追逐个人精神自由的人。然而，在中国特殊的文化土壤里，在当前中国信仰体系崩塌的现实下，企业家盲从心理非常严重。换句话说，中国企业家群体就是一群乌合之众。

在这样的情形下，许多大师以企业家为洗脑对象，成功经营着自己的生意。

在中国管理培训界就出现了所谓布道式培训。这种培训类似明星演唱会，一般选择体育馆进行，动辄有上万人参加培训，门票高达几万元一张。被包装成企业家教父的演讲者宣称拥有终极智慧，可以解决企业家面临的任何问题。这样的培训机构是心理学的高手，非常了解群体心理的特点。当人在一个群体内的时候，受群体的影响及领导者的暗示，非常容易放弃自己的独立人格与意识，从而造成整个群体的集体迷失，就像羔羊一样受他人摆布。在培训现场，培训机构会运用群体心理学及催眠术的知识，综合采用音乐、图案、眼神、语言、位置等各种手段，迅速创造出一个气场，将老板群体置于一个集体虚幻状态。在这样的状态下，有些人痛哭流涕，有些人兴奋狂热，盲目崇拜授课人，不加辨别地接受东拼西凑的二手智慧。简单的心理学技巧的应用加上被训练成战士的销售队伍造就了大量如醉如痴的老板粉丝。

存在的就是合理的。这种商业模式能够在中国获得成功，恰恰反映出中国企业家的特殊处境与状态。在中国洞穴期时代背景下，老板们没有社会地位，得不到应有的尊重，生意又越来越难做了，心理上很压抑。参加培训的老板一般文化水平不高，拥有一定财富后，缺乏信仰与精神的支撑，容易陷入苦闷与彷徨的境地。这时，布道式的培训大师所宣称的能够解决所有问题的终极智慧，就像是一束光照亮了老板周边灰暗的现实，让他们看到希望，愿意去追随。这就会赋予布道式培训大师极大的权力，让他可以轻易地操纵这个迷失的群体而获利。

这种培训模式的成功是对中国企业家群体独立思考精神的最大嘲讽。它说明在中国特定的文化土壤下，企业家意志与人格的独立之路还很长，而这恰恰是企业家最重要的基本素质。

## 群体思维

当具有从众心理的个人组成组织之后，就容易形成群体思维。

1941 年 12 月，日本成功实施了珍珠港偷袭。鲜为人知的是，在日本偷袭珍珠港之前几周，美国军事部门已经获得了日本将要袭击太平洋地区某个军事基地的情报，珍珠港基地最高指挥中心也收到了预警。但是这显然没有引起珍珠港最高军事指挥当局的重视，他们集体陷入了过度乐观的陷阱。当珍珠港海军总指挥基梅尔得知他们已经丧失了对日本航空母舰的无线电监控的时候，竟然开玩笑说日本人或许想绕着檀香山转一圈。然而就在这时，日本的航空母舰正全速驶向珍珠港，珍珠港丧失了最后筹备反击的机会。珍珠港美军指挥当局的群体思维导致了错误的决策，使得美军付出了 18 艘舰艇、180 多架飞机以及伤亡 3400 多人的惨痛代价。

美国社会心理学家贾尼斯认为造成珍珠港悲剧的主要原因是群体思维，这是群体决策中人们为了维护群体和睦而压制异议造成的。群体思维的产生原因有两条，一是群体成员倾向于与其他成员保持行为与信念的一致，以获取群体对他的认可及团体归属感；二是群体成员在对需要决策的事件没有把握的时候，模仿与顺从他人的行为与信念往往是安全的。

也就是说，人们在一个群体中思维与行动的时候，与一个人单独思考与行动的过程与结果完全不同。在群体中，个体极有可能放弃独立思考与批判性思维，以群体思考代替个人思考，最终导致群体智商反而低于个体智商。美军珍珠港的高层决策群体也有一些成员意识到了日本可能会偷袭珍珠港，但是他们在最高指挥官基梅尔等大多数人的集体盲目乐观情绪下，不愿提出不同的观点，最终陷入了群体思维的陷阱。

企业是一种典型的群体组织，因此群体思维对企业同样有着重大影响。可以说，群体思维是限制企业学习的最大障碍，当寻求一致成为组织信条时，组织智商会低于员工个人智商。

在同一家庭待久了，夫妻之间的神态表情相互影响，长相会变得越来越相似，形成人们通常所说的夫妻相。类似现象同样会出现在企业中。经常接触不同企业的人会发现，同一企业中人的思维方式往往会趋同，尤其是具有较长历史的企业，员工的行为反应模式都会类似。这主要是因为企业内部员工的工作环境相同，工作的经验类似，在群体思维的相互影响下，就容易形成类似的思维方式与思想观念。

中国企业家在这一问题上的认识误区是导致群体思维危害加深的根源。企业家一般认为，企业上下统一思想是确保团队执行力的有力保障。客观上看，任何组织都秉持特定的目标，都有特定的人员权责关系与组织方式。于是统一思想，协调团队成员为了共同的目标而相互配合、协作努力是所有组织的任务。这种动员与组织团队向一个目标前进的能力就是组织的执行力，它是组织实现目标的根本保障。企业家存在这种认识，在实践中就会强调企业内部要发出一个声音，上下协调一致。这样的做法无疑会激化群体思维的危害。

这样思考的企业家没有考虑到企业组织在动员大家行动之前，必须指出正确的前进方向，这就需要依靠组织的另一项能力，那就是组织的决策力。决策力的保障是从更多的视角看待问题，所谓集思广益。明智的决策往往是在群体成员对各自意见进行充分的交换与讨论之后做出的。决策力需要决策民主化与思想的多样化，而决策集权与思想的统一化会激化群体思维，对组织决策力有害。

此外，企业内部思想统一能否保证企业的执行力呢？这是个需要深度思考的问题。表面上看这是无疑的，然而，深层次去想却并非如此。企业家强调集权与统一思想，从表面上看企业内部和谐无异议，然而员工内心却并不一定真正认同决策，在执行的时候就会打折扣。相反，如果企业家强调分权与民主化管理，在决策的时候充分吸纳不同的意见，员工会感受到被尊重，执行一个自己意见被充分考虑的计划，显然承诺会更强，积极性会更高。

事实上，很多企业家已经意识到了群体思维在决策中的危害。于是，引入外部经理人、寻求管理咨询公司的帮助，已经成为众多企业家克服群体思维的重要手段。然而，克服群体思维的关键在于企业家自身必须对此有清醒的认识。通用汽车历史上最著名的总裁艾尔弗雷德·斯隆就有一个习惯：当通用高层召开重大决策性会议的时候，如果在场所有人的意见统一，达成一致的话，斯隆总是宣布会议结束，不达成任何最终决议。他要求所有参会人员重新对这一决策做出思考，尤其对该决策的不利方面进行研究，另外择期重新进行讨论。斯隆的习惯来自于他对群体思维危害的深刻认识，而这一认识也最终成就了通用汽车在 20 世纪的黄金时代。

## 精神痛苦与纠结
## ——没有中间状态的企业家

在超强的工作压力与复杂多变的商业环境下，处于洞穴时代的中国企业家普遍处于浮躁与忧虑之中。这种长期的精神困局如果不能解脱，必将在肉体上表现出来。

在中国企业界，心脏病、心脑血管疾病、癌症等疾病非常常见，导致这些疾病的部分原因是因为无法解脱的内心痛苦。不能够消除忧虑的企业家，身体健康堪忧。人的精神与肉体是紧密关联的，精神对一个人至关重要。一个人的精神一旦垮掉，肉体往往也会深受影响。

中国企业界英年早逝的企业家不在少数。2004 年均瑶集团的创始人王均瑶罹患肠癌去世，年仅 38 岁；同年爱立信（中国）有限公司总裁杨迈猝死在跑步机上，时年 54 岁；2013 年 7 月御泥坊前董事长吴立君突发脑疾去世，年仅 36 岁。显然，单用“过劳死”来解释他们的死因是不够的。表面上他们死于不同的疾病，但其实他们肉体疾病的罹患都与精神的紧张、忧虑有关。

有经验的企业家都有体会：如果工作比较顺畅，情绪相对平稳，哪怕身体有些疲劳，也非常容易恢复。但是，如果内心里存有焦虑、恐惧、悲观的情绪，那么无论何时何地，哪怕是睡觉的时候，都不能真正摆脱负面情绪的困扰。这样，企业家就如同被判了无期徒刑，被紧紧地困在痛苦的炼狱之中。真正体会到这种痛苦的人知道，心灵的痛苦要比肉体的痛苦更难于忍受，许多不能承受这一痛苦的人甚至会用肉体的自虐来进行纾解。

出于对自身名誉保护的原因，企业家极少将精神疾病暴露给公众。但是，李开复、张朝阳等少数有勇气坦白自己曾罹患抑郁症的企业家揭开了冰山一角，精神困局其实是企业家需要面对的普遍问题。

如果你不能解决问题，你自己就会成为问题。对企业家来说，如果不能解决自己的心理问题，不能保持一颗健康和平静的心灵，就会在决策与判断上发生偏差，自己也会成为企业发展的障碍。

面对复杂与矛盾的经营与人生，企业家很难超越自己，摆脱痛苦与纠结的心理。但是，如果企业家不能拥有控制自己心灵的力量，就不能爬出痛苦与纠结的深渊，也就不能真正走出黑暗的洞穴，为自己带来光明的未来。

而要突破精神困局，就必须了解企业家为什么会陷入痛苦与纠结之中。只有挖掘出痛苦的根源，才能获得解脱的途径与办法。

企业家的痛苦来源于自我与外部环境的矛盾与冲突，具体可以从以下六个方面寻找。

## 期望与现实

企业家痛苦的第一项来源是期望与现实之间的矛盾。

相信每个企业家都会对自己存有较高的期望，那些勇于创业的人的根本心理就是不满足，于是才会忍受巨大风险，期望创造宏伟的事业。贪婪是人类的本性，当企业家获取阶段性的创业成功之后，又会产生更高的期望。然而，现实是残酷的，并不会总是如人所愿，总有一天，不断膨胀的期望与现实的商业失败相撞，企业家的痛苦就会强烈迸发出来。

企业家的自我期望来自于人类的本性。在上文提到，从生物学的视角来看，人类与其他生物一样是自利的，生存与繁衍是其根本目的。从这一根本需求出发，人具有不断追求财富与权力的基本动机。心理学领域中，弗洛伊德与荣格等人发现了人类潜意识中所包含的性欲、自私、嫉妒、控制欲等动物性本能。在动物性本能之上，人不仅有物质的欲望，还具有获得重视与自我实现的强烈精神需求。而且这些需求与欲望还具有无限发展的趋势。

大部分企业家创业时的原始欲望是指向财富的，期望通过创业获得个人及家庭财富的自由。然而，人性中的贪欲一旦被释放出来，就会成为不可阻挡的力量。随着企业的发展壮大，企业家内心的欲望与雄心开始膨胀起来。于是，他们对自身财富的绝对目标越定越高，对自我的名誉及社会影响力的期许也越来越高。对名利不切实际的贪欲会异化企业家的心理，导致企业经营决策的失误与企业失败，企业家就此会产生悲观失望的情绪。

企业家的期望不仅仅是指向物质的，还是指向精神层面的。企业家期望被尊重，被需要，期望自我的充分实现。许多企业家的情感非常细腻、敏锐，内心非常自信高傲。白手起家，靠自己勤劳与智慧打下天下的企业家，客观上对社会做出了巨大贡献，因此自然生出需要获得政府、社会、公众认可的补偿心理。然而，在洞穴期时代中国特殊的社会环境下，在中国传统文化背景下，企业家得不到应有的社会地位。在某些人的眼里，企业家做得再大也不过是生意人。中国社会盲目及非理性的仇富心理，更是将他们架到道德的耻辱柱上鞭挞。社会现实不能给企业家必要的尊重，没有赋予他们应当拥有的权利，他们自然会陷入痛苦之中。

无论出于物质的还是精神的，痛苦源自于期望的无法满足。因此，如果要解除痛苦，一个理所当然的良方就是承认痛苦的现实，另一个可能的解决方案是对自身期望的克制，这二者正是宗教为人类解脱痛苦的主要方法。佛教就认为人生来就是苦难重重的，它强调因果报应，认为人只有通过修行才能在来世获得美好的生活，还强调对自身欲望的克制。

宗教的教义对缓解人类的痛苦确实有帮助。如果我们能够管理与控制自己的欲望，那么自然容易知足，我们也就没有那么大的痛苦了。如果我们能够接受现世的痛苦是人类必须接受的现实，我们所做的一切不过是为修得一个美好的来世的话，或许我们承受痛苦的能力就会增强。

然而，现实并非如此简单。尽管对自我过高的期望是人类痛苦的源泉，但是它也是鞭策人类不断前进的力量。埋藏在每个人心中对自我实现的渴望，为人类进步提供了最大的心理能量。在任何行业，真正获得顶尖成就的人都拥有对成功的强烈渴望。如果没有这种渴望，就不可能付出长期艰苦卓绝的努力，如果没有这种努力，也就不可能取得真正的成就。

当我们在电视上观看奥运会比赛时，常常能感觉到冠军的气质，藏在这种气质背后的是对自身极高的期望与要求。美国田径巨星乔伊娜曾经说过："如何使你成为最棒的？专注、纪律与梦想！"拥有梦想，全力以赴，不轻易原谅自己，这些是任何想要获得顶尖成就的人的必要条件。

尽管表面性格有所不同，但是在内心里，真正的企业家无不是充满激情的人，他不仅要自我激励，还要领导与引领他人。可以说，企业家领导的核心要义是激发员工的上进心，将自己的理想变成团队的愿景。因此，如果缺乏激情与梦想，缺乏成就事业的渴望，他就不可能提出具有激励作用的愿景，更不可能引领企业实现腾飞。

行文到这里，企业家似乎陷入了困局。如果让企业家说服自己，通过降低期望来获得平静与幸福，那么似乎必然以牺牲事业的成就为代价；而如果让企业家保持与鼓励自己的雄心与追求，一旦现实中无法达到他们期望的目标，他们又容易陷入痛苦无法自拔。

这确实是企业家经营的过程中绕不过去的一个难题。

## 比较与压力

企业家痛苦的第二个来源是比较与压力。

成功创办新东方教育科技集团的俞敏洪毕业于著名的北京大学。但是在北大学习期间，他却是成绩排名靠后的学生。并不是他不努力，而是与同班大多数同学相比，他的智商处于劣势。尽管他在学习上投入了大量时间，但成绩仍然落后于轻松应对的同学，这让他陷入了极度的痛苦之中。在心理压力与学习劳累的双重打击下，他罹患了肺结核，跌入人生低谷。在班级毕业典礼上，他发表了如下演说："大家都获得了优异的成绩，我是我们班的落后同学。但是我想让同学们放心，我决不放弃。你们 5 年干成的事情我干 10 年，你们 10 年干成的我干 20 年，你们20 年干成的我干 40 年。如果实在不行，我会保持心情愉快、身体健康，到 80 岁以后把你们送走了我再走。"

俞敏洪在大学期间所感受到的痛苦你我并不陌生。那就是与他人比较而产生的压力，进而导致的内心痛苦。我们总是不自觉地与他人进行比较。男人总是与他人比较权力、财富、才智与影响力，女人们则相互比较美貌、性感、男人与孩子。无论哪个方面，如果我们比不过别人，我们就会不开心，甚至感受到压力与痛苦。这实在是人性中的一部分。

因此，我们生活中感受到幸福还是痛苦，经常不是取决于实际的拥有，而是取决于我们与他人间的比较状况。

人类比较心理的根源在于人性中的占有意识。人们总是希望占有与控制某些东西，比如财富、权力、名气、异性、企业甚至孩子，相互比较的也正是这些东西。如果自己占有的东西比不过他人，人就会不痛快，而所占有的东西一旦离开自己，就会情绪低落，或是愤怒不已。

换句话说，人性中的占有意识是人类痛苦的最大根源。

对大部分企业家来说，创业时最大的动力就是对财富与名气的占有欲。企业家误以为有一天功成名就之后，可以拥有游艇、庄园、私人飞机、美女，能够尽情享受生活，当然会获得快乐与幸福。但事实并非如此，这其实是企业家的幻觉或是一场骗局。心理学发现，人对所拥有的一切具有很强的适应性。换句话说，获得财富时，人会有短期的快乐与满足，但是不久之后人就会习惯于拥有这样的财富及生活方式，财富并不能够给人带来持久的幸福感受。而且一旦人失去这些财富，产生的痛苦会远远大于拥有时的快乐。当企业家还在奋斗的过程中时，财富就是海市蜃楼，激励着企业家前行。然而，一旦企业家获取一生无法用尽的财富，抵达心目中的人间仙境之后，他们才发现不过如此，再往前已经没有任何动力了，无聊、失望、痛苦就会浮上心头。

张朝阳在渡过精神危机之后对媒体说："以前我曾经认为，越有钱，越有名气，就越幸福。但是经过这两年的闭关，我认为钱多不是幸福的保证，钱多少跟幸福没关系。我这么有钱，却这么痛苦。越有钱、越成功，但如果没有管理好自己，往往更容易让你陷入精神的痛苦。”

从获取财富与社会地位的角度看，企业家没有中间状态，要么创造巨大的财富，获取令人仰望的社会地位，要么创业失败，导致家庭负债累累，经济上一辈子无法翻身。与走正常职业生涯通道的同学与朋友相比，在不同的情形下，企业家要么倨傲要么自卑，心态与情绪容易产生波动。因此，如果企业家不能超越自我对财富的占有意识以及与他人的比较心理，企业经营过程中的波动起伏就会对企业家的情绪产生重大影响。

创业的巨大成功，守业的痛苦挣扎，无数事件的磨砺，使企业家情感的波动无论在频率上还是在幅度上，都远远超过普通人。人的心理承受力就如同人的体力一样，尽管不同的人有所差异，但是再强壮的人也有极限。因此，当企业经营步入低谷的时期，企业家在过度劳累与心理压力下极易出现悲观失望情绪。作为企业最高领导人，企业家是孤独的，没有人疏解他的压力与情绪，在极端情况下他们会出现心理与生理的崩溃。无论中外，企业家因经营失败而自杀的现象非常普遍。事实上，很多企业家都或多或少的存在心理异常问题。

常州铁本的戴国芳自 2003 年起就靠安眠药入睡，“整天想着项目，已经无法控制大脑了”。在 2009 年出狱之后他又罹患抑郁症。

在 TCL 并购法国汤姆逊公司失利后，李东生承认：“有一段时间情绪非常低落，非常沮丧，压力非常大，这个时候我会拿曾国藩的书来看，曾国藩也经历过这个时期，这很正常，关键是有些人这一关过得了，有些人过不了，差别就在这里。《鹰的重生》那篇文章就是我渡过了自己的心理谷底后写给自己的。”

评价一个企业家的成熟度不能只看他在人生高峰时的作为，更要看他在人生低谷时的韧劲。从这一角度来说，如果一个企业家还没有品尝过绝望的滋味，没有体会过内心痛苦的煎熬，那么他就称不上一个真正成熟的企业家。当然，走出低谷仅靠对人类心理的了解是不够的，还需要理性的思考与信仰的力量。

## 角色与能力

企业家第三项痛苦源泉是角色与能力不匹配所带来的痛苦。

人们在社会上扮演的角色不同，必然被赋予不同的期望。例如，社会对男人与女人的期望与要求就不同。男性要承担起养家糊口的重任，如果男性的能力不足以达到这一期望，那么他们必将被社会鄙视与孤立，从而陷入自责与痛苦之中。而女性则被赋予照顾家庭养育子女的期望，如果女性不能做到这一点，也会感到压力重重。

人生如戏，在这场大戏之中，我们每个人都是演员。我们所扮演的角色往往是多元的，在家庭中我们是丈夫、儿子、兄弟，在公司里我们是企业家、职业经理人、专家，在社会上我们是公民、知识分子、政治家。

我们所扮演的每一种角色都被赋予了特定的责任与期望。为人之子，应当恪守孝道，留出足够的时间、金钱、精力孝敬父母，无论中外，这是普世价值观。作为知识分子，应当保持独立的品格，传播与坚守社会的价值信念体系，指引社会的发展潮流与趋势。作为政治家，应当协调与平衡各方利益，公正廉洁，尽职尽责。作为一个普通公民，应当关心社会公益，遵守基本社会道德规范，履行宪法赋予的各项权利和义务。

作为企业家，员工期望你提供有尊严的生活与有前途的职业发展，政府期望你按时纳税并解决就业问题，股东期望你实现盈利，客户期望你提供高性价比的产品与服务，企业组织期望你实施有效的领导与管理，公众期望你承担起应尽的社会责任。

无论我们扮演何种角色，只有达到与超越相应的期望才能成为一个合格的演员。否则，麻烦与痛苦就会纠缠你。

2008 年 5 月，汶川地震之后，举国悲痛。在这一时期，万科董事长王石就赈灾捐款问题发表了个人观点，“万科捐 200 万是合适的，不能让慈善成为负担，内部员工捐款不能超过 10 元。”尽管这些观点在为股东负责的角度上是有道理的，但却违背了公众对行业龙头企业万科承担社会责任的期望，从而引起极大的社会争议。王石及时意识到错误，公开向公众道歉，并以实际行动承担了万科及他个人的责任。

由于企业家角色的特殊性，扮演这一角色对人的能力挑战是巨大的。企业家需要有坚忍不拔的意志，能够经受不断的商业挫折与打击依然坚持奋斗永不言败；还应具有敏锐的商业直觉与反应能力，因循商业实践不断灵活调整策略；需要具有领导力，真诚待人，让员工心甘情愿地跟着企业走；需要强大的沟通能力，能够平衡事业与家庭，处理好各种人际关系；还要有良好的体力，能够经受住常年的操劳、精神的紧张与压力。

企业家需要具备的能力是全面的，达到这一角色的要求是很不容易的。面对经营起伏的长期考验，再有能力的人也会压力重重，焦虑不安。

成功创建了中国标杆企业华为的任正非，在《一江春水向东流》一文中坦承："我理解了，社会上那些承受不了的高管，为什么选择自杀。问题集中到你这一点，你不拿主意就无法运行，把你聚焦在太阳下烤，你才知道 CEO 不好当。每天 10 多个小时以上的工作，仍然是一头雾水，衣服皱巴巴的，内外矛盾交集。"

企业家的能力需要在创业过程中不断培养与提升，过早过急地追求事业成功只能取得适得其反的效果。这就如同钢铁只有在熔炉里才能炼成一样，企业家需要的综合素养与能力的形成不仅需要时间的沉淀，还需要特殊环境与人生经历的历练。如果企业经营者的综合能力与素养不能达到要求，那么事业早晚会陷入危机。人生的机遇有限，一旦从高位上跌落，再想重新起步是非常困难的事情，史玉柱失败后重新创业成功的案例是商业社会中极为罕见的。绝大多数失败者都会像胡雪岩一样无法翻身，郁郁而终。

事实上，即使是那些具备企业家才能并获得成功的人，随着时间的推移，也可能面临不能胜任的局面。这里主要有两个原因。

一是随着公司的成长与商业竞争环境的变化，对企业家的能力要求会不断提升。我接触过许多企业家，当初创业之时由于市场竞争并不激烈，只要凭借勤奋加魄力就足够完成起步。但随着公司的成长，市场竞争愈发激烈，企业家需要面对的局面日益复杂，由于自身的综合素质与能力无法达到要求，企业陷入危机。

第二个原因是企业家的素养与能力随年龄也在发生变化。尽管随着时间的推移，管理者的经验不断积累，但与此同时固化思维也不断形成。尤其是随着年龄的增长，企业家的精力与体力都会不断衰减，学习能力、接受新知识的能力、理解新一代消费群体心理的能力都在下降。另一方面，任何商业成功只能属于特定的历史阶段，商业环境的变化会不断提出新的更高要求。因此，或早或晚，企业家一定会走到无法胜任岗位的那一天。从这个意义上来说，企业家是在玩一场必输的游戏。

据我观察，无论出自何种原因，出现精神心理障碍的企业家的一个共同问题是感觉没有能力应对及改变经营现状，从而在内心产生恐惧、无力感与自我怀疑。

## 僵化与变化

企业家第四项痛苦来源于僵化的心理与变化的现实之间的冲突。

我曾经特别喜爱踢足球，学生时期经常在运动场上踢球到天黑。我喜欢奔跑时耳边呼呼的风声，更喜欢在足球场上掌控局面的感觉。最重要的是踢足球使我获得自由、力量、奔放、畅快的感受，这种感受是无价的。我一直坚持踢足球，本想至少踢到 50 岁。但是 2008 年开始，我每次踢足球后都会出意外，不是大腿拉伤，就是浑身疲惫、感冒发烧。那一段时间我情绪非常低落，理智告诉我或许我的年龄已经不适合剧烈的足球运动了，老化的身体已经在向我发出明确的信号了。但是，每当我想到这辈子或许永远无法踢足球了，感情上还是很难接受。最后，无论心理与行动上如何纠结，我还是不得不放弃了这项运动。

从踢足球的经历中，我感悟到人的天性是僵化的，人总是习惯于现在所拥有的一切，而不习惯于变化，更无法忍受变化所带来的失去。但是，变化是世界永恒的主题，是不以人的主观意愿为转移的。因此，当人的僵化心理与变化的客观现实相冲突时，就必然会陷入痛苦之中。我情绪低落的本质是没有接受已经步入中年的现实，还沉浸在年轻人的幻觉之中，还觉得自己拥有年轻人的体能与活力。

显然，这不是我一个人的问题，据心理学研究，绝大多数人对自己的心理感知小于自己的实际年龄。尤其是在中老年群体中，“我好像还没有这么老嘛！”是普遍的心态。这一现象揭示了人天性中的僵化心理。

与人的僵化心理相对应，变化却是永远的旋律，而伴随变化而来的是失去。随着一个人生命的进程，以下东西是在一生中必然要相继失去的。它们是对父母亲情的依赖，自以为拥有无限可能的青少年时期，青年的体能及活力，性吸引力，各种各样暂时的社会权利，身体健康与独立性，甚至于自我及生命本身。

请冷静下来仔细思考与掂量，上述这些东西对每一个人都是极为重要的，从这个意义上来说，人生大戏看起来确实像是一出悲剧。

相信企业家的感受会更加强烈。这是因为企业家成功之后会掌握巨大的财富，拥有权力与社会影响力。然而，财富、权力及名气对一个人的迷幻性及腐蚀性是深刻的。企业家人性中的控制欲不断膨胀，陶醉在权力给予的快感中不能自拔，误认为这一切将是永恒的。企业家会忘记这样一个事实，那就是无论拥有多么强大的权力，都将在未来的某个时刻失去它。当身体的老化及权力的失去渐次到来之时，企业家往往无法接受这样的现实。要么死死抱住权力不肯放手，成为企业发展的最大障碍，要么退休后心态不平衡，陷入痛苦与烦恼之中。

相比较权力而言，或许人更难以承受的痛苦就是失去生命了。我至今还清晰地记得童年时的某一天，当我突然意识到死亡的真实含义的时候，我的内心就像是被一只巨掌紧紧握住一样，心痛却叫喊不出来，一种极度的恐惧感控制了我，这种感受至今依然鲜活如初。对于大多数人来说，死亡就像是一个巨大的阴影，尽管有时会暂时忘却，但却永远会笼罩在心头。

成功的企业家无不享受创业经营的过程，他们总是觉得干一辈子是不够的，最好能永远干下去。生命的局限性令他们遗憾与痛苦。乔布斯曾经说过：“在与死神擦肩而过之后，我能够肯定地告诉你们以下事实：没人想死，即使想去天堂的人，也希望能活着进去。死亡是我们每个人的人生终点站，没人能够成为例外。”

缓解人类这一痛苦是宗教永久的主题。比如佛教的轮回说，其核心观点是人有来世，此生此世受苦受难是为来生来世修炼的过程。宗教的观点对人类的影响是巨大的。藏传佛教的生死观使藏民面对死亡时极为豁达、坦然，这一态度还体现在死亡后事的安排上。与大多数汉人不同，他们不讲究入土为安，而是认为人死后应当魂归自然。因此，他们有天葬的习俗，将遗体喂老鹰。但是宗教的观点只能安慰自己的信徒，普通人又怎样才能超越对死亡的恐惧呢？

## 态度与行为

企业家的第五项痛苦来源于态度与行为之间的分歧所导致的痛苦。

在电影《阿凡达》中，以轮椅代步的前海军军官杰克参加了人类对潘多拉星球的殖民行动。他自愿接受实验，并以阿凡达为载体来到美丽如诗的潘多拉星球。在执行任务的过程当中，他与纳美人接触且结识了奈蒂莉，随着对潘多拉生态环境及纳美人文化的了解，他逐渐认识到人类的殖民行动对潘多拉生态及文明的毁灭性打击。自己参与的行动与自身的价值观产生了极大的冲突，使他陷入极度的痛苦之中。当这一痛苦累积到爆发的程度时，他成为人类的反叛者，转而投入领导纳美人反抗人类殖民的斗争中去，最终取得了成功。

所谓“人在江湖，身不由己”。企业家生活在现实的社会中，被各种社会潜规则所束缚。你说的话并不一定是自己真正想要表达的观点，做的事也并非出自自己真正的意愿。企业家与《阿凡达》里的杰克一样，经常被迫做违反自己的价值观与本能的事情，并在内心体验到一种极度的痛苦。我的一位长辈退休前曾经担任政府高官，他曾亲口对我说，做官是极为痛苦的事，因为你大部分时间只能做“必须要”做的事情，而不能做自己认为对的事情。他是真诚的，我能体会到他的痛苦。

企业家为什么会有这种痛苦？

美国社会心理学家利昂·费斯廷格所提出的认知不协调理论对此提供了合理的解释。这一理论认为，当两种想法或信念在心理上不一致时，人们就会感受到紧张的情绪。因此，当人们内心里怀有一种坚定的信念、观点或价值观，而他们的实际行为所体现出的价值观与之相悖时，他们就会感受到认知不协调的痛苦。

西方有些狙击手晚年的精神困局就证明了这一点。二战时期，狙击手作为一个正式的兵种诞生。具有神秘与传奇色彩的狙击手常常能够大量杀敌，具有巨大的军事威慑力。比如苏联狙击手瓦西里·扎伊采夫，他在 1942 年斯大林格勒战役中，于 11 月 10 日至 12 月 17 日之间共击毙了 225 名敌兵而一战成名。然而，这些狙击手在人生的晚年却往往会经历精神上的极度痛苦，甚至引发抑郁症。西方狙击手精神出问题的主要原因在于他们大多是基督教信徒，而“不可杀人”是圣经十诫之一，是作为坚定的信仰存在于基督徒的内心的。在战争特殊的环境下，狙击手的这一信念被暂时压抑。但到了人生晚年，狙击手的信仰与行为之间的巨大鸿沟造成了他们的精神撕裂。有意思的是朝鲜战争期间抗美援朝部队中也有狙击手，但是中国狙击手的晚年心理却非常健康，这是因为他们没有信念与行为的冲突，在他们心目中，消灭入侵的敌人是无上的光荣与骄傲的资本。

我相信大多数企业家良心的存在。诚实、守信、善良等价值观已经成为企业家潜意识中的根基。然而，当企业家面对洞穴期社会扭曲的道德环境，为企业的生存与发展，不得不以不正当竞争应对不正当竞争，以权钱交易换取各种资源，以消费者生命健康为代价盲从行业潜规则。他们的行为所体现出的价值观与潜意识中的价值观信仰产生矛盾与冲突，这一心理不协调短期会被现实所压抑，但长此以往必然体会到莫名的焦虑、紧张与不安的情绪。

面对认知不协调导致的心理痛苦，人们往往会自觉或不自觉地进行自我麻木与调整，并在内心进行自我辩解，以此来缓解这一痛苦，获得心灵的平静与慰藉。

美国著名的心理学家菲利普·津巴多所做的斯坦福大学监狱实验就非常形象地说明了这一点。津巴多在斯坦福大学心理学大楼地下室内模拟建立了一个监狱，并将 24 名大学生分配为囚犯与看守的角色。实验刚一启动，就发现大学生很快进入了各自的角色，“看守”越来越凶狠，并表现出虐待倾向，而“囚犯”则越来越被动与沮丧。实验进行到第 7 天时，三分之一的“看守”表露出虐待狂的倾向，而“囚犯”则普遍显示出心理受伤害的迹象。原本计划进行 2 周的实验被迫终止。斯坦福监狱实验的结果是令人惊诧的。普通大学生的价值观理念与囚犯、看守之间是存在着巨大的差异的。让我们难以想象的是，当他们不得不进行囚犯与看守的角色扮演，做那些他们从来不曾想象的行为的时候，他们竟然能够迅速调整自己的原有观点，并进入到扮演的角色中去。这表明，在对自己角色的适应过程中，他们体会到了认知不协调的痛苦，为缓解这一痛苦，在无法进行角色改变的前提下，他们不得不在内心为自己的行为进行辩解，说服自己。

大部分企业家面对价值观与现实冲突所导致的痛苦，也会为自己的行为辩护，通过改变自己的态度来缓解认知不协调的矛盾与紧张情绪。企业家通常会这样为自己辩解：这是整个社会的道德现实，我是渺小的，我不得不遵从这一现实，否则无法生存。

然而，这种方式可以缓解一时痛苦，却不能在根本上解决问题。这是因为原有的价值观还是扎根于企业家的潜意识之中，当心理上特定的应激反应期渡过之后，潜藏在内心深处的观念会再次浮现出来，使得这种矛盾与痛苦愈益鲜明与深刻。这就是为什么斯坦福大学生做完这个实验后，有许多人出现了精神伤害的明显症状，也是一些狙击手晚年痛苦的根本原因。

如果企业家的行为不能遵从自我内心的指引，或早或晚，莫名的焦虑、紧张、烦躁、无聊会吞噬企业家的内心。

## 未知与信仰

企业家的痛苦还来自于未知所带来的恐惧。

当人们面对熟悉与了解的事物时，往往会表现出放松与从容的态度，而面对未知与不确定的事物时，心里往往会充满焦虑与紧张的情绪。我们许多人都有在夜晚的海边面对大海的经历。我至今还记得第一次站在黑夜的沙滩上，大海正在涨潮，海浪不断向我扑来，一个庞大、黑暗又神秘的世界不断地咆哮着，一股刺入骨髓的恐惧感从我的心底里升起。同样，当我们到一个陌生的国家旅游或是进入到一个不熟悉的地方工作时，由于对周边的环境没有把握，我们也会感受到类似的焦虑与恐慌情绪。

那么为什么人类面对未知时会产生恐惧感？

当人类面对已知的事物时，往往使用的是理性思维，而面对未知的事物时，理性思维通常派不上用处，于是感性思维就会占据上风。既然不清楚事物的来龙去脉，那么情绪化的想象往往会夸大负面的状况，于是恐慌性情绪最终成为主流。

与普通人相比，企业家与政治家往往更能感受到未知所带来的恐惧与痛苦。越是处于高位的人，其决策结果的不确定性越大，他们就越能体会到世事的无常。当大多数成功的要素并不是在领导者的掌控之下，而是依靠所谓说不清道不明的运气时，他们的内心就会有对确定性的迫切需求。这就如同长期在风浪中游泳的人，迫切需要踩到坚实的土地上一样。

由此，为缓解未知与不确定性所带来的紧张与痛苦，领导者往往需要精神信仰的支撑。

蒋介石就是一个很好的例子。蒋介石本没有什么宗教信仰，年轻时徘徊于花街柳巷，流氓气十足。随着逐渐掌握国民党的领导权，他经历了近代中国错综复杂的政治与军事斗争的洗礼。他曾经作为人质被张学良扣押，也曾数次在死亡线上逃生，他在旧中国的各种势力的夹缝中生存，也承受着来自各方的巨大压力。据蒋介石卫士回忆，在抗日战争最艰苦的时期，蒋介石在洗澡的时候常常歇斯底里地号叫，以纾解对不可知未来的恐惧与紧张情绪。在与宋美龄结婚后，受宋美龄家族的影响，更为了缓解内心的焦虑与不安，蒋介石最终接受了基督教的洗礼，成为一个忠实的基督教徒。

宗教对西方企业家具有广泛与深刻的影响。西方企业家通常热衷于慈善活动。洛克菲勒、比尔·盖茨、巴菲特等西方主流企业家都将自己一生的大部分财富捐给了慈善基金会。从普通人的眼光来看，一个人勤勉一生获取财富，却在后半生将大部分捐给社会，这明显是非理性的行为。但这一行为并不是个别的，而是普遍存在的，所以其背后必有原因。实际上，宗教信仰正是西方企业家慈善行为的精神动机。

德国社会学家马克斯·韦伯在其名著《新教伦理与资本主义精神》中，将西方资本主义的蓬勃发展归因于基督教新教的伦理精神对世俗社会的影响。基督教新教起源于16世纪德国的宗教改革运动，是作为对经院神学的革命而诞生的。根据

与普通人相比，企业家与政治家往往更能感受到未知所带来的恐惧与痛苦。越是处于高位的人，其决策结果的不确定性越大，就越能体会到世事的无常。当大多数成功的要素并不是在领导者的掌控之下，而是依靠所谓说不清道不明的运气时，他们的内心就会有对确定性的迫切需求。这就如同长期在风浪中游泳的人，迫切需要踩到坚实的土地上一样。

基督教教义，人有原罪和本罪，因而在上帝面前不能称义，唯一的救赎方法是借上帝之子基督将救赎恩赐给世人。与传统天主教不同，新教认为对人的救赎不能由神职人员所垄断，每个信徒只要相信与接受基督为主，就能通过圣灵的工作来获得上帝的救赎。新教还认为普通信徒不必一定要进行天主教那样的禁欲主义修行，而是可以通过认真履行日常工作而获得救赎。这就是说，普通人的日常工作就是一种修行的方式，只要人们认真履行上帝赋予的天职，就会得到救赎。随着新教在西方兴盛，它对西方企业家精神的影响巨大。

从新教伦理出发，西方企业家认为经营企业是修行的方式。因此，在这一修行的过程中，必须做到勤勉、节俭、节欲、奉献。我们可以发现大量的西方企业家怀着崇敬的心情全力以赴于自己的工作，积累起巨大的财富，同时克制自己的欲望，过着简朴的生活，并不断将自己的财富捐献给社会。对于这样一些企业家，他们经营企业的目的已经超越了动物性层面，而提升到全然的宗教精神境界。对于这些企业家来说，他们的内心一定是平静与安康的，因而也是幸福的。

这就是信仰的力量。信仰来自于内心，是一种发自内心的信奉之情，是人至高的精神支柱，是对终极价值观的追求。一个人一旦拥有信仰，就会获得对人生完全不同的视角，生活的意义会被重新定义。伟大的企业家正是因为拥有信仰，才克服了常人难以面对的困难与恐惧的折磨，铸就惊世伟业。

然而在中国，整体社会信仰价值观体系的崩塌成为企业家出现精神危机的根源。

中国当下是一个信仰缺失的社会，传统中国文化信仰体系已然崩塌，而新的价值观信仰体系还未建立起来。对中国人来说，这几乎意味着一场精神劫难。在这种情形下，个别中国企业家在获取财富的道路上无所顾忌，不择手段，缺乏对社会、大自然的谦卑及对道德价值观原则的敬畏。部分中国企业家就像是无知的小孩子，在自我膨胀下肆意妄为，而闯祸之后，面对强大力量的反噬与巨大的不确定性，又吓得不知所措，陷入无明、恐惧与抑郁之中无法自拔。由此，企业家成为中国社会信仰缺失的受害群体。

行文到这里，一定有人会辩解说，中国当前寺庙香火旺盛，许多企业家也信奉佛教，怎么能说他们没有信仰呢？事实上在中国，许多人表面信奉宗教，而内心并没有信仰。当代中国寺庙经营红火，有的商学院中竟然出现了和尚 EMBA 班，有的寺庙还有打包上市计划。如果信仰的圣地也被视作商业的战场来经营，那只能说明大多数信徒甚至寺庙和尚的心中并无真正的信仰。

大多数信徒其实将宗教当作工具来使用，他们不了解宗教的真正教义，也就谈不上什么信仰不信仰。这类人中有的是经历重大人生变故（得重病、破产、失恋）后，自己无法承受痛苦而期望宗教能够拯救他们，古往今来许多人看破红尘遁入佛门就属此类情形，他们把宗教当成了拐杖；还有些人是盲从的人，自己内心本没有什么价值观与定见，信奉宗教的目的不过是为自己求一个现世的好运，期望佛爷保佑自己兴旺发达，他们把宗教当成了能满足个人希望的宝瓶；再有一些人发了不义之财，受到了良心的谴责，于是想通过捐献等行为赎罪，他们把宗教当成了心灵的浴场。

无论是拐杖、宝瓶还是浴场，本质上它们都只是服务于个人欲望的工具而已。说到底，他们的内心里信奉的还是物欲，而没有高等级的精神追求。没有信仰的人最终还是无法走出内心的痛苦与迷茫，如果企业家只是将宗教作为缓解内心焦虑或是寄托期望的工具来使用，那么功利性的目的就会摧毁信仰的力量。

# 下篇　走出洞穴

面对时代所构成的洞穴，无论是错综复杂的社会环境，还是变幻莫测的商业环境，它们都是客观的现实，企业家其实很难改变，更多的应当是如何适应的问题。通过适应环境获得自身发展，这需要智慧的修炼。

企业家通过智慧的修炼，解决的是企业生存与发展的问题，换句话说是解决人与环境的关系问题，即企业家如何创造财富的问题。毕竟，创造财富、实现盈利是企业发展的根本目的，也应当是企业家的首要责任。

与第一关不同，面对关系交织的洞穴，企业家不仅需要智慧，更需要道德伦理的指导。为妥善处理好复杂的人际关系，企业家需要彻底认清不同的角色关系，以及用以调节这些关系的道德伦理规范，避免混淆职业道德与家庭道德，私德与公德，商业道德与传统道德。这就必须向内，走入自己的内心，进行德的修炼。

德的修炼解决的是企业家与他人、社会的关系问题，可以帮助企业家保持和谐的人际、社会关系环境。

面对自我思维所构成的洞穴。企业家要获得真正的解脱，获得大智慧，就要超越自我，从小我走向大我。将自我狭隘的灵魂巢穴向上，提升到一个大境界中去。这就需要心灵的修炼。

心灵修炼解决的是企业家与自我的关系问题，它是企业家终极的修炼。

# 第四章
# 出离时代构筑的洞穴，洞察外部现实
## ——智的修炼

面对时代的洞穴期与动荡的商业环境，企业家能够认识到这些外部的环境是客观的吗？换句话说，它们是不以你的意志为转移的，无论你喜欢还是不喜欢，它们都在那里，并不断演进变化，而你能够做的就是适应，就是顺势而为。

那么，面对浮躁、溃败的社会环境，你能否做到既与之共生，保持自己与企业的生存与发展，又坚持自己的独立与原则吗？面对复杂动荡的商业环境，你能否穿透表面现象抵达事物的本质？你能够敏锐洞察环境变化的真相，体察企业的细微发展，并创造性地领导企业实现变革吗？这一切，需要的是智慧。而这些智慧有别于肤浅的逻辑与常规的见识，需要深刻的理解与长时间思考与行动后的领悟，需要智的修炼。

# 平衡与妥协的智慧
# ——适度距离和变速跑

在时代的洞穴期中经营，中国企业家就像在高山上攀登，只有中间一条蜿蜒的羊肠小路，两边都是万丈深渊，能否找到并走通这条小路，直接决定了企业家自己与企业的未来命运。

中间的这条小路寓意着做事做人所把握的度。企业家就像拖家带口的当家人，背负着股东、员工、品牌、资产的重担，必须走中间路线，把握那个度。超过了那个度固然不可，而不到那个度也不会有好的结果。

在中国社会环境中，这个度有许多维度。比如说，你应如何把握与政府官员的关系？应如何保持道德原则与生存之间的平衡？又应如何在机会驱动与保持专注中把握那个度？怎样在大胆进取与谨慎稳健之间走恰当的路线？如何做到既有妥协又有坚持？如何将理想与现实进行协调与融合？

## 掌握商业与政治的合理距离

显然，每个中国企业家都认识到，在中国做企业，需要处理的最重要的关系就是与政府的关系，尤其是与政府官员的关系。有人这样通俗地讲，“在中国，赚钱就要跟着政府走”。无疑，政治确实是中国商业社会最重要的因素。

尽管政治是经商的重要因素这一点大家已有共识，但是在企业家应如何对待的问题上，却存在观点差异。有些人认为政治既然重要，就要拉关系，为自己建立政治背景，与官员亲密无间，结成利益同盟。这显然是一个浅薄的思维逻辑。

这样思考的企业家，有没有深层次地思考政治与商业之间的关系呢？有没有看透权力的真实心思呢？几千年以来，中国的商业一向是政治的附庸。这一根深蒂固的思维不仅是权力的思维惯性，也同样在相当多的企业家的潜意识中作怪，而权力高度渗透的中国市场经济环境则支持与强化了人们的这一观点。于是，人人都将红顶商人胡雪岩作为具有中国特色的经商成功之道顶礼膜拜，都争先恐后地向政治献媚。然而，大部分人却并不知道胡雪岩下场的悲惨，他的商业帝国最终崩于瞬间，自己也随之郁郁而终。更少人知道埋葬胡雪岩的正是他的红顶经商之道，攀附于政治大树生存的商业，经不住政治斗争的风暴，胡雪岩最终沦为左宗棠与李鸿章相互倾轧的“牺牲品”。

事实上，商业在权力的眼睛里，永远是被利用的玩物，一旦稍有风吹草动，就会成为替罪羊。如果你能看透这一点，就会想清楚商业必须与政治保持距离，必须独立于政治才会拥有自己独立的生命，而这样的生命才会是健康的，可能获得长久发展的。

中国企业家，你是否真正意识到当今所处的时代与过去有着根本的不同呢？中国社会在进步，市场经济体制尽管不完善，却也初步形成，这就为商业发展提供了另外一种可能性。市场经济体制第一次赋予商业以独立与平等的地位，公司作为市场经济的产物，具有独立的法人生命，成为一类重要的社会组织。企业家第一次拥有这样的可能，那就是不必依靠任何人，仅凭企业家自身的创造力，就可以建立基业长青的事业。有这样好的机会与可能性，却还要走中国传统商人的老路，岂不是得不偿失吗？

再有，作为企业的领头人，不仅要面对现实，适应当下的环境，还必须看清大势，洞察方向。尽管当下中国社会环境中存在官商勾结、权钱交易的现象，但是必须看到民主、透明、开放的政治已经成为民众的共识，民众思想与价值观理念的进步必将在社会政治层面产生影响，政治必将进步，法治必将完善。从发展的眼光看，走正道或许短期坎坷，但是长期必有回报。

在这里，我想问企业家的问题是，你愿意以自己的健康、良知、安心与生命来换取短期的暴富吗？答案显然易见。如果你深刻地理解到这一点，就会理解商业保持独立的价值，才会珍视企业的独立与生存，不会因短期的诱惑而丧失原则的坚守。商业要保持与政治的距离，就应设立基本的经营原则。绝不能将商业目标与政治目标混淆，绝不能搭建与权力的长期利益同盟。坚定地走市场化的道路，赚取阳光下的财富。

另有少数企业家充分理解上述道理，却走向了另一个极端，那就是坚决不与政治打交道，无视政治在中国商业社会中的存在。企业家具有道德洁癖，不愿意向社会现实潜规则妥协，这样的观点与做法显然要在中国的现实环境中碰壁。

这些企业家，你有没有充分理解中国复杂的社会现实呢？你有没有理解什么样的土地出产什么样的植物的道理呢？沙漠里参天大树无法生存，只有仙人掌与荆棘才能繁茂生长。仙人掌与荆棘尽管丑陋，但比参天大树更适应贫瘠恶劣的生存环境，它们的生命力更顽强。企业组织像是托生于社会土壤的物种，那些能够生存与发展的企业必然是适应社会现实环境的企业。换句话说，企业就是社会有机体的一部分，企业自身不可能不映射出社会的现实。如果社会环境本身是灰黑色的，能够在这样的社会土壤中生存的企业就绝不可能是洁白的。

再有，既然政治是重要的经营环境要素，如果你完全忽视它，在经营中不能充分利用政策性要素，那企业必将失去重要的资源与机遇，你就不是一个称职的企业家。在这里，必须区分合理性与重要性。政府的有些政策方针或许确实不合理，但是它们对你很重要。企业家不是知识分子，指点江山徒劳无益，不如尽快判断与利用政策，来获取自己的发展。

华西村的成功离不开吴仁宝的政治智慧，这个一直能敏锐洞察中国政治风向的人使华西村企业集团蓬勃发展。吴仁宝主义的本质就是充分利用政治与政策发展。从这个例子来看，在中国，企业家必须懂政治。对政治改革方向有把握，对中央政府的宏观经济政策敏感，对各级政府的权力与运作方式熟悉，对地方政府的产业发展规划有判断，对国家的各项产业支持与优惠政策了解。要做到这一点，商业与政治完全分离是不可能的。

由此可见，企业家需要保持政治与商业的合理距离。

这个合理的距离就是一个度的把握。企业家既要与政府各相关部门充分沟通与交流，获取政府的政策支持，又必须将这样的关系保持在合法的水平上。既要研究政府出台的最新政策，又不能将企业未来的发展与地方 GDP 数字捆绑。要积极与政府官员交往交朋友，在正路上支持官员的工作，又不能将这种关系建立在权钱交易的基础之上。面对个别腐败官员的勒索、威胁与敲诈，企业家要注意斗争策略，既要坚决予以反击，又要适时妥协。

作为企业的当家人，企业家应当深刻理解当下的中国政治体制对官员的要求，官员的追求与野心，他们的张狂、紧张、恐惧与喜悦，权力边界与行为心理特征，从正面引导和维护与他们的关系。你是否拥有这样的智慧，甚至会决定企业的生存与死亡。

## 保持企业发展速度与安全之间的平衡

中国的商业环境兼具两个特征，一个就是多元复杂性，无论从政治社会状况还是市场的多元现实看均是如此；另一个就是动荡变化性，体制政策的变化、技术及消费潮流的发展、竞争状况的加剧均反映了这一点。在这样特殊的商业环境中经商，企业家掌控企业发展的合适节奏非常重要。

于是问题来了。企业发展的速度是快好呢，还是稳健好呢？如果企业家大胆进取，企业发展速度过快，在复杂的中国社会经商容易崩盘失败；而发展速度过慢，经营策略过于谨慎保守，就容易错过稍纵即逝的商机，被后来者超越。这就如同在崎岖泥泞的道路上进行 F1 赛车，速度快了就容易滑出赛车道或是与其他赛车相撞，速度慢了则很快就会被其他车手超越。

得益于中国经济 30 多年的高速发展，中国企业的发展速度是惊人的。大部分企业家是否内心已经习惯了高增长的目标了呢？你发现内心发展焦虑症了吗？你看到高增长背后的高风险了吗？面对灰色甚至黑色的行业经济领域，国家的法律政策环境还不完善，如果企业为追求高增长贸然进入，就不得不承担巨大的政策风险。如果企业的经营策略尚不成熟，管理上还有漏洞与缺陷，那么高增长会放大这些缺陷，导致企业经营失败的风险。如果市场需求还在初级导入期，或是市场已经进入到过度竞争的成熟期，不切实际的高增长目标必然导致企业资源高投入的政策，很可能冒高投入低产出的巨大风险。事实上，高增长导致的上述风险已经葬送了许多企业。

或许有企业家会辩护说经商不可能不冒风险，在中国变化多端的环境中，如果不能做到尽快占领，就会错失机会。然而，无数事实表明，行业发展初期的那些领先者，成为先烈的可能性要大于成长为行业龙头的可能性。你还能记起中国服装电子商务的开创者吗？他是 PPG 的李亮。许多服装品牌沿着 PPG 开创的道路获得了商业成功，李亮却因在网络直销商业模式还有缺陷的条件下，在电子商务尚在培育期的时候就比拼速度，不计成本地投入广告培养市场，结果资金链断裂，倒在了黎明的前夜。

请进一步深入思考，如果整个中国经济将告别高增长年代，行业市场增长停滞甚至下滑，而且这将是中长期的现实，你是否已经做好心理准备了呢？你是否给自己与企业留有余地了呢？你是否想到以生存为未来阶段最重要的目标了呢？你是否考虑到已经没有那么多高回报的投资项目了呢？你是否意识到有时不做事也是一种智慧呢？如果企业家拼速度的思维不得到反省，而市场骤然遇冷的话，企业必然会遭遇败局。可以预见，这将是相当一部分企业的最终命运。

让我们来看硬币的另外一面。在中国，还有许多企业家非常稳健，他们不愿意冒风险，小富即安，满足于企业的阶段性盈利。这样的企业家，你是否意识到做企业如逆水行舟，不进则退的道理呢？在一个极端动荡、迅速发展的市场中经营，迟钝、缓慢、犹豫、拖沓是要命的。如果你不能根据消费需求的变化不断革新产品，不能依据最新的竞争形势调整策略，不根据公司的发展变革组织结构与文化，很快企业就会被市场所抛弃。而要做到这些，需要企业家的敏锐、果断、速度及执行力。

过于稳健保守的企业家，请反思你是否有如下的症状？你是否已经厌倦了冲冲杀杀不断折腾的生活，只想过个安稳日子呢？你是否不想冒险，只想守住自己的创业财产养老呢？你是否开始多疑，听不进新的想法，难于接受新人与新的观点了呢？这些症状是你僵化、落后的信号。事实上，企业的当家人应当清醒地认识到，企业是守不住的。企业界永远垂青那些大胆突破、勇于创新的人，这些后进的企业家会在恰当的时机实现弯道超越，成为行业领先者。

中国商界这种例子比比皆是。在厨卫家电行业，1953 年出生的邹国营于 1984 年在余姚创业，20 世纪 90 年代，帅康实现了深型吸油烟机等产品创新，并大胆在中央电视台投放广告推广品牌。到了 1996 年，帅康吸油烟机的市场综合占有率名列全国第一，成为当之无愧的行业领导者。然而在此之后，尤其是 2000 年以后，邹国营的经营开始保守，在竞争对手及连锁商业的挤压下，企业发展速度降了下来。正是帅康占据全国领先地位的 1996 年，生于 1969 年的茅忠群才在紧邻余姚的慈溪创办了宁波方太厨具公司。然而，方太在品牌创造、产品创新、渠道变革、组织机制打造等方面不断革新，在生产基地、产品创新、广告推广等方面大胆投入，企业发展进入快车道，到 2009 年已经将帅康远远甩在身后，成为厨卫家电的领导品牌。

既然一味拼速度与一味保守都是不可取的，那么企业家究竟应该如何在速度与安全之间寻找平衡呢？

与政治与商业的距离不同，这个平衡并不是发展速度绝对值高与低之间的平衡，而是企业在不同发展时期与不同环境形势下的速度变化的把握。换句话说，企业发展速度不应是一个常数，而是一个变化的数字，根据企业发展的不同阶段而变化。

请回顾一下你的创业历史，是否存在这样的现象：在相当长的一段时期，企业上下努力探索，但销售额徘徊不前，企业始终在盈亏线上挣扎，经营就像是一场艰难地前行。这样的情形持续一段时间后，好像突然之间，企业发展进入快速轨道，做事顺风顺水，就像是无形中有各种力量推着企业向前冲，企业家就像是坐在一个不用操纵就不断加速的汽车上。这样的好日子持续一段时间后，企业发展又会遭遇瓶颈，与发展速度的缓慢相应，内部矛盾与冲突加剧，外部遭受各种各样的压力。

事实上，大部分企业的发展都遵循着类似的规律，长时间的缓慢徘徊与突然的爆发相继出现。就像是一条河流，时而平缓蜿蜒，时而澎湃而下。企业发展呈现出一个上下起伏的曲线，并非一条一直向上的直线。

为什么会有这样的现象呢？其背后必然蕴含着深刻的道理。

我们可以从两方面思考背后的原因。一个是商业环境的因素，另一个则是企业自身的因素。以新产品的推广为例。对于一个创新的产品与服务，从商业环境因素来看，总有小部分消费者愿意尝试新鲜事物，率先购买，并通过口碑逐步传递给他人，于是接受这一产品与服务的人群开始缓慢增长。与此同时，企业自身的产品与服务却并不完善，在不断的进化与改进当中。随着时间推移，消费人群缓慢扩大，产品与服务也不断成熟。累积到阈值之后，这项创新的产品与服务会突然爆发并流行，拉出一根迅速向上的增长曲线。当大多数人开始使用这个产品与服务之后，市场的增长逐渐停滞，销售曲线会重新开始平滑。以微信的发展为例，2011 年初，微信上线时功能非常简单，全年用户数的增长非常缓慢。然而，随着微信功能的完善与市场的成熟，到了 2012 年中左右微信用户开始爆发式增长，2013 年初腾讯宣布微信已经有超过 3 亿用户了。相信再过一段时间，微信用户数的增长斜率会缓和平坦下来。

事实上，企业的发展往往遵循非线性的轨迹。如果这是普遍规律，那么企业家对企业发展节奏的把握就应当顺势而为，既不是加速跑，也不是慢速跑，而是要变速跑，该快的时候快，该慢的时候慢。

什么时候该快呢？从上述规律出发，任何行业的发展都有一个时间上的窗口期，这个窗口期是行业发展的关键时期，企业如果不能抓住机会抢占行业领先位置，一旦窗口期过后竞争对手抢先发展成为行业霸主，行业竞争结构确定下来，就很难翻身了。因此，在行业发展的窗口期，企业家不应仅仅盯住自己现在挣多少钱，也不要满足于每年看起来不错的增长速度，而要将自己的视野放宽放远。问问自己，与竞争对手相比我们怎样？当下是一个什么时期，增长与利润二者哪一个应当是首要目标？显然，大胆、进取、冒险、搏一把，与竞争对手比拼发展

企业的发展往往遵循非线性的发展轨迹。这就像是一条企业发展的河流，时而平缓蜿蜒，时而澎湃而下。企业发展呈现出一个上下起伏的曲线，并非一条一直向上的直线。如果这是普遍规律，那么企业家对企业发展节奏的把握就应当顺势而为，既不是加速跑，也不是慢速跑，而是要变速跑，该快的时候快，该慢的时候慢。

速度，应当是这个时期的首要目标。

什么时候要慢呢？行业窗口期之外的时期。当市场还处于导入期时，市场需求发展缓慢，企业在业务与商业模式上还未成熟，这个时期企业的关键在于探索与优化商业模式，将产品与服务打磨成熟，而非盲目追求过快的发展速度。

当市场已经进入成熟期，同质化竞争已经非常惨烈之时，整体市场形势转坏，企业家也不能追求僵化的高增长目标。不要用自己的主观期望与野心代替客观实际可能性。冷静下来，看清真相，慢下来，保持耐心与毅力，减少不必要的投入，想到最坏的情况，为过冬备好粮食，保持企业盈利与生存是这一阶段的第一目标。

需要强调的是，与欧美几百年成熟的市场经济孕育出的企业家相比，中国企业家就像是小孩子，只经历过青春期无忧无虑迅速成长的时光，而缺乏经济大起大伏的循环历练。因此，大多数中国企业家的头脑中只有增长、速度、做大。缺乏对企业发展节奏的成熟把握。如果未来中国经济的发展速度下降，企业必然会身处险境。

## 把握机会驱动与专注经营之间的度

与刚刚讨论的企业发展速度问题相关但又有不同点的是，企业家如何在机会驱动与专注经营之间寻找合适的度。

我发现，中国企业家存在两种典型的经营策略，一个是机会驱动型策略，另一个是专注经营型策略。机会驱动型策略强调对环境中商机的把握，完全根据外部的商业机会来调整与规划自身的经营。表现为对机会敏感、反应快、商业模式形成迅速，一旦环境发生变化，撤退收摊也很果断。专注经营型策略则注重将企业经营领域聚焦、聚焦再聚焦，长期在一个领域专注经营，成为行业专家。

机会驱动型策略的逻辑在于，中国是一个典型的环境动荡、商机频现的机会性市场。因此，商业经营如果不能最大限度地掌握信息与资源，并灵活的抓住这些商机，就会丧失创新创业的机会。机会驱动型的策略就如同不断的百米冲刺。

专注经营型策略的视角是向内的，或许外部商机无限，但是真正属于自己的机会就是那么一两个，而企业自身的资源与时间是有限的。因此，企业经营需要聚焦一点，长期积累与坚持。专注经营型策略就如同跑马拉松。

执行机会驱动型策略的典型是温州企业家群体。他们体现出猴子的性格，兴趣点广泛，信息敏感性强，个人维护的关系面广。温州企业家的行为特征是电话不离耳朵，勤奋能吃苦，到处行走，朋友众多，没钱借钱也要请人吃饭，圈内人在资金信息等方面相互支持。他们是抓机会的高手。最早温州人从制造业起家，之后炒房子、炒股票、挖煤、倒卖石油、出国开店，哪里赚钱哪里就有温州人的身影。我甚至在江浙富裕的乡镇里都发现温州人在成群结伙地开大型超市。显然，在市场经济发展的初期，谁最敏感、行动最快，就可能抓住机会积累第一桶金。在温州几乎人人是老板，然而，温州的大企业很少。

执行专注经营型策略的典型是山东企业家群体。他们就像骆驼一样朴实无华，做事专注、忠诚，目标长远，一步一个脚印向前走。他们善于思考，喜欢从实践中提炼总结，并进行系统建设与谋局。行为特征是待人温和谦让，城府深沉，思路开阔，胸怀宽广；有面子意识，谨慎稳重，不愿轻易向陌生人敞开心扉。山东人恋家，很少看到他们走南闯北开创事业。他们大多从本地起家，聚焦一个行业，长期经营。山东人成为老板的比例很低，但是大企业相比较却很多。

“猴子型企业家”与“骆驼型企业家”各有所长，也各有所短。

“猴子型企业家”，在抓住机遇赚取第一桶金之后，你是否评估过这个产业领域是否足够有吸引力，是否值得整个企业倾全力经营？是否认识到将要发生的竞争的残酷性？企业要想在产业内长期生存与发展，就必须构筑竞争堡垒，这包括构建完善的组织机制，积累与获取人才、渠道、供应等关键资源，打造核心能力，获取品牌影响力。这就需要企业动员所有资源，集中一点，眼光向内，苦练内功，不断进步，需要骆驼的品质，拒绝外界诱惑，保持稳定心态，坚持不断前行。而这一点恰恰是“猴子型企业家”最难以接受的。他们只愿意轻松赚快钱，不愿花笨功夫。然而长久看，在商界聪明人最终会输给笨人。

“骆驼型企业家”，你是否反思过自己的信息量是否足够？外部的机会是否充分利用了呢？在专注运营的基础上，面对变化的商业环境，企业发展是否存在更多的可能性？当本行业已经进入成熟期，而自己的企业已经稳固地占据了领先优势的时候，企业必然进入发展瓶颈期，是否应当利用已有的资源与能力进入新的行业？这需要你眼光向外，不断在环境中搜寻与筛选，根据环境的变化变革组织内部的体制。要知道，组织的机会永远来自外部而非内部。这就需要猴子的品质，敏锐有洞察力的头脑，多维度搜集信息的能力，灵活而开放的思想。从某种角度看，坚持在商业中意味着僵化，而僵化在动荡的商业环境中则预示着死亡。商业不同于战争，并不主张坚守阵地直到最后一人。

我们讨论这个问题的重点并不在于比较两种策略之间的优劣，而是如何将二者结合。不幸的家庭各有各的不幸，而幸福的家庭则是类似的。如果我们审视那些修成正果的企业家，或许是偶然的或许是有意识的，他们总会在机会驱动与专注经营之间找到精准的平衡。

王石在创业之初经营的业务是饲料贸易，在此之后走的是典型的机会驱动型路线，先后进入电器、手表、印刷、饮料、房地产等各类庞杂的行业，万科也成为多元化发展的公司。众多的业务分散了万科有限的资源，提升了管理控制的难度，导致万科内部问题频现。经过反思，王石砍掉其他业务，将经营范围聚焦在房地产业务，甚至进一步聚焦在住宅地产业务领域，开始走专注经营的路线，最终成就了万科中国房地产龙头的地位。

这个例子说明什么？说明万科机会驱动型的多元化是个失误吗？王石自己也曾反思多元化之弊。但是我想反问的是，如果万科当年没有多元化，它现在应当是一个什么公司？答案显然易见——饲料贸易商。因此，王石在20世纪80年代的机会驱动策略是有价值的，这个价值就在于找到了值得终身相许的产业。而20世纪90年代的专注经营策略也是有价值的，那就是一旦看准，就知道舍得与进退，将全部资金、人力、时间、情感、精神贯注到一个点上，经过长年的修炼、进步与磨难，终成大器。

形成对比的是，受房地产业暴利的影响，相当多做实业的企业家经受不住诱惑，开始经营房地产业。结果由于专业度不足，大部分企业家赚了点小钱，却耽误了主业上的战略布局。这样的企业家输在定力不足上。在应当专注经营的时期，却做了机会驱动的动作。

在这里，把握机会驱动与专注经营之间的度是关键。企业家要将向外与向内相结合，既要面向外部的机会，根据外部机会与变化调整改变自己，又要思考自己与企业的核心能力与优势是否与外部的机会相匹配，以我为主，从容不迫。企业家还应当在坚持与灵活之间平衡，既要执着与坚守，又要灵活与调整。企业家还应根据不同的发展时期采取不同的策略，当企业刚刚创业还在寻找方向的时候，或是在企业遇到发展天花板，需要开拓新的业务领域的时候，要灵活、试错、调整、机会主义，而一旦找准方向，就应当扎实、执着、坚持、不离不弃。

## 既要适度妥协又要坚守理想

面对特定的洞穴时代，当功利主义、物欲横流、追求享受成为主要的时代精神特征，在一个社会秩序混乱、社会各项制度潜规则化、民众道德与信仰普遍缺失的社会里，企业家应当如何自处？对于他们来说，这是一个必须回答的严肃与重要的问题。

大多数人的回答或许是适应环境、随波逐流，与现实融为一体。对于反驳者，他们会提出这样的问题：

如果整个产业都在违规使用不健康的原料，而这些原料的生产并不是自己所能控制的，自己不追随行规就会丧失成本优势，这种情况下该不该用这些原料？

如果通过行贿获得土地与资金成为大部分企业的实际做法，不行贿将被迫出局，你是否行贿？

如果竞争对手在媒体上造谣、污蔑，还窃听你的商业秘密，勾结不良官员为难你，甚至动用黑社会威胁你的家人，你能以其人之道治其人之身吗？

如果员工以个人利益为中心，偷盗、贪污、飞单等现象频出，还要搞企业文化建设吗？

这些问题的潜台词是企业家的困局是整个社会系统造成的，并非哪个人或是组织以一己之力可以改变的。

我承认，这些话并非全无道理。再强大的企业与个人，在社会系统的面前也很渺小。这样去思考问题，企业家会轻松很多，内心的自责与不安会暂时缓解。

然而，我姑且不讨论企业家对社会进步应担负的责任，也不考虑社会中每个人思想的改变必将促进社会进步的道理。单从功利性计算的角度看，完全随波逐流的做法也是不可取的。

企业家总是倾向于高估眼前现实利益的获取，而低估之后需要付出的巨大隐形成本。

你是否想过，一旦给了自己借口，心灵就会渐渐麻木，你不仅会停留在妥协的层面，而且会变身为现实黑暗中的重要一环，企业会在道德沦丧的斜坡上加速下滑。你的这些做法的本质是通过损害他人来获得商业利益，长此以往必将招致社会更大的反击与报复。

此外，我相信许多企业家在创业的时候都胸怀理想。当理想与现实碰撞，而你不得不彻底放弃自己的理想与价值观的时候，内心必定会产生痛苦与不安。每个人都有良知的存在，当你的行为与自己的理念、价值观不一致时，内心会有不适的感觉。这种感觉尽管因利益的诱惑而被暂时压抑，但是物质满足的浅薄快乐无法与长期内心深刻的痛苦相匹敌，最终你会付出巨大的心理代价。

再有，你是否看到社会进步的信号？如果你能够洞察社会发展的趋势，就会了解当前的道德现实只不过是社会发展过程中的一个特定阶段的现象。社会道德价值观的发展可能会反复，但必然会前进。因此，在经营中打破基本的道德底线，或许对企业经营短期有利，但却背离了社会发展的潮流，对企业长远发展有害。

与上述相反的是还有部分企业家认为面对黑暗的社会现实，应当激烈反抗。这类企业家不多，因为大部分人已经被社会的现实所淘汰了。这些企业家需要对自己在社会中所扮演的角色具有清醒的认识。许多企业家具有博大的胸襟与情怀，他们拥有变革政治、改造社会、拯救万民与水火之中的理想与诉求。作为社会的一员，这本不是什么坏事。但是，在中国特定的环境下，在企业家特定的角色要求中，这样的思想与行为是非常危险的。

企业家与政治领袖不同。面对变革前的黑暗社会，政治领袖必须是一个大破大立之人，一个政治主张鲜明的人，一个理想主义大于一切的人，一个原则面前绝不含糊的人。在这个特定的时刻，政治领袖还不是建设者，可以不管执行的细节，不论再造的方法与可行性。孙中山就是变革期政治领袖的典范人物。他是浪漫却不现实的人，当年他为中国规划建设 10 年的铁道线长度，我们至今还未能全部实现。

企业家与政治领袖的不同在于角色定义。社会并不要求企业家承担起变革政治与社会制度的重任，而是期望企业家创造财富、提供就业与税收，通过创新引领经济新一轮发展。企业根植于社会，就必须在现实中发展。企业不能等社会一切都完美了之后再经营，而是时时刻刻都面临生存与发展的问题。因此，背负着股东、员工、商业伙伴期望的企业家，就必须忍辱负重，向现实做出必要的妥协，成为务实的卓有成效的建设者，而非空想者。如果说政治领袖主要向天看，企业家就应当主要向地看，脚踏实地，稳步前行。通过企业的发展、创新的引领、社会责任的担当，来实现企业家对国家、社会的理想抱负。

有浪漫情怀与理想的企业家，你是否认识到中国特有的国情呢？我能理解你天性孤傲，嫉恶如仇，但是在中国特有的环境下，为了企业的发展，你必须能够隐忍，能够豁达宽容地对待周边环境的不如意。在这里，保持低调、低姿态做人，谦卑待人，往往更加实用与安全。你意识到自己对于企业的责任吗？不恰当的言行会对企业带来负面的影响。财富的积累已经无法让你满足之后，或许你需要成为公众人物，醉心于到处发表有关政治、社会的演讲，或是宣布参选市长、省长。但是，你不认为自己已经脱离了企业家的角色了吗，你不关心可能的负面后果吗？你可能会被请去“喝茶”，税务机关也可能前来拜访，企业也必将受到不利影响。

我坚信，面对洞穴期社会的黑暗现实，中国企业家应当做现实的理想主义者，既要适度妥协，又要坚守理想。

适度妥协需要企业家的智慧，在不突破基本法律与道德底线的情况下，充分理解现实的复杂性，看透各种各样的利益链与潜规则，并做出适度妥协，确保企业的生存与发展。当然，斗争同样是妥协的一种形式。只要妥协，黑暗的势力会认为你软弱可欺，不断挤压欺凌你。因此，企业家要具有斗争精神，不要惧怕任何人、任何势力，必要时要针对对手的软弱之处猛力打击，只有在强势碰撞之后，才可能达成真正的妥协。“没有事时不惹事，有了事时不怕事”，应当是企业家的座右铭。

坚守理想需要企业家的定力。要时刻保持清醒的头脑，不以这些妥协为信仰，小心避开那些灰色、黑色地带，放弃建立在权钱交易上的生意机会，尽量走阳光的市场化道路。这样的做法尽管艰辛，或许企业发展不会太快，但是企业家会牢牢把握主动权，成为自己及企业的真正主人，并拥有长远的未来。

# 系统思考
# ——望远镜和显微镜

面对中国复杂动荡的商业时代，企业家认清真相，把握趋势的难度越来越大。显然，单凭经营直觉与经验已经不足以应对当前的局面，企业家必须掌握相应的认识工具，以应对经营环境的复杂性与动荡性。

应对环境复杂性的有效方法是系统思考，而应对环境动态性的有效方法是权变思考。这两项工具就像是望远镜与显微镜，帮助企业家看清周边环境，把握企业的未来。本节与下一节将分别论述这两种不同的思考方法。

## 环境与企业的整体观

企业家所处的环境是错综复杂的，各种各样的环境因素像扯不清的线头一样纠缠在一起。企业本身也是一个复杂的组织，企业与环境之间存在着千丝万缕的联系。环境的复杂性就像是浓雾一般，将企业家包裹起来，为他们穿透迷雾看清真相带来障碍。

然而，无论世上的事物如何复杂，它们都具备基本的结构与发展规律，都是以系统的方式组成的。事实上，世界本身就是以系统的方式组成的。既然是系统，就有不同的组成部分，不同的部分相互联系共同构成了系统的整体。

企业家周边环境都是以系统的方式构成的。社会是一个系统，它由政治、经济、法律、文化等子系统构成。宏观经济也是一个系统，它由各个行业、企业、家庭、政府、外部经济等子系统构成。产业也是一个系统，每个产业都是由大大小小的企业所构成的，产业内各个企业都必须通过满足客户需求来获得生存，也需要通过采购与上游产业发生联系。

企业也是系统，从一个视角来看，企业是由人构成的，员工通过组织集合起来形成系统的整体；从另一个视角看，企业是由不同职能构成的，这些职能包括营销、财务、研发、运营、生产、人事等；企业还是组织、流程、策略、文化所构成的，是物流、资金流、人流所构成的。

系统最重要的特征就是整体性。系统内部各个部分之间存在着紧密的联系，并不等于各个组成部分的简单相加。整体大于部分之和，这是系统之为系统的重要特征。

系统的整体性特征提醒我们，在认识任何事物的时候，都必须站在整体与全局的角度，而不能陷入局部与细节之中。

然而，孤立、片面的思考习惯是企业家的普遍问题。人们经常以自己能够理解的部分主观推断环境的整体特征，或是过分夸大部分对整体的作用，从而造成自己的迷失。这就像是盲人摸象，他们总是坚信自己所摸到的部分就是大象的样子，于是不同的盲人对大象有着不同的认识。他们认为大象像蛇、像树干、像蒲扇，就是不像大象。

例如，在对中国经济未来形势的判断问题上，总有一些企业家存在不切实际的乐观幻想，他们认为只要政府把握好经济政策，中国经济就能再快速增长30年，就好像政府想怎样经济就能怎么样一样。然而在中国，尽管政府确实对经济具有举足轻重的影响，但是经济的总体发展遵循自身的规律，政府政策只是影响因素之一。这样的思考方式其实过于简单化，缺乏对经济发展规律整体性的认识。

再比如，对于企业经营这头大象，不同的企业家往往具有不同的认识。有的企业家认为企业经营的关键是寻找高管，只要有人才，有积极性，企业发展就没问题了；有的企业家特别重视内部管理问题，认为只要企业的组织、制度、流程、规范建设好，自己就可以背着手遥控指挥了；有的企业家则一心想上市，好像一旦上市企业经营就达到终极目标了；有的企业家认为企业发展的关键在于产品与服务的市场定位与创新，认为只要定位找好了，企业经营就会成功；还有的企业家将运营放在首位，提出只要以低成本高效率交付高质量产品，就能够成功；再有的企业家特别强调企业文化，好像只要企业文化价值观方向正确了，企业就必定会走向成功。

现实中，企业家的上述思想非常常见。它们具有同一个特点，那就是孤立、片面的思考方式，这种思考方式会对企业经营造成极大的伤害。

将企业经营简单化为获取关键职业经理人的企业家，请反思你是否在企业发展遭遇瓶颈的时候，对自己产生了怀疑，从而将企业发展的希望寄托于引入一两个高手上？你是否忽视了企业经营的整体性，忽视了企业组织系统是由内部员工相互影响相互合作所构成的整体，而关键职业经理人也必须通过组织才能发挥作用？

这就如同 NBA 比赛，豪华队员组成的阵容并不必然意味着好的成绩，五个乔丹也并不一定会组成一个无敌的球队。企业组织应当像NBA 球队一样，追求所谓的“化学反应”。NBA 球队队员之间在个性、身体条件、技术能力特点、价值观等方面都存在着差异，不同队员在同一个团队中相互冲突、摩擦、融合并逐渐达到一种全新的平衡状态，在这种状态下会形成一个秩序（有球队老大、老二、支持者、跟随者等）、一种气质与精神（就如当年乔丹所在的公牛队的王者气质）并最终表现出球队的综合能力与竞技水平。这就像出现了化学反应一样，在平衡状态下队伍所体现出的实力远远大于每个队员的简单叠加。忽视了企业的整体特征，一心想通过一两个高管的引入就改变企业面貌，企业家就无法看到引入的高管与员工之间在价值观、工作方式等方面的差异与利益上的冲突，组织内部就会走向坏的化学反应，最后以失败收场。这就是中国企业“空降兵”失败率高的根本原因。

将企业经营简单化为内部管理的企业家，你是否意识到经营与管理是一个整体的道理，内部管理模式必须适应公司整体经营策略方针，而经营策略方针以及内部管理模式都必须随着外部环境的变化而不断调整？你是否意识到规范企业管理制度与流程的辨证性？规范企业管理制度、流程的好处是堵住企业的管控漏洞，提高员工做事的规范性与效率。但是，不利之处是企业管理制度与流程越细节、越包罗万象，也就越僵化，当这样的制度与流程无法适应变化了的经营要求时，就会成为束缚员工发挥积极性与创造性的障碍。我曾经亲眼见证一个企业家花了一整年的时间待在办公室，研究与讨论公司是采用事业部制还是子公司制的问题，并逼着下属公司总经理不断进行发展战略与管理模式研讨，并接受质询。然而，外部市场这时已经发生了深刻变化，管理团队一方面要应对市场萎缩的压力，另一方面又要面对陌生的管理制度流程，大家不知所措，做事推诿扯皮、效率低下，导致企业发生危机。

一心只想上市的企业家，你考虑过企业上市过程所付出的透明与规范性的代价吗？在中国特有的环境下，企业为上市所付出的代价往往超出企业家的想象。此外，你意识到自己会丧失控制企业发展的主动权了吗？从 PE 入股开始，本已心焦如焚的你的背后就站着一个比你更焦虑的投资机构，它们大多无视企业发展的客观规律，通过对赌协议将缰绳套在你的脖子上，一心想着如何将你催肥，凑足条件上市后退出盈利。再有，你思考过企业上市的意义吗？你知道这意味着公司将成为公众企业，企业经营的一切将透明化吗？你尽管是大股东，也必须遵守基本的公司治理规范。上市融资的钱你个人无权挪用，如果没有好的投资方向，它们将变成负累。当然，上市之后，你的股份能够升值变现，你可能会成为亿万富翁。但是这又能怎样呢？你拿钱退休之后又能干什么去呢？事实上，企业上市只是手段，而非目标。它是一个新过程的起点，而非发展的终点。近年来，无论是麦考林在纳斯达克上市后的困局，分众传媒的私有化退市，还是中国概念股频频在美遭受浑水公司狙击，都充分说明企业上市风险与机遇共存。对此，企业家必须保持清醒的头脑。

与上述企业家的思想类似，无论是将企业经营看作产品定位，成本降低与质量提升，还是企业文化建设，其实犯的错误都一样，本质都是孤立与片面地思考问题。企业家容易将自己擅长与感兴趣的经营的一个方面无限夸大，代替了对经营系统的整体理解与认识。

环境与企业是由系统所组成的这一事实，提醒企业家应当以整体与全面的思维方式看待外境，尽可能将所有相关的因素与部分考虑到，并最终形成对事物整体属性的准确把握。当考虑竞争问题时，企业家不能仅仅盯住传统的竞争对手，还需要考虑跨界的和上下游的竞争者；当思考企业发展的速度目标时，企业家不仅需要考虑自己的野心，还要考虑产业市场发展的阶段，企业自身各项能力的支撑。只有对商业的理解更为全面与深刻，才能洞察真相，做出合理决策。

例如，电影的投资与制作产业是世界公认的不确定性极高的产业，电影流行的密码很难破译，谁也不能保证投资拍摄的影片一定能有市场。华谊兄弟传媒集团的王中军对这个问题的理解是名牌导演＋明星阵容。以这个思想为基础，华谊兄弟以冯小刚为核心，以葛优、黄晓明等明星助阵，取得了不俗的成绩。然而，由于名牌导演与明星的稀缺性，依靠个别导演与明星导致高成本与高风险，进而损害了公司的盈利性，华谊兄弟甚至不得不出让股份来留住他们。华谊兄弟商业模式的缺陷来自于王中军对电影商业本质的表面化理解。相比较而言，光线传媒的王长田对此却有更全面深刻的理解，他认为影片成功的秘诀在于内容＋营销，影片内容不能仅仅指望个别名牌大导演，也不需要过大的投资金额，而是应该寻找新导演、好剧本、合适的演员、恰当的商业类型的结合，从而找到中低投入出产好影片高票房的基本模式。除了影片内容外，成功还需要有效的营销，这不仅包括微博、微信等社会化媒体策划推广能力，还需要有一线发行销售人员逐个跑影院的苦干功夫。王长田更为全面与深刻的思考，大大提升了光线传媒制作影片的成功率，2013 年以来，《泰囧》《致青春》《中国合伙人》连续获得成功，而它们的导演与演员均不同，这充分说明全面思考、系统布局对商业的价值。

## 看透系统背后的结构与秩序

企业家仅仅理解事物系统的整体性还不够，还需要进一步看透组成系统的子系统，它们之间的结构与关系，以及最终形成的秩序。

企业家对企业经营管理系统的理解可以从四个层面进行，分别是战略定位、运营体系、管理体系及企业文化，四个子系统内部又由多个部分组成，子系统相互影响与作用，共同组成了企业经营管理系统的整体。

战略定位子系统主要由愿景与任务、产品业务的规划、市场定位组成。它是整个企业经营管理系统的龙头与核心。运营体系由研发、采购、生产、物流、营销构成，它决定了企业产品与服务交付的成本、效率与质量。管理体系则包括人力、绩效、组织、流程、制度、财务、IT 等部分，它把企业的人、财、物等各项资源和活动组织起来，保障企业的高效运转。企业文化是企业员工的价值观、行为习惯、潜在的互动关系，它深层次地决定了企业的健康发展。

这四个子系统之间是强关联的。战略定位决定了运营价值链的重点，进而决定了需要什么样的管理体系来匹配，深层次地决定了企业文化价值观的风格。当然，这种影响不是单向的，而是相互的。例如，企业文化源自于企业发展的历史，是最深层次的东西，难以扭转与改变，因此企业文化对战略定位、运营体系及管理模式的选择将产生重大影响。

例如在饮用水行业，农夫山泉与娃哈哈的企业经营管理系统的内部秩序存在本质差异。农夫山泉的战略定位是矿泉水，以关注健康的人群为目标消费者，依靠高定价、高销售利润率提升企业绩效。而娃哈哈的战略定位是安全可靠的纯净水，主打大众市场，依靠低价及薄利多销的策略。战略定位的不同导致了运营体系的差异，为坚持矿泉水的定位，农夫山泉在全国购买矿泉水源地，采用的是产地建工厂的产地销模式。受制于这一模式，它的产品运输距离拉长。而对于饮用水这种低价值高重量高体积的产品来说，物流成本占产品成本比例高。因此，农夫山泉的差异化策略必然以高的产品成本为代价。此外，在营销上，创意与策划的重要性提升。娃哈哈的运营体系则不同，它做的是纯净水，生产不受水源地限制，因此娃哈哈在全国各地建设工厂，实施销地产政策，从而节省了大量物流成本，保证了低成本优势。在营销上，娃哈哈更依赖于农村市场的渠道建设与管理，而非市场策划与创意。不同的运营体系决定了不同的管理模式与企业文化。农夫山泉强调市场部的核心作用，创新的文化氛围，而娃哈哈则将组织的重点放在销售渠道管理上，企业文化注重务实及执行力。尽管形成了不同的企业经营管理系统秩序，但是两家企业两种不同的系统秩序均与环境协调共生，取得了各自的成功。

如果企业家能够充分理解企业经营管理系统的内在结构与秩序，就会感知到系统内各项因素的相互作用与依赖关系，以及最终形成的整体属性，就会理解企业各项目标之间的取舍关系，对一方面目标的绝对追求必然以其他目标的牺牲为代价。如果企业在成本、创新、质量、营销力、产品差异化等方面追求全面完美的目标，就会陷入夹在中间的战略窘境。试想，猎豹是跑得最快的动物，但是他的耐力不足；乌龟爬得慢，却有硬壳保护。无论猎豹战略还是乌龟战略都能够成功，但是核心是必须充分理解不同战略的整体属性，以及战略系统内关键要素的取舍关系，而不是盲目追求在所有战略要素上的领先。

由于对于这个问题的认识不足，许多企业家盲目追求标杆学习，在各项指标上全面对标行业领先者，而不考虑自己企业的独特性。这样的做法实际上将自己领入了行业领先者所擅长的战略路径，从而永远丧失了赶超的希望。

还有的企业家则过度追求企业单一目标的最优化，从而丧失了各项目标之间的平衡。近年来丰田汽车大规模召回事件的根源，就在于出身采购制造部门的以“成本杀手”著称的总裁渡边捷昭在经营期间过分关注于控制成本这一单一经营目标，导致丰田实施了减少汽车零件的型号品种、与低品质供应商合作、控制员工工资福利等过分的成本控制措施，牺牲了汽车质量目标的达成，最终的结果是灾难性的。

除了了解企业经营管理系统的内部结构与秩序之外，企业家还需要从更大的整体看待企业。事实上，企业从属于商业环境母系统。企业子系统与商业环境母系统之间存在着复杂的关系。在资金、人力、商品、信息、观念等方面，子系统与母系统之间不断交流与互动，子系统必须在母系统中找到自己的生存位置。

商业模式是由企业家发展出的一整套的经营管理体系，它是主观的东西。只有主观的商业模式与企业组织和环境之间客观的系统结构相适应，企业才会健康成长、发展壮大。

同样的企业经营管理体系放到不同的商业环境中，其结果会有巨大差异，这就是商业模式的空间局限性。空间决定了子系统的环境母系统，不同的空间说明母系统不同。相同的企业经营管理系统放到不同的环境系统中去，会受到不同的影响，从而导致系统内部演变方向与过程的不同，最终形成不同的系统属性。

《晏子春秋》中有云："橘生淮南则为橘，生于淮北则为枳，叶徒相似，其实味不同。所以然者何？水土异也。"同样的商业模式，生在淮南就长成橘子，而生在淮北则长成枳子，空间不同，结果不同。

同一个企业组织进入不同的地理空间，面对的环境发生了变化，组织与环境之间的系统结构必然随之发生改变，原有经营模式的根基也就动摇了。如果企业家不能理解这个道理，主动根据不同的地理环境调整改变自身的策略结构，就容易陷入困境。试想，为什么北美家电连锁龙头企业百思买在中国却输给了国美、苏宁？为什么台湾食品老大统一在中国市场却落后于后起之秀康师傅？为什么C2C模式开创者Ebay在中国却完败给了淘宝？这个名单还可以罗列很长，这些企业失利的共同点在于企业家忽视了商业模式的空间局限性，没有赋予中国分支机构重构策略体系的权限与资源。

企业家不仅需要认识到企业子系统与环境母系统的从属关系，还必须理解企业所处的环境系统的结构与秩序。产业环境系统就像是江河流域，以江河为主体，包括无数的支流，有大量的山川、湖泊与平原，生长着大片的森林、草木，有鱼类、鸟类等无数的生物依靠这一生态系统而生存。各种物种相互影响相互依存，共同构成了有机的生态体系。产业环境是由消费者、企业等构成的生态系统，企业就像是生物物种一样，不能独立于产业生态系统环境而生存。产业内部的不同企业之间有的构成产业链上下游关系，有的在同一层面进行竞争，形成了产业内的基本结构与秩序。企业家只有理解这一结构与秩序，才能为企业找寻到生存的空间与位置，并充分明了企业的特定角色要求，进而规划出企业独到的经营管理系统。台湾的鸿海、宏达集团正是找到了全球电子IT产业生态链中的制造环节，才成长为全球电子IT产品代工的巨无霸。

有的企业家具有更大的雄心，那就是构建整个产业生态体系，以此为企业战略的核心。马云早在2007年就提出了生态化战略，其核心就是围绕电商企业的核心需求，建设一个电子商务的生态系统。为此，围绕企业电子商务、个人电子商务、网络推广、网络支付、物流、互联网搜索，阿里巴巴进行了系统化的布局。尽管生态化战略的成功确实使马云可以从容退休，但是它同时对阿里巴巴的经营提出新的挑战。以阿里巴巴2013年新成立的25个事业部来看，涉及的业务领域极其庞杂，按照传统的管控模式，阿里巴巴已经很难形成一个有效协作的整体，无法在个人心智甚至“小的高管群体”的心智带领下继续前进了。生态化的战略需要生态化管理的创新，或许阿里巴巴未来应当更多地依靠软性的文化价值观统领，而非用硬性的管理指挥系统管控。这需要企业探索自组织、民主化管理的创新方法。这需要有大胸怀，选择“放生”所有的子公司，让它们在大的生态群中蓬勃发展。

## 搞清复杂的因果链与事物本质

面对复杂的现象与信息，企业家还需要避免简单化思维与浅层次思维，修炼自己复杂性思维与深入思考的能力。

世上的因果关系是普遍存在的，企业经营中的各种现象尽管复杂，但是之间是存在因果关系的。企业家只有看透现象之间的因果关系，才能洞察真相。然而，表面的直接的原因往往容易看到，但是深层次的、多维度的原因往往会被忽视。

领悟到因果关系的两个基本原理，有利于企业家提升洞察真相的能力。

第一个原理是因果链延伸的永恒性。因果链条其实是无穷发展的，一个原因造成了一个结果，这个结果又是下一个结果的原因。这条因果链向前、向后都是无限延伸的。

依据这一原理，当企业家观察到一个事件或是现象时，需要习惯于做两件事。第一件事是向前追溯：除了考虑直接的原因（近因）外，还要向前多想几层，思考可能的远因。第二件事是向后观察：不但考虑事件的真相，还要思考事件对未来的影响是什么，将来可能因此产生的一连串后果是什么。这就如同将一颗石子投入平静的水面，必然产生不断扩散的涟漪。

例如，当有员工出现重大工作失误的时候，企业家不仅要考虑这名员工责任心与工作能力等方面的直接原因，还要进一步评估可能导致员工责任心及工作能力不足的员工招聘及激励及培训政策，甚至要思考公司整个管理体系的合理性，公司战略与管理体系的匹配性。除此之外，企业家还要考虑这个事件的后续影响。失误对公司造成的进一步损失可能是什么？这个员工工作心态会有变化吗，会因此辞职吗？公司对这个事件的处理方式会对企业文化与公司风气产生什么影响？

有关因果关系的第二个原理是因果链并不是单一的关系，而是多元的关系。造成一个结果的原因往往是多元复杂的，而同一个原因又可能导致多元复杂的结果。由此，企业家在思考现象的原因与结果时，就应当全面地分析，尽可能找出导致现象的所有原因及结果，以及原因与结果之间的因果链，并分清哪些是主要原因与结果，哪些是次要原因与结果，哪些是主观原因，哪些是客观原因。

例如，企业成长遭遇瓶颈这一现象，可能的原因非常庞杂。有客观原因，如市场整体萎缩，竞争加剧，替代品出现等，也有主观原因，如渠道拓展不利，销售团队战斗力不足，广告促销不到位，产品质量与差异化有问题等。对于客观原因，企业家无能为力，只能调整策略顺势而为。对于主观原因，企业家则可能针对性地找到突破性的举措。

此外，仅仅罗列出可能的原因还不足够，企业家还必须找到主要原因与深层次的根本性原因。只有锁定主要的与根本性的原因，才能提出针对性的有效决策。

以钢铁企业的行业性亏损局面为例。企业家如果分析得出企业亏损的主要原因在于客观因素，如市场需求的萎缩与价格下滑，铁矿石价格的上涨。而客观形势很难短期转好，自己企业的降本增效、开发高毛率新品的能力又不足，企业家就必须考虑退出行业的可能性。如果主要原因在于企业自己，如产品创新不足，营销渠道建设不利，管理机制有缺陷，企业家就可以找到关键与根本性的因素，针对性地采取有力措施，改善盈利状况，静待大势的转机。

要在中国复杂的商业环境中生存，企业家还需要修炼自己透过现象抓住本质的能力。

现象往往是外显的、易于感知的东西，是多变的、形象化的，而本质则是一般的、深刻的、规律性的东西。例如，牛顿从苹果从树上掉下来这一现象，经过科学地研究与思考，发现了万有引力定律这一本质的规律。

企业家应当具备穿透现象抓住本质的能力。尽管行业都是不断发展变化的，但是在特定的时期内也会存在特定的行业属性与行业本质。企业家能否通过大量的现象与细节，领悟到行业的本质，对企业能否长期坚守正确的路线，并获取阶段性的成功至关重要。在不同行业的不同历史阶段，这个行业本质是不同的。例如，对于 2000 年初的中国家电行业，企业要想成功，就必须比拼大规模低成本的制造能力与渠道分销能力，这就是行业本质。对于 2000 年后的中国啤酒行业，行业的本质是企业之间资本整合与品牌塑造推广的竞争。对于 2012 年以来的垂直电商行业来说，切勿浮躁冒进，回归传统，实现盈利则成为关键。

认清行业的本质，企业家在经营中就不会被偶然性的现象与事件所迷惑，而会牢牢抓住那些促使企业发展的必然性因素。企业成功绝不会仅仅依靠偶然性的运气，事实上，它是被企业家运用必然性的手段设计出来的，而这正是企业家智慧与创新的核心所在。

## 穿透假象洞察真相

日常经营中，企业家所接触的现象与信息往往是经过曲解与伪装的，这些虚假与失真的现象与信息在企业家身边构成一道屏障，紧紧地将企业家包裹起来，稍有不注意就会陷入洞穴。

我曾经参与了一个员工意见调查（employee survey）管理咨询项目。这个项目是由一家跨国公司委托的，主要工作内容是通过座谈会、个别访谈、问卷调研等方式系统性地收集员工对公司的意见，并在对这些意见整理分析的基础上，提出公司管理改进建议。

这个项目给我留下最深刻的印象是公司内外的反差。这家具有极高声誉的行业标杆公司，外表看起来如此完美，但其内部竟然如此混乱，充斥着相互冲突的不同意见与观点。例如，当我们召开市场部座谈会的时候，市场部员工提出了公司最近新产品上市不成功的问题，认为造成失败的主要原因在于销售部对新产品推广方案的执行不力，深层次的原因是销售部员工年龄老化、学历不高、观念落后，进而提出公司必须尽快更新改造销售团队的建议。然而，当我们就同一个问题征询销售部意见的时候，销售部员工情绪激动地斥责市场部新产品的上市企划是闭门造车，不符合市场实际，竞争对手早就推出类似产品了。他们声称："我们在市场上摸爬滚打这么多年，市场部的书生从不走一线市场，他们懂什么！"再如，品管部的员工在讨论公司产品质量不稳定问题的时候，认定生产部现场管理不善是主要原因；而生产部将这一原因归咎为原材料的质量波动；采购部则认为品管部在原材料进厂验收环节出了问题。面对公司内部不同部门与个人所发出的相互矛盾的嘈杂声音，项目组成员事实上被包裹在真伪难辨的信息洞穴中，陷入了识别真相的困境。

造成这一现象的根本原因在于利益。公司内部各个部门都有自身的利益诉求，而公司的内部资源是有限的，为了争取公司的重视与资源投入，各部门均有夸大本部门重要性的倾向。同样，公司员工也都希望有好的职业生涯发展，而公司内部的关键岗位也是有限的，在升职与加薪方面，员工之间存在着潜在的竞争关系。因此，为争取私利，公司内部就容易出现小帮派与小团体，形成非正规组织、潜规则与公司政治。在这种情形下，表面站在公司立场上的主张，背后往往暗藏着个人与部门的私利。

造成公司内部意见冲突的另一个重要原因是视角差异。每个部门与员工都具有与工作岗位相关的视角，他们往往习惯于从这些特定的视角出发思考问题。例如，当考虑是否进行老产品降价促销的决策时，财务部往往从公司效益出发，分析降价决策对公司利润及毛利的影响；市场部的重点一般放在品牌、市场占有率等方面；销售部的视角永远是销量；生产部会关心促销销量上升后产能能否跟上的问题；采购部的重点则在原材料能否及时采购到位上。事实上，不同部门的视角与观点仅反映了公司某一方面的利益，是片面的而非整体的。

无论是出于私利，还是源自于特定视角，公司内部"屁股指挥脑袋"的现象非常普遍。企业家被这些不同的声音包裹着，稍有不慎，就会被他人左右。

我熟悉的一家企业就曾经发生过这么一件事。企业为加大销售渠道拓展力度，出台了一系列经销商销售激励政策，其中核心政策是累进返点制，既根据经销商销售增长百分比设置不同的年终返利百分比。从表面上看，这一政策确实能够激励经销商的销售积极性。但是，实际操作证明这是一个错误的决策。这一销售政策的实施引发了公司经销商为获取高额年终返利而低价跨区冲货的行为。公司销售人员为各自的利益也卷入了这一事件，他们非但不制止本区域经销商的行为，甚至帮助经销商向外低价倾销。该政策实施之后，整个市场秩序一片混乱，产品价格体系崩溃，经销商无利可图。企业家也曾经组织经销商座谈会了解情况，但是会议上所有经销商的发言稿都是销售人员事先草拟好的，一片歌功颂德之声。政策实施之初，由于经销商竞相冲货，公司的销售额明显增长。企业家得到的各项信息显示，公司出台的销售政策很对路，起到了良好的市场效果。然而，最终纸包不住火，严重的市场秩序混乱最终导致公司销售额大幅下滑，企业家才真正意识到是销售政策惹的祸。

这位企业家犯错的原因在于没有认清各项信息背后的利益结构。部分经销商为商业利益，通过钻公司销售政策的空子牟利，销售人员也有各自的利益。由于公司按照销售业绩考核销售人员，销售人员所负责区域的销量与他的销售奖金直接挂钩，有些销售人员甚至与经销商有利益交换的贪腐行为。因此，销售人员本身也有帮助经销商冲货的利益驱动。只有透彻的认识到这一利益结构，才能不被蒙蔽。

不仅在公司内部，当我们将视线投向更为广阔的社会范畴时，企业家也会面对同样的问题。

我们每天所接触的报纸、书籍、电视、广播、互联网等媒体里的信息无不是带有主观色彩的，有些信息甚至是为达到特定目的而有意识地加工处理过的。人类社会中存在着不同的国家、党派、宗教、种族、盈利与非盈利组织，也就充满了不同利益的冲突与妥协，进而形成了不同观点的鼓吹与宣传、分裂与联盟、混淆与澄清，所有这些又构成了我们所接触到的信息。

企业家获得的信息大多是经过加工的，所接触的报纸、书籍、电视、广播、互联网等媒体里的信息也无不是带有主观色彩的。由于利益的不同，就会产生伪装，信息会被曲解，观点会被伪饰，于是真相被隐藏了，洞穴就形成了。企业家只有了解现象与信息之后的利益结构，才能穿透假象洞察真相。

由于利益的不同，就会产生伪装，信息会被曲解，观点会被伪饰，于是真相被隐藏，洞穴就形成了。

企业家只有了解现象与信息之后的利益结构，才能穿透假象洞察真相。

# 权变思考
## ——商业模式时间空间的局限性和动态经营

面对日益动荡的商业环境，企业家只具备系统思考的能力还不够，还必须培养权变思考的能力，需要深刻领悟到无论是商业环境还是企业自身都处于变化的过程之中，要认清变化的本质，在变化中应对变化。

### 理解商业变化的本质

世界不仅是由系统所构成的，系统还是不断动态变化的。系统的结构与秩序在时间变化的过程中不断被打破与重建，这就是变化的本质。

2008年，北京尤伦斯当代艺术中心内，一件特殊的艺术展品被建造起来。这个展品由艺术家黄永砯所创作，叫做《沙的银行》，它是以上海外滩汇丰银行总部大楼为模板的沙质模型，用大量的沙子与少量水泥混合而成。这是一个非常不稳定的作品，随着展览时间的推移，结构逐渐解体崩塌，最后重新变成一个没有任何意义的沙堆。

这件作品的物理属性与作品所蕴含的历史意义相辅相成。1923年，上海是亚洲金融中心，外滩又是金融中心的中心，老牌英国汇丰银行选址外滩建起了汇丰银行总部大楼。1949年新中国建立之后，中国的政治、经济环境经历了重大的变局，外资银行纷纷撤离上海，汇丰银行总部大楼变成上海市政府所在地。直到1978年改革开放之后，上海重新将自己定位为全球金融中心，外滩也被规划为金融企业的聚集地。于是，原来的汇丰银行总部大楼，后来的上海市政府大楼，又变成了上海浦东发展银行总部大楼。

在看似不变的汇丰银行大楼的外表下，系统的本质属性却持续发生着改变。系统的秩序与平衡不断被打破，又不断重新构建，在这一过程中，事物实现了自身存在与发展的意义。

艺术作品《沙的银行》就是一个象征，深刻地反映出世界处于永无止境的变化、发展、动荡之中的哲学思想。企业与商业环境也像是“沙的银行”，处于不断地变化与发展之中。

系统耗散结构理论揭示了系统变化的过程。当事物系统内部因素相互影响并最终达到平衡时，秩序就形成了，系统也就获得相对稳定的内部属性。但是，系统的根本特征是变化，需要不断与外界交换能量，因此就不断有外部因素介入到系统内部，导致内部原有的各种关系的混乱。这一过程撼动了原有系统的秩序，当破坏的力量超出系统内部维持秩序的力量时，内部的平衡状态就会被打破，原有属性也就无法维系，旧系统就会崩溃。尽管对于旧系统而言，能量耗散的过程是由秩序走向混乱的过程，但是对于新的系统来说恰恰是由混乱走向秩序的过程。在这一演变过程中，新秩序的种子开始发芽并逐渐成熟，逐步达成了系统暂时的动态均衡状态。于是，新的系统秩序建立起来，获得了全新的属性。

应当强调的是，事物系统的演变是一个永无穷尽的循环过程。而且它不是简单的循环，而是螺旋上升的过程。因此，事物系统在任何一个时点上都是暂时稳定的状态，都处于变化之中的短暂平衡之中。随着时间推移，事物属性会发生进一步变化。无论大自然、人类社会、商业环境还是企业自身，都不能超脱于这一根本规律。

想清楚上述基本原理，对我们透彻地理解企业至关重要。

事实上，企业也遵循着上述变化的一般逻辑。企业组织不是孤立的，它是在系统中生存的，也是附属于整个环境系统的，是整个环境系统的子系统。因此，企业要获得发展，就必须与环境相适应与协调。企业经历着不同的发展阶段，从而体现出不同阶段的特性，拥有不同阶段的能力特征，也就应当与环境中的特定目标市场相匹配与适应，在环境中扮演特定的角色。企业组织在特定时期会与环境之间形成相对稳定的联系与结构，达到一定阶段的平衡状态。在这一平衡状态下，企业的战略定位、运营体系、管理系统与文化价值观稳定下来，形成了经营管理系统的结构与秩序。

然而，系统的根本特征是变化。随着时间的推移，环境会不断变化，新的技术、新的需求、新的竞争对手会不断涌现，老的市场会不断衰弱。企业组织也会继续演进与发展，发生新的“化学反应”。于是，企业组织与环境之间原本协调的系统结构与平衡会被打破，原有的经营管理系统也就不能适应新的发展阶段了。这时，各种矛盾与问题会爆发，企业发展进入洞穴期。如果企业家能够根据环境的变化变革自身的战略、运营、组织、文化，重建新的经营管理系统，就可能与环境母系统达成新的平衡状态，企业就会浴火重生，进入新生阶段。否则企业系统就会崩溃与灭亡。

## 学习动态经营之道

上述道理说明企业系统的内部结构与秩序是不稳定的，无时无刻不处于混乱的过程之中，随之而来的是旧系统秩序的崩溃与新系统秩序的建立，企业系统的属性也不断发生着根本的改变。换句话说，任何企业都有一个生老病死的发展过程，这几乎是企业发展的必然规律。

我们期望永生，但却不得不面对死亡与终结。从秦始皇到明嘉靖帝，大多数皇帝炼丹修道，祈求长生不老，却无一例外逃不过死亡的宿命。同样，大多数企业家期望自己的企业基业长青，永不凋零，但是大多数企业却寿命短暂。这一期望看起来像是小孩子不切实际的固执幻想。尽管我们从本性上不太乐意，但是似乎最为明智的办法就是顺应这一规律。

读到这里，一定有企业家会提出质疑，IBM、通用电气等百年老店难道不是基业长青的例证吗？

IBM 基业长青的本质其实是企业主动进行的自我革新。在百年的发展历史中，每当外部环境发生重大改变，公司的主要业务与商业模式无法适应新的环境时，IBM 都会主动变革，重新构建起与环境相协调的新的业务与商业模式。从最早的普通商业机器到后来的大型计算机，再到微型计算机，最后转为软件与系统集成业务。尽管 IBM 公司的名称未变，但是同一公司名称下的系统秩序与属性已经发生了多次的生死轮回，IBM 公司早已不是公司创始期时的那个企业了。

IBM 的案例说明，如果企业想基业长青，企业家就必须主动变革，在动态变化中把握企业经营的节奏，也惟其如此才能超越生死。

我相信，中国企业家近年来已经感受到商业环境的无常，并经历过这种无常的打击与考验。然而，你是否意识到在愈益动荡的商业环境中，无常就是正常，环境系统与企业系统的失衡是常态，而短期的均衡则是例外？你是否意识到企业的生命力正体现在策略、组织、模式、文化上的不断自我更新与进化？意识到企业经营不是追求单一模式的效率最优化，而是多目标多模式的试错与改善，以不断达成企业系统与商业环境动态中的均衡状态。而这个短期均衡状态正是企业获得阶段性成功的标识。这就是动态经营的思想精髓。

动态经营思想要求企业家关注商业环境的变化，它是企业变革最大的驱动力。是市场消费需求的改变，技术变革的出现，人口劳动力状况的变化，行业竞争对手的出现，均会对商业环境系统产生重大影响。原有的商业环境系统的平衡会被打破，新的系统秩序会建立起来。这样的演变过程是一个从量变到质变的过程，开始时的变化往往是渐进的、缓慢的，并未产生根本性影响，但累积到一定程度就会动摇原有系统的根基，企业将面对一个与过去完全不同的环境系统。企业家必须敏锐地洞察环境的变化过程，并针对性地调整与变革自身的战略定位、运营体系、管理组织模式及企业文化，以适应全新的商业环境。

企业家对商业环境把握的一个关键就是对行业本质变化的洞察与理解。我在上一节提到任何行业都有行业的本质，但是这个本质随着行业环境的变化而改变，在不同阶段有所不同。企业家只有把握住每个阶段的行业本质，才能在变中求胜。

企业的生命力正是体现在策略、组织、模式、文化上的不断自我更新与进化。企业经营不是追求单一模式的效率最优化，而是多目标多模式的试错与改善，以不断达成企业系统与商业环境动态中的均衡状态。而这个短期均衡状态正是企业获得阶段性成功的标识。这就是动态经营的思想精髓。

以上文提到的白色家电行业为例，在2000年前，行业竞争的关键是价格竞争，比拼的是大规模低成本的制造能力；到了2000年到2006年间，关键是营销渠道的竞争，比拼的是大规模分销的能力；2007年之后，产品竞争成为胜负手，直流变频等技术与产品研发能力成为核心竞争能力。美的集团的何享健洞察了行业变化的本质，敏锐地抓住了环境带来的机遇，在不同的阶段对美的进行了持续不断的变革调整。在组织模式方面，美的从最早的直线职能制变革为事业部制，最后又变革为矩阵制管理。在营销渠道建设方面，美的持续不断地下沉，从省级代理一直下沉到县级代理，再到直营店、大卖场、电子商务，不断增加渠道掌控力。在研发方面，美的从企业一般的研发部门开始，逐步建立起中央研究院与事业部研发部分工合作的企业技术研发体系。何享健根据环境的变化动态地变革与调整自身的策略、组织、人力、文化，正是美的成功的关键要素。

另一个例子是中国家电连锁行业的发展。在20世纪90年代中期到2006年前，家电连锁商业模式已然成形，中国家电连锁行业处于跑马圈地阶段，这个时期行业竞争比拼的是谁能够最快速地全国布局，复制门店，形成规模效应与对供应商的砍价能力，以取得行业领先地位。永乐的陈晓与大中电器的张大中未能认识到这个行业本质，期望以精益化运营实现企业盈利，采取了龟缩上海、北京的保守策略。对行业本质的判断失误导致国美、苏宁完成全国布局后兵临城下，2006年、2007年永乐、大中先后被国美收入囊中。而从2008年起，中国消费者逐渐形成了网络购物的习惯，京东商城等互联网家电商城开始崛起，中国家电连锁行业正在被重新定义，线上线下的融合成为未来的家电零售行业的大势所趋。在狱中的黄光裕未能认识到这一行业本质的变化，在赶走陈晓后，改变了他提升单店盈利能力的政策，要求国美执行不合时宜的密集开店策略，结果造成2012年国美的巨亏。陈晓的策略与黄光裕的策略看似矛盾，但没有绝对的对错，它们适用于不同的行业本质。问题在于对行业本质变化的失察导致了他们各自的失利。

商业环境的变化不仅有挑战，还预示着机会。企业家创新的关键在于提前识别出变化了的市场需求与结构，并创造性地重组商业模式的各项要素，重新定义产业边界。真正实现划时代创新的企业家无不是拥抱变化，具有洞察力与想象力的人。无论是苹果的乔布斯，维珍的布兰森，还是微软的比尔·盖茨，都能够穿透行业变化的一片混沌，抓住关键的主线与机会，实现对行业的重新定义。

动态经营思想还要求企业家敏锐洞察企业发出的各种信号，对自身的发展阶段进行判断，并拿捏恰当的火候，推进企业的变革。在这里，对企业发展状况的准确判断非常重要，判断失误会造成决策的失误。以企业的组织模式为例，在不同的企业发展阶段，需要不同的组织模式。组织如衣服，企业就像是人，随着人经历儿童、少年、青壮年、老年等生命周期，衣服的大小与式样需要不断地更换。企业组织模式也需要定期的变革，以重新激发组织活力，适应新的发展阶段。然而，组织管理模式变化过大或是过于频繁，会造成团队无所适从，从这个视角看，组织又必须保持适度的稳定性。在这里，保持组织稳定与变化之间平衡的关键就是对企业发展阶段的洞察与判断。过早进行组织变革则时机还不成熟，过晚进行变革则会贻误关键时机。这确实需要考验企业家的经验与直觉。

我认识的一位企业家就因对企业发展阶段的判断失误，实施了不恰当的组织管理模式变革，从而将企业置于危机之中。这个企业发展成长速度很快，但是历史不长，规模也不大。为实现自己的雄心抱负，他做了宏大的战略规划，布局了4大子产业领域，并实施了相应的组织变革，其核心是将原来直线职能制的公司模式变为事业部制。为此，企业成立了集团公司，增加了一个事业部的层级，而企业家自己又不愿将经营权全部下放，导致企业经营决策链人为加长，经营效率与市场反应速度下降，企业内耗严重。此外，事业部体制要求四套班子的配置，稀释了原本匮乏的人力资源与资金资源。这次组织变革致使企业内部混乱，丧失了小企业应有的灵敏与速度，再加上外部市场形势变差，企业步入危机。

事实上，由于环境的变化是持续不断的，企业自身也不断发展变化，原有策略与管理模式就会不断失效，新的机会也会渐次出现。因此，与一般人认为企业变革是偶然发生的重大性事件不同，动态思考者认为变革应当是一个持续不断的小的调整过程，是一个又一个小举措的不断推出与完善，新的业务机会的不断发现，新的组织与策略的不断试错与发育。在量变积累之后是质变的自然发生。

静态思考者将变革视作企业发展特定阶段的重大举措，这一特定的阶段往往以企业危机为标识。然而，一旦形势发展到这个地步，变革的最佳时机就已然丧失。变革往往涉及内部利益的重新分配，或是全新业务与策略的探索，这些都是极端困难的，需要企业额外投入资源进行推动。但是，危机时期这些都是稀缺资源，投入不足会导致变革的失利。2010 年诺基亚总裁埃洛普刚刚上任发表演讲时，曾经将诺基亚比作正站在燃烧的石油钻井平台上的男人，只有选择跳入冰冷的海水后方可幸存。语言很煽情，但结果不被看好。

## 规避商业模式陷阱

根据动态经营的原理，时间因素深深地渗入了商业的发展变化之中。在不同的时间节点，商业环境母系统与企业子系统处于不同的演变阶段，甚至体现出不同的属性。这就如同蚕蛹化蝶一样，在不同的时间阶段呈现出完全不同的形态。

此外，任何系统的演变过程都是不可逆的。商业环境母系统、企业子系统以及它们之间的联系都会随着时间推移而变化，这个过程不可逆转。从这一角度来看，任何商业模式的存在只有时间的意义。

许多企业家正是因忽视商业模式的时间局限性而陷入洞穴的。他们偏执地迷信过去的成功经验，并试图将它们固定下来，作为企业经营的宗旨与信念僵化执行。

我曾共事过一位极具开拓创新精神的企业家，他曾经在极为艰苦的环境下，从零开始创建了一个成功的黄酒品牌，创造了中国黄酒产业蓝海战略的经典案例。但是，当他自己二次创业时，却僵化地复制了当年创建品牌时的所有细节，包括媒体广告的选择、包装的设计、促销的策略等，最终却没有取得好的经营成果。他犯了静态思维的错误，没有意识到商业模式的时间局限性，对过去的成功经营模式盲目迷信，从而步入经营误区。

在动态复杂的环境下，任何商业模式的成功只有特定时空的意义。极端一点可以这样说，一旦某种模式被总结出来，那么它也就失效了。因此，从本质上讲，模式对于企业家来说是无用的。只有突破模式，不断探索构建新的模式，才能实现划时代的创新。

然而，这个简单而又深刻的道理却很少被大多数企业家所理解与重视。人性不喜欢陌生与变动，大多数企业家喜欢商业模式所体现出的确定性，迷恋理论体系所表达出的完美性，追求心灵上的彻底平静与安慰，自以为找到了终极定律，于是安全了、从容了，不再辗转难眠了。他们常年在黑暗、挫折与寂寞中煎熬，潜意识中需要这种心理上的慰藉。

哪里有需求哪里就有供给。“管理大师”们总是热衷于创建各种时髦的概念，鼓吹与推广所谓成功的企业经营模式以及百试不爽的经营工具。模式制造者往往都是思想观念营销的高手，他们利用时尚的、迷惑性的、炫耀性的词汇，将过时的、平庸的、迂腐的观点重新包装销售给企业家。他们借用看似科学的研究范式，将所谓成功企业作为研究样本，号称将这些研究样本的共性成功要素提炼出来，创造出具有普遍意义的经营模式，作为所有企业的经营准则。

模式制造者的做法就如同刻舟求剑。企业组织就像是船只，环境是川流不息的河流，而成功的经营模式则是剑。当听到古人刻画船舷以标记剑落入水中的位置时，我们都会感到愚蠢可笑。但是，屈服于内心对终极解决方案的渴求，企业家却常常容易被模式制造者迷惑。这些人无视组织、环境、时间、空间以及深层次的系统结构，简单归纳与总结一些特定组织的经营模式，作为所有企业的成功法则，这一做法无异于刻舟求剑。因此，企业家阅读《追求卓越》《基业长青》这类模式类书籍，并被其中的法则所束缚，就如同陷入他人事先挖好的洞穴，非但无益，反而有害。

对于企业家来说，必须认识到理论与模式的局限性。在商业实践中，行动应当先于理论与模式，企业家应通过自身经营实践的探索，形成与定义企业的商业模式，而不应根据学来的商业模式去僵化实践。许多企业家不理解这一点，患上了模式崇拜症，在新的经营领域开拓之前，或是企业遇到困境之后，总是想照搬成功的商业模式，总是想拿到终极答案。这一方式看似简单可行，其本质却是放弃独立思考，主动将自己的思维捆绑住，这是最大的误区与陷阱。

辩证地看，任何理论的本质都是对客观规律的模式化概括，理论对现实有一定的指导意义，当然不能全盘否定。但是，对于商业经营这种复杂性与变化性极强的领域来说，确实很难用简单的模式进行概括。模式越细节，越涉及操作层面，也就越教条僵化，越容易过时。因此，在商业领域，思维方式远比具体的经营模式重要。思维方式给你解决任何复杂商业问题的方法论，而不是确切的答案，这就像是教人捕鱼。经营模式会总结过去成功的捕鱼案例，告诉你在特定的时间到特定的海域使用特定的捕鱼工具捕捉特定品种的鱼。而思维方式则会教给你不同鱼类的迁徙规律，不同鱼类的捕捉方式，以及不同季节的海流情况。两相比较，显然思维方式比经营模式更靠谱。

## 从确定性思考到不确定性思考

商业环境与企业系统时刻处于发展演变的过程之中。那么，我们能否预测系统的变化，确知环境与企业的瞬间属性，以此掌握企业发展的基本规律呢?

对这个问题的回答区分了两种不同的思考方式。如果你回答是，你就是确定性思考者，如果你回答不是，你就是一个不确定性思考者。

大多数企业家都迫切希望寻找到企业经营的终极真理，掌握本产业发展的重大趋势，并以此确定企业发展战略，确保企业成功。因此，企业家往往追求未卜先知，足不出户就能够决胜于千里之外。他们都希望自己拥有诸葛孔明的本领，创造“草船借箭”“火烧连营”式的经典战例。

在对成功的企业进行分析的时候，我们往往将成功的原因归因于企业家的远见卓识。然而，事实的真相果真如此吗?

在 2000 年之前，全球互联网经济发展进入鼎盛时期，思科公司是新经济的代表企业，创造了发展速度的奇迹。那个时候，大量的管理研究文章都是总结思科公司成功经营之道的，研究者认为正是首席执行官约翰·钱伯斯的企业家精神与远见引领思科公司走向成功。然而，2001 年互联网泡沫突然破裂。在这一事件中，被誉为互联网时代最为成功的信息技术企业的思科，公司的收入和股价暴跌 70% 以上。钱伯斯说：“这是你一生都没想到会遇到的事情，我们从没有对这一级别的事情做过模型预测。"

约翰·钱伯斯的遭遇对于在实际商业环境中打拼的企业家来说并不陌生。实际的商战要比理论假设复杂得多，它确实像是一场真正的战争，充满了各类意外与突发事件，伴随着疲劳、兴奋、焦虑、恐惧、挫折感和成就感。既有濒临绝境与柳暗花明，也有愁眉紧锁与灵感突现。

简单地说，再伟大的企业家也不能完全把握正在发生的现实，更不能对环境的演变做出永远准确的预测。

伟大的企业家比尔·盖茨抓住了个人电脑发展的巨大机遇，但是遗憾的是他未能预见互联网革命所带来的新契机，他说："我们没能预见到当时仅仅服务于学术、科研交流的互联网，在今天已经成为全球范围内兴旺的经济贸易网。互联网以爆炸般的姿态闯入了公众的意识，而人们的感觉就好像是微软并没有被邀请参加这场游戏……互联网的发展对我们来说几乎成了世界末日即将来临的征兆……"

比尔·盖茨未能抓住的机遇，被斯坦福大学的两个年轻学生拉里·佩奇与谢尔盖·布林抓住了，他们天才地发现了互联网信息冗余的巨大问题，并通过搜索引擎解决了这一问题，他们开创的谷歌公司已经成长为互联网代表性企业。

但是，这两位天才同样没有预见到互联网环境下人类沟通交往方式的改变。这一机遇被更为年轻的马克·艾略特·扎克伯格抓住了，这位20多岁的小伙子所创办的Facebook社交网站已经将全球5亿人紧密地连接在一起，创造出一个全新的信息交换系统，并获取了巨大的利润。但可以肯定的是，马克·扎利伯格同样很难抓住下一个革命性的商业机遇。无论是比尔·盖茨、拉里·佩奇、谢尔盖·布林还是马克·扎利伯格，他们都获得了巨大的商业成功，但是他们都无法永远洞察变化的商业现实。

那么到底为什么会出现这一现象呢？

量子物理学家海森伯格根据自己的研究将量子世界的概率属性总结为"不确定原则"。这一观点的革命性意义在于说明了事物的属性具有不确定性，即我们不可能真正地认清事物的全部确定属性。

海森伯格的"不确定原则"绝对是一个颠覆性的理念。在传统确定性观念中，尽管人类的知识还很有限，但是只要不断探索，最终会获得对客观事物的确定性认识。爱因斯坦就曾说过一句著名的断言：“上帝不掷骰子”。在他看来，自然事物是确定与可知的，宇宙不可能容许随机性和任意性。

但是，“不确定原则”粉碎了人类的迷思。事实上，事物的存在只有概率属性，因此我们无法掌握事物的绝对本质。在任何一个事物之中，都有多种可能的属性并存。只有在特定的时空与观察环境下，其中的一个属性才作为事物的性质表现出来。因此，由于世界万物变化的复杂性与永恒性，或许我们永远无法真正了解事物的全貌。

面对世间万物的丰富性与复杂性，我们的语言太过贫乏了，我们的头脑太过简单了。面对不断变化的基本规律，任何模式化的概括与总结都是非常可笑的。

这是不可思议的、简单又深刻的真理，它同样适用于商业社会。只有真正透彻地理解这一点，企业家才能打破自己原有的确定性思维方式，建立起不确定性思维方式，摆脱思维洞穴的围困。

确定性思考强调人的理性与思考能力，认为商业现实与基本运营规律是确定的。尽管商业环境是变化的，但是这种变化是可以预测的。因此如果要获取商业成功，就必须研究与掌握商业运营的基本规律，预见商业未来发展的重大趋势，据此制定切实可行的长远战略，并设计出成功的商业模式。

从这一思考方式出发，企业家容易陷入两个陷阱。一是过度自信，二是丧失自我。过度自信是因为企业家一般都有长期的产业经验与成功的决策经历，如果他认为商业现实是确定的与可认识的，未来的变化与发展都不会超出他的预测范围，那么他就会对自己的判断与认识形成过度的自信，从而忽视了产业环境的最新变化。

丧失自我是因为企业家的经营经历往往不是一帆风顺的，当遭遇挫折的时候，确定性思维方式会促使企业家将经营失利归因于自己没有找到经营真谛。基于这一判断，他们会放弃自己的独立思考，转而去模仿产业内成功企业的标杆模式，或是试图到管理理论界寻找芝麻开门的金钥匙。无论是哪一种做法，他们都会彻底在洞穴中迷失自己。

与确定性思考方式不同，不确定性思考强调商业的复杂性与易变性，认为无论是商业环境母系统还是企业经营子系统都经历着迅速的变化，而这种变化的剧烈性与复杂性是极高的，因而完全洞悉与预测变化中的商业本质是不可能实现的任务。

不确定性思维还强调人的理性有限性。现实生活中企业家对知识、信息、经验的掌握都是有限的，具有有限理性的管理者不可能找到所有管理问题的最优解。再英明的企业家也不是万能的上帝，而是普通的人。既然是人，就具有人性的弱点，也存在智力与体力的局限，从而存在认知能力上的限制。

极端复杂与变化的商业现实与企业家的有限理性相对应，结果显而易见。不确定性思维认为商业现实是无法完全掌控的，而且商业规律也不是一成不变的，因而对商业未来的准确预测是不可能的。因此，基于长期预测而做的战略规划与执行就很难达到成效。

不确定思考主张企业家自身的管理实践，基于管理实践的独立思考，以及在实践中的不断学习与优化。这听起来不那么激动人心，但或许更为务实有效。如果企业家能够理解不确定思考的观点，就不会勉强自己追求诸葛孔明决胜千里的境界。如果放弃这一幻想，那么企业家一定会战战兢兢地对待企业经营，时刻保持开放、敏感、警醒、谦逊与学习的精神状态，而这正是获取持久商业成功的秘诀。

## 放空自己的头脑

按照不确定性思考的原则，如果商业规律是无法完全掌握的，商业环境的变化是无法完全预测的，那么企业家就应当放空自己的头脑。

面对不断变化的复杂局面，企业家不应当执着于过去的经营经验、行业惯例、权威意见、自我妄想，而应当将自己放“空”，开放自己，包容一切意见，悉心体察最新的信号与现象，从而在纷繁复杂的现实中发现最适合自己的发展道路。

企业家在做决策之前，最忌讳先入为主，一旦让一个倾向性的观点占据头脑，那么企业家的认知能力就会下降，只会选择性地接收那些支持的信息，而有意忽略那些负面的信息。此外，一旦企业家对决策的态度有所表露，就会对下属产生极大的影响，大多数人都会在压力之下隐藏自己的观点，真实的信息也就难以获得了。

对此，通用汽车前任总裁小艾尔弗雷德·斯隆认识深刻。1928 年，为研究是否收购欧宝汽车公司，通用汽车向欧洲派遣了一个考察组。临行前，斯隆在一份备忘录中写道："作为主席，我特别想告诉委员会中的每一个人，你们心中不应预设任何倾向——必须用开放的心态去研究、处理每件事，不要带有偏见，唯一的目的就是掌握事实，而不要考虑它们将把我们引向何处。"

做到放空自己的头脑并不容易。我们都有体会，每当我们自以为对所思虑的问题有确切的答案时，往往会心思坦然，神清气爽。而当我们对思考的重大决策问题还没有想通时，我们往往心神不宁，一片茫然。实际上，这就是面对多种选择，没有确定答案时的无间之苦。

但是，面对极端动荡复杂的商业环境，或许企业家唯一的出路就是保持自己头脑的"无间"状态。只有内心没有具体的意向时才能观察与欣赏万物发展演变的奥秘，而一旦内心确定了具体的意向，就只能观察现实的结果了。

面对客观商业环境的演变，以及企业不同发展阶段的变化，企业家应当使自己的头脑"空"下来。只有这样，企业未来发展的多重可能性才能出现在自己思维空间里。相反，企业家的内心一旦产生了倾向性判断，那么千变万化的未来图景会瞬间消失，一切变得僵化与确定，企业未来发展之路就会越走越窄。

2011 年 2 月 18 日，柳传志应邀在加州大学伯克利分校发表了题为"联想集团国际化之路"的讲演。在讲演中他提到尽管很多 PC 企业向服务型企业转型，但联想会坚持走硬件生产型企业之路，并会在关键零部件的自主创新上做更多的努力。柳传志的这一做法值得商榷。

随着移动互联网、云计算、物联网等新兴技术的迅猛发展，以及 Twitter、Facebook 等互联网社会媒体的兴起，当今 IT 产业正处于剧烈的变局之中。这些新技术与新媒体都属于重大的革新，而它们的相互影响又叠加在一起集中出现，必将产生革命性的影响。IT 产业、通讯产业、消费电子产业跨界竞争，互联网业与传统产业相互渗透，信息内容、信息载体、信息渠道相互融合，谁也没有洞穿这一切的想象力。

面对这一纷繁复杂的变局，联想未来的发展路径应当是什么？如果企业家内心预先做出判断，就会执着于自己的观点，陷入自己挖的洞穴中。作为联想的领头人，柳传志将自己的这一想法在公开场合发布出去，极大地影响了联想整个决策层的思维，压制了组织内其他管理人员的新鲜想法与观点。显然，他的上述思想与行为使得联想未来发展的无穷变幻图景一下子凝固了下来。尽管清晰了，但也僵化了。

在不确定的商业环境下，企业家只有放弃自己原有的经验与成见，保持对企业发展多目标多种可能性的开放心态，才能无限接近商业变化的本质，引领企业进行成功的变革。

# 第五章

# 突破关系交织的洞穴，大空间谋局

## ——德的修炼

中国企业家即使能够拥有过人的智慧应对时代洞穴期与动荡的商业环境的挑战，却有可能无法应付人与人之间的复杂关系，导致不利的结局。

与第一关不同，企业家要想过这一关，不仅需要智慧，更需要道德伦理的指导。为妥善处理好复杂的人际关系，企业家需要彻底认清不同的角色关系，以及用以调节这些关系的道德伦理规范，避免混淆职业道德与家庭道德，私德与公德，商业道德与传统道德。这就必须向内，走入自己的内心，进行德的修炼。

# 职业道德的修炼
# ——西方的规则，东方的文化

## 依靠西方规则，运用中国文化

中国企业家究竟应当依靠什么来面对与处理与股东及员工之间复杂的关系呢？这是企业家摆脱公司人际关系困境的核心问题，也是一个必须回答的问题。

有些人认为，在中国，企业家就应当使用中国式的管理模式。他们甚至将权谋之术、阴谋诡计包装成为中国式管理模式的精髓，并向企业家推销这些思想。有些企业家也盲目跟风，并在自己的公司里实践这些招式。这些思想是“中学为体，西学为用”论在当下企业管理思想界的复活。

我认为，这是一个本末倒置的糊涂认识，必须要澄清。

我曾经在前文提到，公司概念本身就源自于市场经济与西方现代商业文明的发展。公司天生与市场经济基本规则、现代商业文化价值观相配合，形成了统一而协调的系统。而公司内部的法人治理结构、各项管理制度与规范、面向绩效的职业道德文化都是来自西方的规则与精神，它们是市场经济与现代商业文明的衍生产物，是企业家处理公司内部各类关系当然合理的原则。上述西方规则的整体框架是普世适用的，无论在欧美，还是在中国，对公司管理的基本规则与精神不应存疑。

然而，大部分企业家被中国传统文化价值观所深深影响。这些价值观大多托生于农耕社会，如果将适用于农耕经济的传统文化价值观运用到现代公司的运营中，就像是用马拉火车，不会产生好的结果。因此，如果企业家想要依靠西方规则管理企业，就必须克服自己的中国式思维惯性，修炼自己的商业理性精神。

然而，这个问题远非如此简单。中国传统文化具有几千年历史，它们的理念与思想至今仍然影响着中国人的头脑，形成了中国人特有的思维定势与习惯。老的思想与观念的改变是极其缓慢的，大多数人茫然不觉，只有少数精英能够看清现代企业经营所需要的先进的商业文明与思想理念。中国企业家面临的难题是，需要以西方规则与精神为企业经营之本，面对的却是受中国传统文化影响的股东与员工。

此外，中国特定洞穴期时代背景导致信仰价值观体系的崩塌，企业不得不承担起社会功能，做企业内部文化价值观的建设工作。企业在中国土壤之上生存，这个文化价值观的根基当然需要托生于中国文化的基础之上。但与此同时，企业家需要对传统文化进行现代化改造，从微观层面推动中国文化的进化与发展。

因此，高明的企业家应当以西方规则与精神引领企业，却又要依靠中国传统文化的影响力。

这主要体现在以下三个方面。

中国企业家应当保持商业理性精神，正确对待员工团队中的情与义的价值观。

企业家在处理与合伙人关系时需要理性的精神。应当认识到合伙创业既不是结婚组建家庭，也不是拜把子揭竿起义，更不是组建政党从政。组建公司的目的就是整合大家的资源与能力，共同创造财富与分享财富。因此，处理这个关系的根本原则是商业利益的理性计算与商业规则的诚信遵守，而绝不应是兄弟义气与感情用事。在这里，契约精神至关重要，事前要考虑周全，一旦达成协议就应当严格履行。合伙人之间应当是冷静的、理性的，不应是热烈的、忘我的。

许多创业者谈合伙体会时都会提到一点，那就是绝不要与最亲密的朋友合伙做生意。很显然，在商业利益的理性计算中，没有朋友兄弟之间感情的位置。如果硬要将两者混在一起，最终不仅生意成功不了，朋友也做不成了。激烈的矛盾

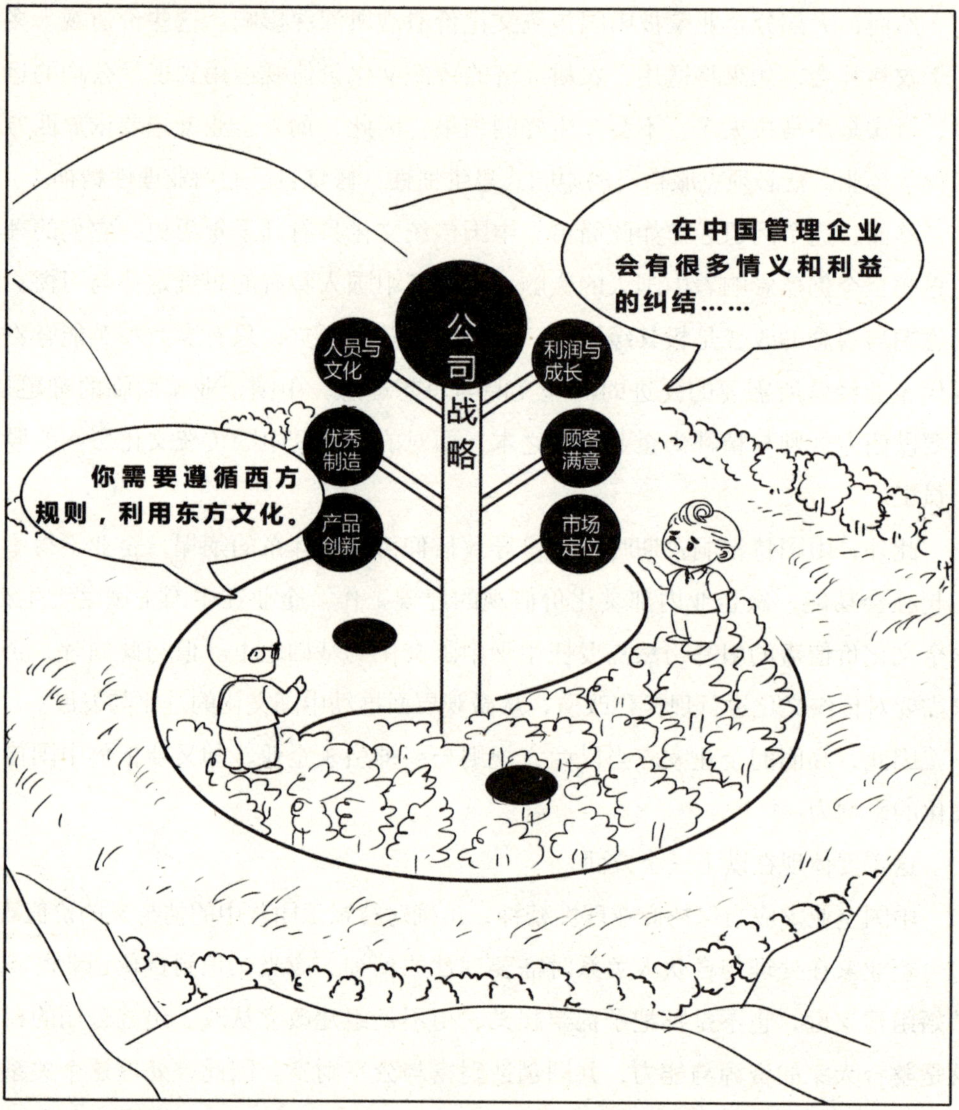

公司这个现代商业文明的种子落在了东方的土壤里。带给中国企业家的难题是，需要以西方规则与精神为企业经营之本，面对的却是头脑深受中国传统观念影响的股东与员工。因此，高明的企业家应当以西方规则与精神引领企业，却又要利用中 国传统文化的影响力。

与冲突往往不是发生在陌生人之间，而是发生在具有亲密关系的伙伴之间，因爱生恨是非常正常的人类心理。与此相反，私人感情并非很亲密，但是相互之间的价值观理念相似且能力互补的合伙人却往往能更加持久。

在这里，企业家的难题在于要承担与朋友之间的历史关系遗产。以俞敏洪的两个著名合伙人为例，王强是北大风云人物，徐小平是北大团委青年教师，而俞敏洪在北大只是成绩不佳的农村学生，当时他们的友谊是以王强、徐小平为主，以俞敏洪为辅的关系。当俞敏洪将徐小平、王强从国外请回来共同创业时，两人均承认无法用公司内部的职业关系处理他们与俞敏洪之间的关系。俞敏洪尽管想将这样的关系拉到职业化的轨道上，但是以他们的最终分裂来看，这一努力最终以失败告终。

如何评价俞敏洪的行为？他是忘恩负义之徒，还是理性明智的企业家？这就必须分清私德与公德的界限。站在整个企业的立场上看，企业家与兄弟朋友之间的情与义是私德，而以企业利益为重的职业道德伦理则是公德。在二者无法两全的情况下，显然公德要高于私德。俞敏洪赶走了他邀请回来共同创业的兄弟，在私德上看是有瑕疵的，但是却维护了新东方企业整体氛围的严谨、规范与有序，在公德上却站得住脚。

企业家在创设公司之前，应当抛弃情面意识，平等、坦率、真诚地与合伙人进行谈判，将自己的利益诉求与未来在公司扮演的角色和盘托出；也应当慎重选择合伙人，不仅要看重对方的能力、资金，还要洞察思想与价值理念。在股权安排与合伙人分工方面，应当公正地反映股东各自的资源与能力贡献。一旦达成协议组建公司，就应当严格履行股东与高管的责任与义务。当公司发展出现了变化，股东思想与心态改变之后，大家应当重新谈判，站在企业利益的高度，妥帖地解决股东退出与权力调整的事宜。

企业家在处理与员工之间的关系时同样需要商业理性精神。企业家应当认识到商业就是商业，与商业相关的更多的是利益，而非情感。如果将传统文化中情与义的思想用在处理与员工的关系之中，短期可以提升企业士气与凝聚力，却为长期发展埋下了隐患。我所认识的一位企业家就将情与义作为企业的重要价值观。

他说到做到，对员工重情重义，尤其对跟他创业的老员工特别讲感情，利益安排很周到。然而，重情重义的问题是不讲原则不重效益，不能做到绩效面前人人平等，能者上庸者下。于是，企业内部正常的管理组织体系被小报告所干扰，正式的管理制度及流程得不到执行，职业经理人在这样的组织氛围中无法生存，公司迟迟无法成长为规范运营的现代化企业。

第二，企业家要坚持职业化的伦理与道德，正确面对“家文化”的经营思想。

受儒家文化影响，许多企业家以“修身、齐家、治国、平天下”为信仰与追求。家国天下的思想深深地影响着中国人的思维，无论是企业家、股东还是员工，都容易将公司与家庭等同起来，相互之间的关系也就类似于父子、夫妻、兄弟之间。据我观察，中国企业家的这一思想具有普遍性，这一思想在中国的土壤里也最容易生存，利用“家文化”进行公司经营管理客观上利用了中国人的潜意识思维，易于推行。

然而，容易做的事情并不一定就是正确的事情。事实上，企业是在市场经济丛林里搏杀的组织，它面临冷酷的现实规则，并不断遭受优胜劣汰的考验。因此，企业内部的各项制度、文化就必须反应企业组织生存与发展的要求。调节企业内部人际关系的职业道德与伦理就会以功利性为主，绝不会支持温情脉脉的亲情文化。如果企业家以家庭伦理处理与员工的关系，其实是误导了员工，让他们建立起对公司不恰当的过高期望。例如，当公司出现亏损时，往往会考虑裁员的措施。如果企业家平时待员工如家人，员工面对裁员措施时就会出现过激反应。他们会想，怎么家庭稍有经济困难，就要将家人赶出家门呢？这不是推卸做家长的责任吗？这种以家庭伦理代替职业伦理的做法，会造成企业内部关系的极大混乱。

2004 年，当联想进行战略性的调整与收缩，关闭许多多元化的公司与部门时，在员工中引起了极大的风波。联想的一名普通员工在互联网上发表了一篇题为《联想不是我的家》的热帖，引起轰动。这名员工经历了这次重大的战略调整之后，终于顿悟：“我想，我比许多人都体会深刻。员工和公司的关系，就是利益关系，千万不要把公司当作家。公司就是公司，公司为我做的这一切，都是因为我能为公司做贡献，绝对不是像爸爸妈妈的那种无私奉献的感情。认识到这一点，当我将来离开时，领导会肯定我的业绩，我也会对领导说谢谢，不再会感伤。”这是一个具有传统中国思维的普通员工，在经受了市场经济的洗礼之后，对于公司员工关系本质的领悟。而大部分中国员工并不具有这样的认识。企业家必须清醒地认清现实，在理解员工思维惯性、尊重员工对企业感情与忠诚的同时，在公司内部推行公平、绩效、结果导向的现代职业伦理价值观，让员工认清与接受公司与员工关系的真相。

此外，企业家推行“家文化”的一个副产品是家长专制。儒家文化规定了父子关系的道德规范，子女要完全听从父母的指令。如《弟子规》所言：“父母呼，应勿缓，父母命，行勿懒，父母教，须敬听，父母责，须顺承。”在家文化的企业内，企业家是绝对的家长，高高在上，权威绝不能遭受侵犯。在这类企业家心目中，并不把合伙人视为伙伴，最多将他们视为三妻四妾。员工被视为子女甚至是奴仆、手下人，只能顺从，绝不能提出自己的观点与意见。在这样的企业组织人际生态中，弥漫的是阴郁、压抑、嫉恨、痛苦的氛围，企业自然缺乏活力与创新精神。

正如我在上文中的分析，任何个人心智都是有限理性的，再有智慧的企业家也不可能在所有时间内掌握所有信息，而动荡的商业环境对企业应对速度提出了新的要求。因此，将企业经营决策权集中到一个人身上是极为危险的。在新的形势下，企业管理决策的民主化，去中心化，企业组织的扁平化，企业的自组织、自我管理，经营决策权向一线下放等已经成为最新潮流与趋势。这样管理方式要求企业内部形成相互尊重、以人为本、自由宽松、快乐工作、自我实现的价值观共识，这显然与家长专制的企业文化不同。

中国企业家需要修炼的第三个方面是改变零和思维惯性，建立共赢的商业思维习惯。

受中国传统文化影响，中国企业家更习惯于零和游戏与权谋之术，并自觉不自觉地应用这一思想处理周边的商业关系，这其实是一种典型的小农思想，不能适应现代商业时代。有些企业家在处理与合伙人之间的关系时，总想大权独揽，运用一切可能的机会最大化个人利益，不惜背后搞小动作，分化瓦解合伙人关系。

在处理与员工之间的关系时，总想最大限度地榨干员工的智慧与劳动力，而不愿投入培育人力资源。有些企业家的伎俩是高薪聘任大公司的职业经理人，并在短期充分榨取他们的知识与智慧，当发现这些职业经理人没有新的贡献的时候，就会找出各种理由逼迫他们辞职。这样的小伎俩背后是典型的农民式的狡猾，却缺乏商业大智慧。

我们总是容易自作聪明，结果聪明反被聪明误，这与掩耳盗铃是一个道理。这样的企业家总想掩藏自己真实想法，看起来城府在胸，表面上亲和、真诚、仁义道德，背地里打黑枪使绊子，利益名声什么都想占。然而，你的眼神、表情、动作、行为会出卖你，你内心所想会通过你的语言、眼神、动作暴露给你的股东与员工，你欺骗不了大家。真正值得合作的那少部分创业伙伴与员工会最终离开你，留下的注定都是你的同类。

企业家要想将大家聚在一起，为了一个目标共同创业，拼死努力，自己必须要拥有共赢的思维，分享的胸怀。牛根生在这一点上无疑是成功的。“财聚人散，财散人聚”的思想造就了蒙牛的传奇。同样道理，任正非、马云只占有华为、阿里巴巴微不足道的股权，王石更是放弃管理层收购（MBO）机会甘做职业经理人。巨大的贡献与微薄的索取相应，企业家的这份胸襟恰恰是企业拥有的最大精神财富。

从另一方面看，当源自西方的公司落户到中国特殊的商业环境中，并主要由中国人组成，就不会不带有中国文化烙印，具有中国的特殊性。无论是合伙人还是职业经理人、员工，他们的头脑中都会存有中国传统文化的思维特征。如果不能洞察这一思维惯性，并利用这一特性，企业家就不可能游刃有余地处理好公司内部的各类关系。

在中国经营企业，企业家依靠西方规则与现代职业道德伦理处理公司内部关系，并不意味着只要具备西方思维就可以了，企业家还必须拥有东方思维，看得懂中国人的思维惯性。他们的头脑必须具备两套思维系统，在应对企业人际关系时，拥有随时在两个系统间自由切换的能力。如果不具备西方商业思维系统，企业家就不可能引领企业走出小农经济落后低效的状态，建立现代商业伦理与价值观，真正实现向现代企业制度的转型；如果不具备中国式思维系统，就无法理解中国合伙人与员工，看不透他们的心思，缺乏对他们的凝聚力与影响力。

企业家可以不使用权谋之术，但绝不可以看不懂权谋之术；企业家应当树立共赢的思维，但是一定要提防合伙人与职业经理人损人利己的行为；企业家自己不应当拉帮结派，却不能不看清公司内部政治斗争的苗头；企业家要讲究商业理性的态度，却也要尊重合伙人与员工对自己与公司的情义；企业家只有理解中国人从小到大的服从天性，才能逐步放权，激发员工的自主性与自尊心，释放企业活力。

在处理股权关系方面，史玉柱的方法是维持一股独大，但是给高管的年终奖金远远高于股份的分红。这样做的潜在假设是一旦分散股权，中国人天性中的好斗将破坏公司内部的团队精神。对中国人思维特点的洞察与智慧使得史玉柱做出了这一决策。

柳传志则从另外一个侧面显示了企业家的洞察力。1990 年，孙宏斌曾经担任联想公司企业发展部主管，负责联想公司除北京外的业务。孙宏斌领导力强，有雄心，在企业发展部团队中享有至高的威信。当柳传志得知他有可能独立出联想，另立山头的时候，从香港联想赶回北京，在与孙宏斌谈判失败的情况下，向北京市公安局报案。孙宏斌以挪用公款罪被起诉，最终被判刑入狱 5 年。2003 年 2 月 19 日，孙宏斌向北京市海淀区人民法院提起申诉，要求取消原判决，改判无罪。2003 年10 月 22 日海淀区人民法院改判孙宏斌无罪。在这里，本书并不想对柳传志在这一事件中的具体做法进行价值观评价。单就联想企业发展特定历史阶段，从对企业内部人事动向的掌控以及对潜在风险的规避的角度看，柳传志无疑是成功的。

## 洞彻人性，利用人性

从管理角度看，不同的人性假设会导致不同的管理风格与认知方式。为了帮助企业家处理好复杂的人际关系，看透人心洞察环境，我们有必要对人性问题做更为深入的探讨。

人性究竟是什么？日常生活中，我们既能够看到人性的光辉，也能够看到人性的丑恶。我们看到了勤奋与质朴，也看到了懒惰与虚荣。人性无疑是复杂的，因此古往今来，对人性的观点相互矛盾、莫衷一是。

明朝哲学家王阳明认为人性的核心是良知，只不过它的外面被不道德的欲望包裹着，一个人修炼的本质就是去除包裹在良知外面的欲望，达到至高无上的道德良知。因此，他所创立的心学的核心思想就是天道不需要追寻，它存在于人的心里，可以借由修炼而达成。而修炼的途径则是“存天理而灭人欲”。

我的观点与王阳明不同。我认为动物性本能是人性的本质与核心，是符合天道的。自利、性欲、嫉妒是人类天性中的东西，每个人都有。它是生机勃勃的，作为人类的集体潜意识沉淀在人的大脑中。它不仅会使人痛苦，还是激情、进取心、雄心壮志的根本来源。而道德、良知、文化价值观念则是束缚人类动物性欲望的外部框架，它们是人类社会发展的产物，同样是符合天道的。人的动物性本能与道德、良知、文化价值观是相互制约又互为前提的，是矛盾的两个方面，它们共同构成了复杂的人性，而这即是天道。

这两种不同的观点到底哪个更接近真理？

我们只需要思考一下人类的由来就明白了。试想，人类靠什么繁衍生息？如果所有的人都通过修炼消灭了自己包括性欲在内的欲望，倒是都成了圣人，但是人类也会丧失后代而走向灭亡。可见，包括性欲在内的人的动物性本能就是天道！正是因为具备动物性本能，人类才能生生不息直到今天。可以说，人类文明的创造、科技的进步以及经济的发展，其背后的根本驱动力正是人类基于生物性本能的勃勃雄心。试想，企业家究竟为什么奋斗？为生存、为尊严、为荣誉、为成就还是为自我实现？所有的激情、梦想、魂牵梦萦与自我牺牲的背后不正是人的动物性本能在驱动吗？

作为人性不可或缺的组成部分，道德、良知与文化价值观尽管不是来自于人性本能，但是它们来源于人类的社会生活及社会进化过程，同样符合天道。道德与法律是人类在社会交往中自发形成的基本规则，它们是构成社会秩序的基石。

人的动物性本能与道德、良知、文化价值观是相互制约又互为前提的，是矛盾的两个方面，它们共同构成了复杂的人性，而这一复杂的人性既是天道。如果将动物性本能比做承载人类激情与梦想的骏马的话，那么道德、良知与文化价值观则是驾驭骏马的缰绳与笼头。洞彻人性进而利用人性是企业家的必备功夫。

因此，诚信、公正、孝、忠这样的道德规范在人类社会长期发展进化中逐步被大众所接受。道德、良知及文化价值观等人类行为的基本规则并不是由哪个人或组织规划出来的，而是在社会发展的过程中自发形成的。如果没有这些人类所共同秉持的道德观念与个人守则，人类社会也不可能发展到今天。

由此可见，道德、良知及文化价值观同样是天道，它们是人类社会发展演化的必然产物。它们由外向内影响着人性，从而形成了人类个体的道德感、羞耻心与良心。如果将动物性本能比作承载人类激情与梦想的骏马的话，那么道德、良知与文化价值观则是驾驭骏马的缰绳与笼头。

应当承认，从个人修炼的视角来看，王阳明的思想无疑是具有智慧的。稻盛和夫以王阳明心学理论为基础，提出了企业家修炼的思想体系，无疑也是具有积极意义的。然而，企业家必须清醒地认识到，修炼一定是指向自我的，如果就此混淆了自我修炼的目标与一般人性的假设，进而将良知视为人性的本质，并将这一点作为管理与交往的前提，必将铸成大错。

我曾经交往过一类企业家，他们人品端正，为人宽厚，道德素养也很高。但是这类企业家容易犯的错误就是高估人的道德自觉性，而忽视了人性中的利己性。他们在日常工作中待人宽厚，但管理制度松懈，缺乏绩效观念，期望以员工的道德自觉与职业精神替代管理。

在这样的管理风格下，好的员工得不到奖励，坏的员工又会被轻易原谅。于是，公司内有用的好人就会因无法得到公正的回报而另谋高就，最终留下的主要是两种人。一种是无用的好人，另一种是有用的坏人。无用的好人很难在社会上谋求更好的职位，于是留了下来。而有用的坏人则是因为公司有漏洞与贪腐的机会而留了下来。显然，这样的公司很难有前途。根本问题是出在企业家对人性的错误假设上。

好的管理制度与政策必须建立在正确的人性假设之上。那就是在人的动物性本能基础上，力图唤起人的精神性追求。企业家应当清醒地认识到，公司对员工激励的基础应当是物质与金钱的回报与职位的提升。员工工作的根本目的是获取报酬，养家糊口，这是无疑的，关键在于如何通过金钱的激励方法将员工的利益与公司的利益紧密结合在一起。此外，人性中还有对精神的追求，企业家还可以通过对工作意义的赋予而唤起员工对自我实现的追求。

在这里，问题的关键在于企业家必须分清自我的修炼与人性的洞察。

自我的修炼是向内的，你可以借由对自我动物性欲望的超越，摆脱纠结于利益得失的痛苦，获得平静与快乐的心灵。而人性的洞察是向外的，你不能要求一般员工及合作伙伴做圣人，超越他们的动物性。这是因为复杂的人性是常态，是商业运行的基本前提，是企业家不得不面对的客观现实。因此，企业家必须清醒地认识到这一点，顺应进而利用这一现实。

如果复杂的人性是天道，企业家就必须充分理解它，洞彻人性，发现人类内心复杂的行为动机。如前文所述，人性是由动物性本能与道德、良知、文化价值观所共同构成的。以人性的动物性与精神性为基础，发展出丰富多样的人类心理动机与需求。比如被重视与需要的感受，荣誉感与上进心，贪婪与妒忌，尊严与成就感，权力欲与控制欲，虚荣心与情面观。

对人类多元化需求的理解，有助于企业家从容应对企业内部纷繁复杂的人事局面。

由于人性中的利己主义倾向，企业内部的政治斗争几乎是不可避免的。因此，企业家想要完全消除企业内的政治斗争是不可能的，也是徒劳的。成功的企业家往往会将这一现象作为必须面对的客观现实，去顺应、利用与控制它，不会全力压制或是放任自流。企业家可以提出激动人心的愿景，创造公正合理的内部环境，尊重员工在完成工作中的自主意识，激发员工对社交、尊重及自我实现的需要，把所有员工团结在企业发展的大旗下，从而将派系政治斗争纳入可控的范围内。

例如，面对创业元老与职业经理人之间的斗争，如果企业家被双方所左右，自己陷入派系斗争中去，一味淘汰创业元老给职业经理人让路，或是指责职业经理人水土不服，都不会有好的结果。企业家必须理解出现这一情况的合理性，了解这是企业转型升级特定历史时期的正常现象。面对创业元老要讲感情，尊重他们在公司创业史上的特定贡献，在利益安排上善待他们，并根据每个人不同的情况调整安排合适的岗位发挥作用，要知道他们对企业的忠心与情感是公司可以依赖的重要力量。面对职业经理人要讲规则，力争在公司内部建立起透明、公平、公正的市场化用人机制，以及能者上庸者下的绩效文化。只有在公司内部建立起公正的用人氛围，又能够灵活地处理个别创业元老的特殊利益诉求，才能逐步打破派别界限，加强相互信任，创建公司的共同愿景，打造一支凝聚力强的管理团队。此外，企业家通过有意识地采纳不同派别的有益建议，任免不同派别的人员，可以鼓励内部的良性竞争行为，达到激发员工工作的积极性与进取心，实时掌控企业内部人事动态的目的。

当人类多元化的需求在现实中遭遇不同的状况时，就会激发出丰富多彩的情感与心理活动。无论是开心、满足、兴奋、骄傲，还是恐惧、痛苦、焦虑、怨恨，企业家解读这些细微的人类情感，就能够洞悉人的心理，在经营中加以利用。

例如，为什么企业家往往会用铁腕手段对待企图另立门户的下属？柳传志对待孙宏斌另立门户事件的严厉处理风格并不是孤例。当华为旧将李一男从华为辞职，创建港湾公司之后，任正非采取了最为激烈的针对性竞争手段，不仅以侵犯知识产权为由将港湾告上法庭，还以超低的报价摧毁港湾中标的希望。最终，港湾公司在竞争中被彻底毁灭。

企业家这样做的真实目的其实是利用人的恐惧心理。另立门户是对公司威胁性最大的恶劣事件，如果对其过于宽容，就会动摇军心。这样的下属会成为榜样，公司内部员工很可能会有跟随者，公司的前景就堪忧了。而采取最极端的方式打击这一行为，不仅解决了现实的竞争威胁，还向内部员工表明了公司的态度，激发了后来者的恐惧心理，灭了这些人的心思，消除了潜在的隐患。

有的企业家则是刘备式的领导者，他们将舞台让给诸葛亮、张飞、关羽、赵云等下属，充分发挥他们的特长，满足他们的虚荣自尊心理与自我实现的欲望，企业发展自然会顺风顺水。表面上看，刘备式的企业家没什么本事，其实他们才是真正高明的领导者。

我的一位韩国同学就曾经给我讲了他母亲的经营故事。他母亲是家庭妇女，没受过正规教育，也从没有经营经验。在父亲创业操劳过度去世之后，母亲不得不接手这个家族化工企业。出乎意料的是，在母亲经营下，这个小型化工企业竟然发展成为韩国行业龙头企业。他母亲宽容温厚，尊重下属意见，发挥大家特长，是典型的刘备式企业家。

无论是铁腕的企业家，还是刘备式的企业家，他们的成功都建立在对人性的深刻洞察之上。在对待人性问题上，他们不天真、不幻想、不偏执，明白这是在企业经营中必须面对的现实，这就如同天上下雨最终要落到地上一样自然而然。因此，他们不会对人性失望、伤心，而是在接受这一现实的基础上顺势而为。他们知道——人性既是天道。

## 靠机制，不要人治

企业家处理公司内部的人际关系应当依靠管理机制，而不能依靠人治。依靠管理机制，企业家能够超脱于日常管理事务及人际关系的纠缠，站在相对客观超脱的立场俯视公司，判断与处理问题会更加准确从容。而依靠人治，任何决策离了企业家都不行，人人都要直接汇报，管理效率低下，管理成本会大大上升。

据我观察，绝大部分中国企业家还纠缠于日常的管理事务之中。常见的现象是企业家出差回公司后，会有大量的员工排队等在办公室门口。只有极少数的中国企业家超脱了这个阶段，王石在登山，在哈佛游学，万科照常飞速增长。

表面现象不同的背后，其实是企业发展状态本质的差异。企业在创业与发展初期，一定是依靠企业家团队的创业精神与能力，通过成功地打造创新的产品与服务而获得初步的成功。此后，企业人员开始增加，架构得以建立，在企业家的领导下，企业开始发展与扩张。在这一阶段，企业主要依赖企业家个人的能力与经验，企业家事无巨细一抓到底，是典型的人治阶段。企业在这个阶段就像是一个机器，只有企业家开动它，它才能机械工作。企业的命运完全与企业家个人命运捆绑在一起，无法单独生存。

在人治的阶段，企业员工的内心思想是为老板个人打工，员工的这一心理状态会将企业家置于极其被动的境地。当企业盈利时，员工会想这都是我们赚的钱，老板分给我们的奖金太少了。当企业亏损时，员工会想这都怨老板经营思想不对路，如果早听我们的就不会是这一局面了，我们跟错人了。总之，员工会将所有的不满归结到企业家头上，企业家成了一切问题的源头。这种状态下，企业家自身也很难调整好心态。他们勤勤恳恳，没日没夜纠缠在事务堆里，承受着最大的压力与风险，却总是挨骂，得不到员工的理解与信任，有时会感觉自己是在为员工打工，心态很容易失衡。企业家与员工之间心理上的抵触会造成相互之间的不信任，很难建立和谐的公司内部关系。

如果企业家具有足够的领悟力与执行力，就会意识到人治阶段的危险性，并在企业内推动管理机制的建设。这是一个系统工程，从公司决策治理机制，分权制度，管理运营制度与流程，员工绩效评估体制，用人机制，到结果导向的职业化文化价值观的建设，缺一不可。当管理机制体系成功建立之后，企业自身就质变为一个自发演化发展的系统，具有了独立的生命，摆脱了对创业者个人的依赖。在此之后，职业经理人团队将在公司的发展中扮演关键的角色，他们将引领公司不断变革，并借由公司的成功获得自我实现。

如果公司达到管理机制治理的状态，民主决策与公开透明的机制会激发员工的主人翁意识，员工会认为是在为公司甚至为自己在工作，这是自己的事业。这是完全不同的心理状态。当企业顺遂时，员工会有强烈的成就感与满足感。当企业进入低谷期时，员工会肩负起责任，共赴难关。无论何种情况，员工都会感激企业家的信任以及提供的平台。在这种情况下，企业家脱离日常事务，自己的心态容易平和，对员工的努力会怀有感恩的情绪。以正式的管理制度与规则为基础，企业家非常容易处理与员工之间的关系。

由此来看，企业从人治状态到机制治理的状态，其实是一场质的飞跃。企业家能够通过领导这场飞跃而赋予企业独立的生命，而自己也能获得时间与精神上的自由。

读到这里，一定有许多企业家会有疑问，机制治理固然很好，但是现实中却很难实现。例如，有些企业家也尝试将部分权力授权给职业经理人，但是他们不是老板，怎么可能像企业家那样尽心尽力呢？现在职业经理人道德品质不高，贪腐或是拉走客户怎么办？职业经理人尽管水平高，但是流动性高，不如家人、亲戚、老乡、朋友可靠，怎能放心授权给他们呢？公司还小，是否还未发展到需要建立管理机制的阶段？企业家已经习惯于事无巨细的管理方式，如果管理机制建立起来，是否会脱离一线，丧失对生意的感觉，那企业家根据什么决策呢？有些倒是想一切按照制度规则来，可是股东、高管及员工都已经习惯于原来的方式了，能改过来吗？

上述这些想法在中国企业家中很普遍。这些问题恰恰说明了企业管理机制建设的难题所在，有助于解释为什么绝大多数中国企业还是停留在人治的阶段，并没有真正建立起现代企业制度。

管理机制建立的首要难题是委托代理问题，其核心就是如何让职业经理人具有老板一样的责任心，尽心尽力地为股东打工。这就需要解决两个问题。一个是在所有权经营权分离后，如何让企业家放心，在放权之后不会失控，严防职业经理人的不道德行为。为此，需要建立配套的管理制度体系。通过董事会决策制度、预算制度、分权制度的建立，将董事会与经理层之间的权力边界划分清楚，再通过审计财务制度的完善对经营管理的过程实施监控。这样做的目的是既有分权又有监控，既有自由又有约束，让职业经理人团队戴着镣铐跳舞，为公司创造财富。

在此基础上进一步需要解决的问题是如何激励员工努力工作创造绩效。这里的关键点就是培养员工的切身感受，让员工将公司绩效当作个人的追求。这就需要设计出合理的绩效考核制度，将职业经理人与员工的利益与公司的绩效紧密结合在一起，激发出员工最大的心理驱动力。

通用公司历史上的红利计划就是一个成功的例子，这个计划及股权激励计划的核心是将公司利润与股权奖励给高层管理者及公司骨干员工。这一政策通过金钱激励员工的工作动力，许多员工的主要资产就是通用股票，自然会拼命工作并关注公司绩效。在此之外，这一政策还鼓舞了员工对通用的忠诚精神。通用公司负责此项工作的卡彭特曾评价：“每项物质奖励所代表的意义并不仅仅是表面上的现金和普通股所代表的价值。对于得到奖励的个人而言，这还代表着他对业务成功的贡献得到了公司的认可。这是一种在金钱补偿之外的认可。”斯隆在评价这项政策时谈到：“我认为，红利计划一直是，并且将来也会是通用汽车公司取得非凡成功的主要原因之一。红利计划的一个重要作用就是它让每个参与者都敏锐地意识到他与他的工作以及他的上级之间的关系，他有责任关注自己和整个公司的发展。”

系统的制度建设尽管不容易，但是还是有章可循的。管理机制建立的更大难题来自企业家与企业团队，那就是存在于企业家与员工头脑中的固化思维与行为习惯。

现代企业制度要求公正、公平、透明的企业规则与开放、包容的用人机制。然而，据我观察，大多数企业家受中国传统思维的影响，以同心圆的方式决定对员工的信任与使用。这个同心圆的核心层是自己的家人，外面一层是自己的亲戚，再往外一层是老乡、同学与朋友，最外面的是外乡人、陌生人。外乡人与陌生人再有能力，也得不到企业家的充分信任。

当企业家开始建立正规的管理机制的时候，企业家头脑中的同心圆会破坏正常的组织管理秩序。企业家非常清楚，位于内圈的人群人数有限，当企业发展壮大之后，这部分人的能力难以担当重任。于是，企业家开始对外招聘有管理经验的职业经理人担当 CEO 等重要职位。然而，企业家的心目中却对这部分人却怀有提防之心，认为只能利用而不能信任。于是他们会任用圈内人掌握采购、销售等核心岗位，来牵制职业经理人。这样的思想会通过各种信号传递给员工，于是员工、尤其是那些圈内特殊员工，不会拿职业经理人上司当回事，而是习惯于直接向企业家汇报，导致正常的组织秩序难以建立。

还有的企业家的办法是所谓管干分离，在中层任用懂专业与技术的外聘职业经理人，做具体的生产经营工作，在高层任用自己信任的非专业人士，去管理与利用这些外来经理人。企业家以为这样就可以既利用外来人员的专业技术能力，又可以将权力牢牢把控在自己人手里。可是，外行根本无法领导内行，内行也不可能服从外行的领导。

上述做法使得企业内部缺乏职业化的文化氛围与环境，职业经理人根本无法生存。职业经理人的离职会进一步强化企业家不信任的心理，导致现代化企业制度的建设遥遥无期。

企业家还需要克服事无巨细的管理行为习惯。企业家都是一线出身，习惯于一竿子到底的管理风格。将经营权交给职业经理人之后，能否克制自己越权管理的冲动，能否隐忍与职业经理人之间管理细节上观点的不一致，直接决定了企业家管理角色转变的成功与否，进而决定了企业管理机制能否彻底建立起来。

因此，管理机制建设的最大难题来自于企业家自身，这考验企业家自己的反省及对自我固化思维的超越能力。企业家只有打破同心圆的思维惯性，以开放、包容、一视同仁的心态广纳各路英才，严守自己的角色规范，带头遵守企业的各项制度与规则，才能逐步建立起公正、公平、透明、绩效、职业化、结果导向的现代企业文化价值观，最终达到管理机制治理的理想状态。

# 家庭道德的修炼
# ——中国结里区分的智慧

## 将企业与家庭分开

我在前文中已经为大家分析了商业伦理与家庭伦理的区别。也指出，正是由于企业家混淆了两者的关系，导致企业与家庭关系的纠结与混乱。问题随之而来，企业家究竟应该如何解决商业与家庭的纠葛呢？答案很明显，区分企业关系与家庭关系的不同，应用不同道德伦理处理企业与家庭的关系。

这一点说说容易，做起来却很难。请扪心自问，如果你的家人在公司任职，你真的能在公司、家庭两个不同环境中及时切换不同的角色吗？你能真的把他们当作普通员工对待吗？你确实能够做到在家族企业内推行职业化的企业文化吗？

如果你无法保证这一点，那么为企业与家庭计，一个比较干净的做法是将企业角色与家庭角色完全分开，让自己的家族成员脱离企业。

接下来的问题是，如何具体操作，又怎么确保家族的利益？

企业家面对这一问题的时点往往是企业已经发展到一定规模的时候。家族成员在创业期已经做出了重要的贡献，包括资金上的、人脉上的以及人力上的，企业内部也已经形成了特有的行为习惯与人际关系网络。这时，如果企业家想要去家族化，就不得不考虑多方面的问题。家族成员是既得利益者，如何尊重与量化家族成员对企业的历史贡献？如何调整家族成员的心态，管理其对企业与自己的期望？如何说服家族成员，让他们积极支持这场变革，而不是表面支持背后反对？如何把控这个过程，确保变革的平稳过渡？

企业家需要提前安排的首要事项就是保障家族成员的利益。一方面，在股权上应当根据家族成员的历史贡献合理调整与安排。企业家为推动变革需要有牺牲精神，必要时应当稀释自己的股权来解决这一问题。另一方面，要建立起正规的公司治理机制，定期召开股东会及董事会，推动财务内部透明化，让家族成员在脱离管理职位后，依然能够以股东的身份参与公司事务，保障自己的权益。再有，在条件合适的时候，可以将公司经营的非主流业务分拆出去，将股权完全卖给家族成员，帮助他们开辟新的事业。

企业家还需要尊重家族成员对公司的感情，情理结合，说服他们支持变革。企业家需要认识到，这不仅是利益问题，还有情感问题。家族成员放弃在公司内的任职并不仅仅意味着换一份工作，还意味着放弃一段重要的生命历程，必然有不舍的情绪。企业家应当让家族成员意识到，当企业规模扩大之后，他们的职业素养与能力已经很难达到所在管理岗位的要求了，家族关系与公司关系的纠缠已经使公司发展遭遇瓶颈，长远看不利于公司、家族以及个人的利益。离开公司尽管不舍，但可以在利益保障的情况下，获得时间、经济及精神上的自由。

当然，去家族化并不是企业家的唯一选择。理清家庭与事业之间关系的关键是区分职业伦理与家庭伦理的运用场景。如果企业家能够在职业伦理与家庭伦理之间自由切换，而且还能够推动家庭成员形成这样的共识，那么家族化经营就是一个可行性的模式。

家族化经营既有缺点，却也有独特的优点。这主要体现在家族成员对企业的忠诚，对企业品牌及声誉的极端重视，以及对企业长远发展的诉求。这是因为家族的声誉与企业的声誉紧密结合在一起，而家族的繁衍和昌盛与企业长久健康的发展相辅相成。这就避免了职业经理人追求短期利益的急功近利型决策，对企业长远发展有利。在欧美，上百年的家族企业并不罕见，中国商圈里，李锦记是具有100多年历史的典型长寿型家族企业。

然而，企业家千万不能误认为家族化管理企业就是以家庭伦理管理企业。恰恰相反，真正繁荣昌盛的家族企业在企业内推行的是现代职业道德伦理规范。唯有如此，才能避免家族化企业的弊端。然而，在一个主要由家族成员管理的公司里推行职业化的文化，对企业家绝对是一个重大挑战。谁能做到这一点，谁就能将家族化经营企业的道路走通。

这是一条与一般企业完全不同的道路。在探索这一道路时，企业家思谋的复杂性要高很多，需要兼顾企业与家庭两个方面，还需要考虑它们之间的影响与互动。在企业方面，必须建立严密的制度与规范，对家族成员在企业中的利益以及所扮演的角色做出规定。这包括家族成员如何继承公司的股份，处理公司股份的权限是什么，公司股份是否可以向非家族成员开放，公司家庭股东会及董事会的议事规则及要求。还包括公司最高权力传承的规则，家族候选人的资质要求，遴选程序及最终选择办法，家族成员担任企业内管理岗位的相关规定，管理岗位与股东身份的角色区分，家族成员离开公司自主创业的相关规定及办法。这些制度建立的作用在于将家族对公司经营的参与纳入制度化、规范化的轨道，其本质还是运用现代职业道德规范调节家族企业内的关系。

在家庭方面，企业家应当建立严格的伦理价值观原则。比如家族利益高于个人利益，强调对家庭的责任与忠诚，将家族和睦放到首要位置，推崇对家族的牺牲与贡献行为等。这些伦理价值观对维系家族纽带，避免商业利益侵蚀亲情关系起到至关重要的作用。为强化这些原则，家族应当安排家族日等纪念及交流活动，回顾这些原则，表彰好的家族成员，批评惩罚违背原则的行为。企业家还应当将这些价值观与家族企业的相关制度挂钩，比如对家族不忠诚的后代将被免去继承股权的资格，没有结婚生子的家族成员不得在企业内担任重要管理岗位等。

李锦记家族就建立了自己家族的“宪法”，就公司治理、接班人培养、家族会议、家族内部道德规范等方面进行了规定。这部“宪法”并非简单的企业制度，也非家族事务的规范，而是将将职业伦理与家庭伦理结合起来，处理企业与家族两方面的问题。它对企业的长久发展起到了至关重要的作用，同时也保证了李锦记家族的和睦与繁荣。

## 营造稳定和谐的夫妻关系

企业家是一个极为艰苦的职业，经营上的动荡永远会对企业家的精神与意志力构成挑战。在这样的情况下，如果家庭后院着火，企业家将无法应对两线作战的局面。前文提到的杜双华及王微的遭遇都充分说明了这一点。

因此，营建一个稳定的家庭港湾并不是企业家的私事，而是事业成功的前提。

稳定家庭港湾的头等大事就是处理好夫妻关系。由于企业家家庭的特殊性，这个任务并不容易完成。

在这里，企业家首先需要做的是在经济上确保家庭的基本需要。许多企业家在创业的时候容易头脑发热，将事业看得高于一切，将家庭所有的资金投入企业，还向亲朋好友借款，导致家庭负债累累。一旦企业不顺利，这不仅会让自己焦虑不安，还会让配偶承担巨大的心理压力，非常容易导致家庭的破裂与企业的失败。因此，企业家应当看透家庭与事业之间的相互影响关系，为家庭经济留有余地。创业时，尽量避免投入所有的家庭资金，确保孩子的教育、家庭医疗、老人赡养等不受影响。随着企业的发展，当出现一定的盈余时，在留足企业发展基金的基础上，以分红的形式回馈家庭。这样才能稳定配偶的心态，获得对方的支持。

另一方面，企业家应当管理好配偶的财富期望，其中一条关键的举措就是严格区分企业财务与家庭财务。企业家应当让配偶意识到企业与家庭本质上是两个独立的组织，在企业财务与家庭财务之间造好防火墙，无论对企业还是家庭都是有利的。企业是公事，家庭是私事，决不能动用企业资金为家庭购置资产，也不要轻易借用家庭资金用于企业投资。只有配偶认识清楚这个道理，才能将自己对财富与享受的要求建立在家庭财富的范畴内，量入为出，节制自己的虚荣心，更不会因贪欲而试图干涉企业人事及经营，制造夫妻矛盾。

再次，企业家应当保持工作与家庭之间的平衡。家庭与事业本质上是相互支撑的一个系统，这个系统的繁荣昌盛需要两者兼备。所谓家和万事兴，没有家庭，事业也难以成功。因此，企业家必须分出时间与精力用在夫妻关系上，这是需要用心经营的。配偶不是你的员工，除了经济上的要求外，更需要情感上的关注，精神上的支持。请仔细想一下：如果配偶身体不健康，你的生活也必将受到重大影响；如果配偶精神上抑郁，家庭生活必将笼罩着阴影。因此，作为更成熟的人，企业家应当帮助配偶建立健康的生活方式，不断追求知识与智慧的进步，相互配合相互鼓励，相敬相爱共同进步。

最后，企业家自身应当经得起诱惑，遵守家庭道德规范。应当清醒地看到，越是成功的企业家，受到的诱惑越大。尤其是在当下的时代，一些人为达到利益不择手段，利用一切机会接近、挑逗、诱惑企业家。而出于人性中天生的弱点，企业家面对年轻异性的攻击很容易束手就擒，做出养小三甚至闹离婚的糊涂事。事实上，这样做的企业家还是没有领悟透彻。年轻女子为什么要跟半老头子呢？真的是因为男性成熟魅力？如果这样想你就太天真了。很显然，能够让她们忍受生理及情感上厌恶的是对金钱与物质的欲望。一旦上位了，金钱的渴望被满足了，她们内心被压抑的东西会被重新唤起，愈发热烈。这时你的新鲜感消失了，年龄的差异令生理与精神双重疲惫，矛盾必将爆发。2013 年邓文迪与默多克的离婚案再次清楚地告诉了我们这个老套的真理。

反过来想，老伴却是一块宝。尽管老伴年纪大了，吸引力没有年轻人那么强了，而且也不会像小三那样顺着你、取悦你，甚至还经常唠叨你、批评你。然而，老伴却是真实的。她年轻时对你的情感是纯真的，她陪你熬过最艰苦的创业时期，甚至还曾经在事业上帮助过你，她肩负起家庭的重任，是你亲生孩子的母亲。现在她年龄大了，内心最大的心愿就是子女的幸福，你的健康，一家人的和谐平安。老话说，一个人前半辈子的幸福取决于父母的家庭，后半辈子的幸福取决于自己建立的家庭，尤其是你的老伴，她会陪你渡过后半辈子。当你老了，身体不行了，唯一能陪在你身边的就是她。她其实是你后半辈子最可依赖的人。

小三的本质是消耗你。你必须克服内心对老伴的愧疚，忍受亲生子女的批评与冷漠，改变自己来应付年轻人的精力与兴趣，满足她们的物质私欲，克服长久不协调后的厌恶，甚至要处理离婚官司，割裂公司股权，再强大的身体与精神也无法承受这样的巨大消耗。而老伴的本质是滋养你。你可以保持自己熟悉的节奏与生活，坦然享受老伴对你的关爱，子女的尊重，最重要的是能保持自己心灵的安宁与自在，你的身体、精神均会获得滋养，以最良好的状态投入到事业中去。

福耀玻璃的曹德旺将公司股权及财产登记到他太太陈凤英的名下，为的是让她太太安心。年轻时也有过动摇的他在总结夫妻生活时说："我们虽然没有那些激情如火的海誓山盟，但是毕竟是从年轻到白发，中间所有的悲伤与快乐都是连在一起的，这是一种血脉相连的感情，没有经历过的人体会不到。俗话说，'百年修得同船渡，千年修得共枕席'，意思就是说要彼此珍惜，不要轻易去改变。许多人为了做事业，经常要处理家庭和工作的矛盾，可是对于我来说，这个矛盾根本不存在。我的老婆从来不会要求我这个要求我那个，她不需要我去哄她，现在想一想，这种安静本分的感情难道不是一个专心做事的人最需要的感情吗?"

企业家认清这一道理，才会克服自己的本能欲望，主动以道德来约束自己的念头与行为。

## 还子女自由快乐的人生

营造稳定家庭港湾的另一个重要的问题就是子女的教育问题。孩子是企业家具有血缘关系的亲人，如果与子女的关系处理不好，将是自己一辈子的痛，还会影响企业的传承与发展。

我曾经提到，受儒家传统文化影响，相当一部分企业家总想以三纲五常为基本伦理处理与子女之间的关系。他们将父子关系等同于君臣关系，认为自己应当在子女面前树立绝对的权威，试图完全掌控子女的思想，决定他们的命运，甚至还认为这就是对子女最深沉的爱。

然而，这部分企业家并没有意识到道德伦理的发展性。中国社会已经步入新的时期，适用于封建时代的儒家家庭伦理观已经过时了，新的时代下尊重个人权利，以人为本的理念已经深入人心。孝尽管仍然是家庭伦理的重要部分，但是内涵却发生了巨大的变化。孝绝不意味着子女对父母的无条件顺从，也不意味着子女必须牺牲个人的幸福去服从父母的意志。新的家庭道德伦理尊重人的独立自主，这不仅包括家长，也包括子女。这意味着父母与子女之间是独立的生命个体之间的平等关系，而非从属与附庸关系。

对这种关系的重新定位与认识非常重要。既然是平等独立的关系，就不能相互勉强与相互负累。例如，中国人传统观念是养儿防老，生养孩子是为了未来孩子给自己养老，继承自己的事业。其实，这是典型的功利心态，孩子只是你满足自己的工具而已，在孩子身上付出越多，就越期望从孩子身上获得回报。孩子就如同你的债务人，还未走向社会就已经背负太多的债务了，如何能开创自己幸福的人生呢？

因此，在父母与子女新的关系定位下，调节双方关系的家庭伦理必然有新的内涵。父母有将子女养大成人的责任，却没有在经济上包办孩子一生的义务。孩子应当尊重与关爱父母，在父母年龄大了不能自理的时候，担负起照顾父母的责任。但是孩子却在择业、生活方式等方面独立自主，拥有追求自己幸福人生的自由。去除功利心后，父母与孩子之间的关系会更加纯粹，维系父母与孩子关系的纽带就是亲情与真爱，它们是发自内心的自愿，而不是迫不得已的自我牺牲。子女关爱父母是因为父母是世上唯一能无条件爱自己的人，父母关怀子女是因为他们能获得幸福是自己最大的心愿。这样的关系如何不能良性发展呢？

看到这里，许多人会说，如果将孩子看作独立的生命个体，那我怎样承担教育之责呢，难道教育不重要吗？其实不然，如果将孩子的独立与人格素养的发展作为目标的话，家庭教育就是关键。现实情况是企业家大多没有精力教育孩子，在与孩子相处的有限的时间里，要么粗暴简单地对孩子提出要求，要么因心理愧疚而无原则地用物质满足孩子的需求，而这两者均是教育孩子的大忌。

企业家应当认识到孩子人格与素养的全面健康发展才是最重要的教育目标。以此为出发点，如果仅仅认为孩子学习好，或是不惹事听话就可以，就太过简单了。与学习知识相比，孩子的价值观、习惯及健康心态更加重要。首先，价值观的教育必须从小抓起，诚信、孝敬、公正、独立、责任等价值观种子应当从小播入孩子的心田。错过这个黄金时节，杂草会挤占良田，后悔晚矣。其次，良好的习惯同样是父母带给孩子的。习惯的力量是巨大的，某种程度上看，人就是习惯的产物。如果孩子从小能够养成读书、锻炼的习惯、独立思考的习惯、礼貌的习惯、健康作息的习惯，将受用一生。最后，孩子健康阳光的心态养成也非常关键。在这里，父母的爱、陪伴与支持是孩子最强大的后盾，让他们能够以自信从容的心态走向陌生的社会生活，即使将来在社会上遭受挫折与打击，心理康复的能力也将大大超出普通人。

事实上，在孩子的青少年时期，价值观、良好习惯与健康心态的价值要高于学习知识的价值。如果两者在时间精力上产生冲突，应宁可优先选择前者而非后者。人格的发展是有其规律的，儿童与少年时期是价值观、习惯与健康心态发展的关键时期，如果在这个时期建立起基本框架，孩子在未来就不会跑偏。而孩子未来的兴趣与志向却需要在青少年时期寻找，只有孩子自己寻找到兴趣点，才能全力以赴地投入到对相关知识的学习与探索中。这个内在的兴趣驱动力是关键，如果孩子习惯了外部的鞭策，一旦这个力量消失了，自己就会丧失前进的动力。

顺应这一规律，企业家在子女成长的不同周期应当采取不同的教育策略。总体来看，从小到大，对孩子的控制与说教程度应当不断降低。儿童时期，企业家应当对孩子严格要求，紧密陪伴。尤其涉及价值观问题时，应当不断重复说教，强制规范，将它们深深地印入孩子的脑海里。少年时期，企业家就应当开始放松对孩子的管理，尽量依靠孩子自己的能动性，重点帮助与引导他们找寻自己的兴趣。一旦孩子进入青春期，逆反心理开始后，顺应小动物离群独立长大的本性，企业家应当完全放手，尊重孩子的独立决策，最多起到参谋的作用。

对企业家子女来说，从小给孩子一个普通人心态，树立正确的物质观财富观至关重要。我在前文提到，出于人性的贪婪，人面对财富时是脆弱的。当下许多富二代骄奢淫逸，虚荣浮华，其原因就是人格受财富的侵蚀。生来有钱的境况会摧毁孩子创造自己生活的意志，麻木他们的心灵，导致未来人生的不幸福。企业家应当反思自己的教育之道，从小娇生惯养，不加节制地满足孩子的物质需求正是导致问题的核心所在。

成熟的企业家会保护好孩子的心态，管理他们对物质的期望。首先需要调整好自己的心态，事实上，无原则地满足孩子大多是企业家自我心理的需要。应当让孩子从小意识到父母的经济与他自己的经济是分开的，父母的钱不是他的钱，父母有将他养大成人的责任，但是未来要依靠他独立生存，自己创造。此外，选择学校就是选择孩子的成长环境，这是一个非常关键的决策。有些企业家总认为教育越贵越好，于是将孩子送入所谓的贵族学校，受所谓精英教育。然而，这类学校的孩子大多出自有钱有权家庭，在现今浮躁的社会风气下，这样的孩子经常会相互攀比权力、财富、物质享受，心态不可能不受负面的影响。在选择学校时，不仅要分析学校的师资与课程，还要观察学生是谁，他们的父母是什么样的人。这样，才能为孩子选择一个良好的成长环境。

巴菲特住在最普通的房子里，让儿子进入普通的学校受教育，像普通家庭的孩子一样经历最平凡的成长过程，从不向儿子透露家庭巨富的事实。在儿子长大后，并不给他经济上的支持，让他依靠自己拼搏。巴菲特这样做是非常睿智的，他的做法是基于对人性的深刻洞察。

## 处理好企业家子女的接班问题

前文提到对企业家子女接班的观点，我的态度很鲜明，那就是绝不要强求，应当尊重企业家子女的个人意愿。企业家在这个问题上要看开一些，如果子女能干，完全具备能力开创自己的事业，将企业留给他有何意义呢？如果子女没有能力，根本无法掌控企业，如何能够将企业留给他呢？

真正有智慧的企业家在子女接班的问题上都会顺势而为，不会强求。勉强接班不仅对企业不负责任，也害了自己的子女。宏基创始人施振荣之所以没有让自己的子女进入宏基，不仅是为企业着想，更是不想剥夺子女创造自己生活的乐趣与机会，是出自于对子女最深沉的爱。

当然，世上不存在绝对的事情。如果子女有继承企业的强烈愿望，又恰好具备良好的经营天赋与素质，企业家当然可以考虑将企业交接给子女。在这种情况下，企业家需要考虑以下几个问题。

第一就是如何平衡子女之间的权利。如果大家都不继承家族企业，子女之间的利益相对容易平衡。企业家只要提前规划好未来家族财富的继承方案，通过公证并告知子女。子女将来作为股东参与企业决策，确保自己的利益。然而，当有多个子女期望做接班人，未来兄弟姐妹之间为利益翻脸纷争的可能性很大，这就给企业的发展及家族的和睦埋下祸根，企业家不得不考虑子女之间的权利平衡问题。当多个子女确有企业经营能力的情况下，一个可能的方案是将家族企业拆分，由多个子女各自继承。另一个可能的方案是建立家族决策委员会，由委员集体决策，而非将权力集中在一个接班人手里。

第二个问题是企业家如何选择与培养子女做接班人，这里就涉及能力、权威及人脉三个问题。企业家子女接班需要跨越这三大鸿沟。

我在前文拿举杠铃作比喻，说明接班人即使有经营天赋，也很难一下子举起企业这个沉重的杠铃。无论是对业务的熟悉，对市场的感觉、领导能力还是做人的境界，都需要长期的磨练。此外，面对公司的创业元老，面对自己的长辈，企业家子女很难一下子树立起绝对的权威。权威并不是因上下级关系而产生恭敬，而是要出自对人品能力的认可。初出茅庐的接班人很容易被企业内部复杂的权力斗争所利用，被他人左右。再有，企业家的人脉关系并非想继承就能够继承的。人脉关系是企业家历史上常年积累的结果，是感情长时间的积淀，也是通过利益的纽带和做人的信誉获取的。接班人还年轻，能否获得企业家人脉关系的信任与支持完全依靠他的个人能力与魅力。

从上述分析来看，培养子女做接班人是非常不容易的。但是，有一条原则非常清晰，那就是无论是能力的培养、权威的树立还是人脉关系的获取，都需要接班人在事上磨练，磨难是最好的老师。

因此，接班人的选择与培养也应当采用赛马不相马的办法。要知道子女是否适合做接班人，就应当放手让他做事，在商业实践中证明自己。企业家不要着急让子女在公司轮岗任职，这样学到的只是皮毛而已，他的身份会让他得到特殊照顾，不利于成长。企业家可以支持子女在自己感兴趣的方向独立创业，并将支持限定在有限的范围，让他体会创业的艰辛与不易。即使在企业内任职，也应当让他独立负责一块业务，以公平的绩效方法考核他，逼迫他真刀真枪地以实际业绩证明自己，树立威望。

第三个问题就是企业家接班的过程如何把握。如果企业家有让子女接班的打算，那么准备的时间越早越好。企业家接班人的选择与训练本身需要过程，而与接班人相匹配的新班子的人选也需要考察，这都需要时间。由于接班人上位之后，必然有一段磨合期，这段时间企业会不稳定。因此，最好不要在企业遭受危机的时候完成权力交接，也不要在企业家年龄过大不得不交班时完成。最好的时机应当是企业发展健康平稳，企业家自己年富力强的时候。权力交接应当是一个逐步过渡的过程，接班人上位后，企业家可以扶上马送一程，确保权力的平稳过渡。

# 商业道德的修炼
# ——商业功利、道德原则、社会责任的平衡

## 保持对道德原则的敬畏心

在企业家与社会之间关系的领域，中国企业家应当去除麻木浮躁的心理，保持对道德原则的敬畏之心。商业道德原则就如同一条绝不能触碰的红线，企业家即使面对再大的利益诱惑，也不能逾越半步。

为什么道德准则是一条绝不能触碰的红线呢？这背后究竟隐藏着什么道理呢？

这就要从道德的社会必然性说起。

事实上，人类道德伦理观的出现与发展是蕴含着深刻道理的，具有历史的必然性。在社会发展的蛮荒时期，人类就如动物一般，为自己的生存及后代的繁育而相互厮杀，毫无道德可言。随后，社会开始发育，人类个体之间交往、互动，形成一些基本的个体行为规则。个人与组织在利益的驱动下行动，但所有的行动又遵循基本的规则，于是逐步产生了整个社会系统的秩序。这就像是交通系统，人与车辆具有各自的目的地，均在马路上有方向地行进，如果没有“红灯停、绿灯行”等交通规则的约束，整个交通系统会陷入瘫痪。而在交通规则的指引下，人车分流，井然有序，最终形成理想的交通秩序系统。

道德伦理正是社会秩序赖以建立的个体行为规则。显然，“人们一见面就相互杀戮”这样的规则是无法形成统一的社会秩序的，道德伦理的本质就是对社会中个人行为的约束。

人类社会发展进化到今天，公平、正义、平等、诚信等基本道德伦理已经被证明是构成健康社会秩序的基石。因此，道德伦理的出现本身是符合历史发展规律的，是社会进化与选择的必然结果。

换一个视角看，人们出于自身利益考虑，极有可能做出损人利己的行为，这符合人的动物性本能。但是，这些违背道德伦理的行为尽管对个人短期有利，却损害了整个社会的健康秩序与长久竞争力。长期来看这样的社会必然会被淘汰，社会中的个人与组织也不可能独存。由此来看，违规者短期获利，但长期必然受到惩罚。长此以往，在现代文明社会中，人们就会逐步形成遵守基本规则的行为习惯与思想惯性。而这一价值观思维正是社会文化的构成基础，深深地影响着人们的行为。

奥地利思想家哈耶克在《关于行为规则系统之进化问题的若干评注》一文中精辟地论述了个人行为规则与社会秩序形成的相互作用。他将道德、宗教、法律都归入自生自发的社会秩序范畴，也就是说它们不是来自于人类社会中某个个体心智，不是人为计划或设计而生成的，而是“人之行动而非人之设计的结果”。因此，它们是客观的而非主观的，是必然的而非偶然的。这一思想的核心即道德是人类社会演化前进的必然。

换句话说，不仅人性是天道，道德也是天道。

道德价值观绝不是空洞的口号，而是藏在国家、社会、组织兴衰背后的一条隐隐的红线。

洞察人类文明发展的历史，这些道德原则就如同自然法则，潜藏在形形色色的朝代、组织与国家繁荣与衰亡的背后，支配着人类社会各类主体的兴起与发展。而社会公众对道德原则的遵守程度，也标志着社会文明发展的等级。因此，这些道德价值观原则是颠扑不破、历久弥新的。它们事实上已经成为人类社会及各类组织、机构繁荣的前提。违反道德原则的组织与个人或许可以获得短期的利益，但是一定会葬送自己的未来。

纵观人类商业历史，真正成就伟业的企业家无不是坚持道德原则的人，那些为短期利益放弃基本道德准则的商人最终难有好的下场。

在接受央视记者访谈时，马来西亚首富郭鹤年曾经回忆他年轻时做糖贸易时的残酷竞争。当年曾有不少竞争对手人为制造贸易货物的损坏假象，为的是骗取保险赔偿金，并将之贴补到产品价格中进行竞争。郭鹤年则坚持诚信经营，依靠过人的经营胆识，构建起原料、加工、销售完整的产业链，成为一代糖王。而当年违反诚信的竞争对手们今天却都已经销声匿迹。

J.P.摩根是华尔街历史上最有权势的人物，他领导的摩根银行在20世纪初实际上扮演了美国中央银行的角色。他在一生的经营中秉持了父亲留下的重要观念："如果想要在这个领域获得长久的成功，个人诚信至关重要。"J.P.摩根晚年参加一个国会委员会的质询会时，曾经被问过一个问题："商业信贷的决定因素是借贷人的金钱还是财产？""不是，先生。"摩根答道，"最重要的是品德。"委员会成员追问道："难道比金钱与财产还重要吗？"摩根坚定地回答道："比金钱与其他任何东西都重要。金钱买不到品德……一个我不信任的人，即使他以整个基督教世界的一切作抵押，也不可能从我这里借走一分钱。"

如果商业道德伦理是组织生存的基本法则，那么在人类终极价值观范畴内行动，就不仅是商业伦理的要求，更是企业自身生存与发展的需要。从更长的历史时期来看，能够获得百年基业的企业无不遵循人类社会终极道德价值观理念，而为短期利益就轻易突破道德底线的企业往往会轻易夭折。

企业经营必须遵循人类社会基本道德价值观这句话，并不是口号，更不是做秀。只有企业家真正透彻地领悟到这一点，才能抵御本能潜意识的强大影响力，在不利的大环境下坚守信条，为企业的长远发展打下基础。

事实上，遵守基本的道德价值观准则不仅是企业长远发展的需要，还是企业家获得平静与快乐心灵的必然要求。这又是为什么呢？

主要原因就在于人类的良心。良心就是存在于人类内心中的道德感与公正心。

良心又是如何形成的呢？

人类个体的良知来自于人类社会长期进化中道德的形成，道德对个体行为的长期束缚，个体对整个社会进化的不断调整与适应。长此以往，道德感逐渐沉淀在人类的集体潜意识之中，成为人类个体良心的构成基础。因此，如果道德是社会进化与发展的必然，那么良知就是天道，它存在于每个人的心灵深处。

正如王阳明所言："良知在人，随你如何不能泯灭，虽盗贼亦自知不当为盗，唤他做贼，他还忸怩。"即使盗贼干了丧尽天良的事之后，也会感到恐惧、痛苦，这就是良心的作用。

良知存在于每个人的内心深处，人的任何行为与意念都受到它的监督与评判。如果一个人的行为违背了基本道德原则，就必然会受到良心的谴责。

企业家被商业功利的指挥棒操纵着，驱使着，最容易为商业利益突破道德底线。但是，如果企业家在诱惑与逼迫下放弃了道德原则的坚守，即使取得了商业上的成功，最终也会掉入痛苦抑郁的深渊。

如果没有对道德原则的坚守，那么企业家就会像是风雨飘摇之中的一叶小舟，随波逐流，迷失了自己的方向。这些道德原则不随时间的流失而褪色，也不随空间的变化而失效，无论任何情况发生，无论何种特殊的理由出现，企业家都不应违背它们。这些原则应当深藏于企业家的心底，就如同铭刻在永不磨损的钻石上，恒久不变。有了这些原则，企业家的经营才被赋予了真正的意义，心灵才会获得真正的平静与喜悦。

康德曾经说过："有两件事物我愈是思考愈觉神奇，心中也愈充满敬畏，那就是我头顶上的星空与我内心的道德准则。"

如果企业家充分理解了上述道理，怎么会不生出对道德原则的敬畏之心呢？

## 把握商业功利性与道德原则之间的平衡

中国企业家在企业经营中，应当把握商业功利性与道德原则之间的平衡。

商业就是商业，商业经营必须回归赚钱的本质，不能泛道德化，给自己确定过高的道德目标。但与此同时，商业经营又必须坚守基本道德原则，决不能为商业利益而突破道德底线。

从人性出发，商业天性是功利的，必须以人的自利性为基本假设，如果按照慈善法则经营，必然无法成功。然而，商业应当在基本的规则内进行，如果突破了这些规则，经营也不可能长久。这些基本的规则就是商业道德与法律。法律是明文的规则，而道德则是无形的准则。

企业家应如何理解商业功利性与道德原则之间的这种平衡与妥协?

让我以足球比赛为例。在比赛中，所有参与者遵守的是公正的基本竞赛规则。但是在共同规则的约束下，鼓励大家无所不用其极地进行激烈竞争。队员的高强度对抗，教练的策略计谋，团队精神与勇气，都是被鼓励与赞赏的。通过这些手段最终获胜的球队往往能获得公众的拥戴。然而，如果在竞赛中采用收买裁判、使用兴奋剂等践踏基本竞赛规则的方法获得胜利，最终会暴露并受到惩罚。一句话，足球比赛获胜者的秘诀是在基本的规则内利用一切可以利用的手段进行竞争。

这个例子体现出如何在商业功利与遵守道德之间保持平衡的精致含义。商业经营同样需要遵循基本的规则。这些规则包括诚信经营、履行契约、遵守法律、承担应尽的义务等。如果企业经营违反了上述基本规则，就是突破了道德法律底线。然而，在基本规则之内，企业经营不拒绝谋略，可以采取价格、产品、并购等多种竞争方式获得商业成功。为什么国美苏宁可以通过“压榨”供应商获得成功？显然，这样可以获取成本竞争优势扩大市场规模，而规模效应会进一步吸引供应商自觉自愿地低价供货。它的策略并没有突破道德法律底线。

行文到这里，我或许可以更为精准地给出企业家如何在商业功利与道德原则之间保持平衡的建议。那就是企业经营要获得成功，就应当清楚地界定基本的道德规则，任何情况下绝不突破基本道德规则。但是在道德规则边界内，可以放开手脚，挣脱束缚，采取一切可以采取的手段进行竞争。

要做到二者之间的平衡，企业家需要克服自己内心的纠结，这种纠结是商业道德与个人道德之间的冲突造成的。例如，当市场形势不好，企业亏损，遭遇危机之时。企业家是否应当裁员？从企业家个人情感来看，对跟随自己多年的员工，总有对他们负责到底的心愿，裁员举措显然会令自己的道德与良心不安。然而，站在企业的立场上，企业危机时裁员有利于企业自身的生存与发展，只要依据劳动法与员工协商处理，并不违反基本的商业道德。在这样的时刻，面对个人私德与企业公德之间的冲突，如果企业家屈服于内心的情感，甚至不忍心裁掉那些平庸的员工，就是妇人之仁的做法，很难承担起企业家的责任。

企业家还应当注意不要混淆商业经营与个人情怀的界限。许多企业家都有以天下为己任的胸怀，这是好事。但是，应当注意认清企业家特定的角色及相应的责任与义务。企业家勤恳经营、创造财富是最大的责任。如果想通过企业经营实现个人的理想与情怀，进而将私人的理想凌驾于商业经营之上，就会束缚企业的手脚，不利于健康发展。企业家应当区分二者，在企业经营中严守商业之道，而在个人生活中遵循个人理想的指引。只有这样，才不会迷失在商业现实与道德理想的纠结之中。

## 全面理解与承担社会责任

企业家在社会责任方面的行为误区源自于对这个问题的片面认识。这段话揭示了中国企业家对企业社会责任的普遍看法："企业社会责任只不过是喊喊的口号而已，是博取名誉的手段。其实，社会责任与我有何相干？"这样的思想有其根源。

中国企业家受中国传统文化的影响，缺乏社区意识和公民意识。在几千年封建专制下，中国人习惯于服从。专制体制塑造了人的奴性，与之相伴，也使中国人对公共事务态度冷漠，缺乏责任与担当。因此，中国人更加关注家庭与血缘关系，更愿意承担家庭责任。在社会、社区生活中，人们既没有意识争取自己的权利，也不愿意承担相应的责任。

反观欧美人为什么更愿意承担社区、社会责任呢？这是人种差异造成的吗？其实不然，人性是没有中西差异的。美国自建国起就实行社区乡镇自治，社区、乡镇的事务由居民说了算。拥有权利后，民众的主人翁意识自然高涨，更愿意承担社区建设、公共服务、帮扶救济等义务。事实是没有权利就没有责任，没有权利意识自然也就没有责任意识。社会系统体制差异深刻地影响了中国人的灵魂，缺乏社会责任成为民族性的一部分。

这样的民族性不可能不在中国企业家的思想上留下烙印。在企业经营中，企业家更愿意发展自己的人脉关系，建立利益同盟，获得特殊利益，却不管社会公众利益的损失。然而，这样的思想明显缺乏整体观、大局观。在社会进步的大潮中，企业家、企业以及社会构成了一个息息相关的系统整体。企业是社会系统的子系统，是构成社会的重要组织，是企业公民。如果企业的发展不能对社会各方有利，那么企业在前行的道路上，必然会被一股无形的力量制约与限制。任何获得长远发展的社会机构，必然是社会各方的利益所在，并代表了整个社会的信仰及价值观进步的方向。因此，承担企业社会责任不仅是博取名声的手段，更应当是企业发展的重大方针政策。

为认清这一点，我们需要对企业社会责任有更为全面与深入的认识。

企业社会责任其实存在多个层次。第一个层次是法律责任，是指企业在经营的过程中决不能损害社会公众的利益。企业提供的产品与服务要符合国家法律法规标准，决不能欺骗与损害客户利益；生产经营应当符合环保要求，不能以牺牲生态环境为代价发展自己；企业在与银行、供应商等商业合作伙伴交往的时候，应当诚实守信，严格履行合同。第二个层次是经济责任，企业家在经营企业获得利润的同时，为社会解决了就业问题，并通过缴税尽到了企业的社会义务。第三个层次是道德价值观责任。企业作为社会中的一个组织，如果想要长期发展就必须承担起社会的基本信仰与价值观承诺，引领社会的进步。在这里，慈善捐赠只是其中的一个方式。企业社会责任的三个层次是从低向高逐级递增的，只有完成了最基本与重要的责任，才有可能向更高一级迈进。

企业社会责任的层面越是基本，就越是重要。企业首先要做到合法经营，用心打造自己的产品与服务，为客户创造价值。在生产经营中，做到与环境相协调，诚心对待商业合作伙伴，依法纳税，善待员工。这是企业承担社会责任最重要的体现，也是企业的立足之根本。这个立足之本做不到，妄谈企业社会责任就是一句空话。这样的道理很朴素，也很简单，关键是企业家是否信仰与坚持，这是区分企业家与投机商人的关键。

成功创建老干妈品牌，将辣酱卖到30多亿元的陶华碧目不识丁。没有知识的她却有大智慧，记者采访时她说："对国家，我就是卖一个煤渣，我都要纳税；对供应商来说，我从不拖欠一分钱；对员工来讲，我按照国家政策不亏待；对顾客，从原材料到每一道工艺，我们都认认真真做，保证质量。我们非常透明，账目是公开的，随便你来查。先做人后做本，你人都不会做，怎么经商呢？诚信做人、诚信经商、诚信纳税，你就不怕，我们要子子孙孙这样做下去。"话语很朴实，却句句扎实可靠。正是由于陶华碧坚守企业的根本，才让老干妈从众多辣酱企业脱颖而出，创造出今天的基业。

企业家在承担基本社会责任的基础上，还应当成为社会道德价值观与信仰的承担者甚至引领者。企业作为基本的社会组织，必须遵循社会道德的基本标准。企业与社会之间不仅要进行功能性的协调，还应当进行道德价值观念的协调。

然而，社会道德价值观并不是静止与一成不变的，而是不断动态发展的。随着社会的演进与发展，整个社会系统的秩序在重塑，社会结构以及构成社会的个体的行为规则自然会受到重大影响。在这一动态发展过程中，过去的道德原则不断失效，新的道德原则不断建立。于是，企业与社会之间就道德价值观的协调就成为一个持续的过程。

例如，在过去的中国社会，女人是没有地位的，男尊女卑是社会的基本观念。今天，在女权主义盛行，以人为本的观念深入人心的社会中，对女性的尊重成为美德。男人与女人在社会上享有平等的权利与地位。这种情况下，如果企业在招聘员工、职位晋升、薪酬福利等方面体现出男女的不平等，必将会受到员工、应聘者及社会大众的反对。

因此，企业家不仅需要了解经营与市场，还应当对社会道德价值观的动态演化具有洞察力。

企业家不应当仅仅满足于对社会道德价值观的适应，还需要具备引领社会道德价值观前行的责任感。企业家应热心参与慈善捐赠，身体力行节能环保低碳的绿色理念，这些都是好事，能够增添社会正能量。但是，企业家做事的动机应当更加纯正。功利化的慈善捐赠与绿色推广只能进一步激发社会浮躁之风，对社会与企业的长远发展不利。如果企业家的初心纯正，真正做些善事好事，就会在自己周围营造一个善意的人际环境，同时也会真正促进社会与企业道德价值观的进步。

第六章

# 打开自我思维的洞穴，与世界同行

## ——心灵的修炼

# 建立客观性格
# ——开放的胸怀，水的顺势而为

## 公正思考

出于人的本性，人们总是从自己的内心出发认知世界，选择性地接受那些符合自己信念与判断的信息。正是由于企业家的内心不能保持客观与公正，才会操纵信息与数据，以符合自身的想象，最终却陷入洞穴之中。

因此，超越以自我为中心弱点的第一步就是公正思考，尽量客观公正地对待所有的观点与信息，而不论这些观点与信息来自何处。

要真正做到公正思考，企业家应当摆脱对人的成见。因为这会让人不能客观对待他人的意见，没有耐心倾听。

当信息与观点来自于能力不如自己的人时，企业家往往会视而不见。逻辑很简单，这个人的能力见识不如自己，自然他的观点信息也就没有什么价值。然而，这个逻辑存在问题。尽管他的能力见识不如你，但是他可能掌握你所不知道的事实与信息。因此，对于企业家来说，了解这个事实以及建立在这个事实基础上的观点就是非常有价值的。

当信息与观点来自于自己讨厌的人时，企业家往往会选择性拒绝。这是因为不喜欢的人往往是与自己有差异的人，可能是为人处事的不同，也可能是外表与气质的差异。不喜欢就会形成偏见。然而，有差异，无论是观点上的还是信仰及价值观上的，恰恰意味着存在企业家不知道的及陌生的领域。如果企业家能了解这些人的观点与信息，并试图探索它们背后的事实及假设，就可能获得好的学习机会。

当信息与观点来自于有利害关系的人时，企业家往往会因自我保护而曲解信息。他们容易将这些观点与信息进行利益化理解，认为它们是利益驱动的观点，自然要防范。当然，洞察观点信息背后的利益结构是必要的，但是一概而论则是错误的。利害相关方与企业既有不同的利益，也有共同的利益，他们的观点与信息不会全无价值，值得企业家认真倾听与思考。

企业家应当具有这样的意识，那就是每个人都是有限的人，因而每个人都是狭隘的，一个人只能掌握真理与事实的一部分。对同一个事物的认识，每个人的视角及信息只能是一个碎片，要想获取全面理解，就必须将大家的碎片拼接起来，形成一幅完整的图画。

要做到公正思考，企业家还必须保持空杯心态，避免自己被经验与知识束缚。

企业家年龄越大，经验与知识越多。然而，经验与知识是辩证的。知识经验越多，人就越容易形成主观的思维框架。运用这样的思维框架去观察现实，客观世界就会被主观重构与曲解。由于知识与经验是建立在过去的基础上的，而我们探索的世界则是当下的，思考的问题是面向未来的，试图将新的问题纳入老的思维框架中理解，显然是徒劳的。

企业家做到公正思考，还应当克服自己的虚荣心与控制欲。这就要求我们的思想能够脱离自己肉体的躯壳，站在更为客观的高度俯视所面临的复杂局面，公平地对待所有的观点。

虚荣心与控制欲来自于人的本性，正是基于自我实现的渴望，企业家才会执着于自己的观点而无法自拔。因此，企业家在面对不同观点的时候，应当体察到自己的心态，冷静下来，保持平和与理性，创造最佳的学习状态。

理解了上述道理，企业家在倾听与思考之前，应当先排除心中的成见、老化的知识与经验、虚荣心及控制欲，坚守好奇与探索的精神。

## 拥有同理心

以自我为中心使得我们总是从自己的角度出发思考问题，更多地关注自身的思想与感受。相比较而言，他人的需求与利益则被忽略了。这一思维方式造成了企业家思考的盲区，局限了企业家对不同思想观点的客观评价与吸收能力。而要突破这一思维方式，就必须培养自己的同理心，既感受他人思想与情感的能力。

培养同理心就要做到从他人的角度思考问题。要知道，任何思想都不是无源之水、无本之木，人类思想一定是根植于某种具体的生活与工作的情景之中的，也一定与某个具体的人的际遇、情感与思考相关。

只有设身处地地从他人的角度着想，才能真正理解他人的思想观点，并做出公正的评价。

面对老一辈作家对80后作家作品“为赋新词强说愁”的批评，郭敬明辩解说：“也不能说是强说愁，少年的愁也是真实的愁。我们确实没有经历过什么生死存亡的事情……我们经历的是什么？高考的压力、学业的困惑、独生子女的孤单，这种东西好像很微不足道，跟前辈经历的那种大时代的动乱很难比，那没有办法，这就是我们的事情。……但你不能说，在我们的世界里，因为没有经历过战乱，就不能体会悲伤。”此话有理，我们只有设身处地地从年轻人角度着想，认真倾听年轻人的声音，才不会被偏见所误导。企业家只有尝试去理解80后、90后员工的思想与情感，才能找到适应他们的新的管理模式与管理文化。

企业家只有摆脱以自我为中心的思维习惯，更多地从股东、管理层、员工、客户、合作伙伴的角度思考问题，才能获取更为客观与公正的视角，从容把握错综复杂的经营现实。这一点在商业合作中体现得尤其明显。任何成功的商业合作必然是双赢与多赢的，只有从对方的角度思考问题，了解他们的利益所在，才能达成互利的交易。

龙永图在回忆中国入世谈判的过程时，就曾经说过：“谈判的艺术就是妥协的艺术，而妥协并不意味着软弱。我们整个谈判的过程就是寻求妥协的过程，是要寻求双方利益平衡点。在这当中，需要很多艰苦细致的工作，而不是一味强硬就可以的。”在寻求双方利益平衡点的过程中，同理心很重要。这要求企业家必须站在合作方的角度，深刻理解掩藏在表面诉求下的真正利益所在，才能找寻到双赢的合作方案。

企业家的同理心不仅意味着站在他人的立场思考问题，还应包括站在企业组织的立场思考问题。这是因为企业组织视角与企业家个人视角是不同的，企业利益与企业家利益也是有差异的，为企业长远发展计，企业家应当站在企业组织的立场上思考问题。这不仅是一个精神境界问题，更是一个思维方式的转换问题。

站在组织的立场与站在个人的立场思考问题是完全不同的。例如，许多企业家喜欢亲自参加对重要客户的谈判，当谈判成功之后，企业家会有一种成就感。从企业家的角度看，这个问题在他的努力下已经完美解决。但是，从组织的角度来看，企业家直接处理问题会违反组织授权管理的基本原则，削弱了营销部门的权威，不利于营销团队谈判能力的提升，进而弱化了组织的整体营销能力，对企业反而有害。

面对组织的复杂性，具有同理心的企业家不是心思简单的，而是思谋缜密的。他们往往能控制个人简单思维，具有洞察组织复杂情形的能力。他们清醒地认识到并不是自己的思想有多远，企业就能走多远，这还取决于经营团队是否能够达成共识。他们不会轻易表露自己的新观点，而是利用企业组织的惯性顺势而为。出台任何政策都会考虑组织的反应，尊重组织的历史沿革。

## 理解谦虚的本质

企业家要想克服以自我为中心的思维方式，就必须理解谦虚的真正含义。

苹果创始人乔布斯给一般人留下的印象是自负与狂傲。有关乔布斯的多个文献表现出，在职业生涯早期，他从不关注他人的感受，也不注意吸收他人的意见，是一个极端自我的人。然而，就是这样一个人，在 2005 年斯坦福大学演讲的最后，竟然以“求知若饥，虚心若愚”（Stay hungry, stay foolish）为结束语。这不仅是他送给在场学生的，也是对自己几十年商场生涯最重要的总结。

不过可以肯定的是，在场的斯坦福大学年轻高智商的毕业生们，没有几个人能够真正领悟这句话的真义。他们大多数人一定被乔布斯商业成功的光环所愚弄，误以为傲慢自我正是乔布斯成功的特殊性格基因。他们看不透乔布斯商业成功背后谦虚的关键作用。

得益于划时代的创新机遇，乔布斯年少成名，于是少年轻狂。过度的虚荣心恶化了他与创业伙伴及公司管理层的关系，结果被自己所创建的苹果公司解雇。二次创业的他并不顺利，一度陷入亏损的窘境，他收购的皮克斯公司也举步维艰。幸运的是他通过与迪斯尼的合作，推出了《玩具总动员》等成名作，一举走出困境。1998 年他回归苹果，随后是众所周知的故事：他率领苹果重新站上了顶峰。文字是匮乏的，上述商业生涯的背后，是乔布斯辛酸、痛苦、绝望、快乐、满足的长期修炼历程。困境能让企业家真正成熟。“求知若饥，虚心若愚”正是这一长期修炼之后的顿悟。

因此真相是，傲慢自我是乔布斯的敌人，而对谦虚的领悟则帮助他重新走向商业巅峰。那么为什么谦虚有这么大的作用呢？

人们常说，谦虚是一种美德。然而，与其说谦虚是一种美德，还不如说是一种智慧。如果将谦虚作为道德观念去理解，许多人就会为了谦虚而谦虚，明明内心很倨傲，表面却为符合社会道德规范而伪装谦虚。这种虚伪的谦虚不但容易被他人识破，而且对自己不利。如果将谦虚看作是一种智慧，人们就会真正试图领悟它的真义，从而获得克服自己过度自信等人性弱点的动力。

说谦虚是智慧，是因为它让人保持开放与探求的心态，不断发现与吸取他人的长处，实现自我的更新与成长。而傲慢却恰恰相反，它会封闭人的心灵，孤立自己，导致自我的僵化与衰弱。

事实上，企业家在实践中认识客观世界并没有想象中那样容易。正如庄子所云：“吾生也有涯，而知也无涯，以有涯随无涯，殆已。”

一方面，每个人都存在着生老病死的生命周期，都有自己特定的人生际遇，于是每个人都存在着认知局限性。就连毛泽东那样的伟人，尽管一生博览群书，但从未有欧美现代国家游历的经历，因而对一国经济发展基本规律的认知也具有局限性，建国后大跃进等决策失误的原因正在于此。

另一方面，客观世界的发展演进是永无穷尽的，客观规律也是不断变化的，因而知识的发展是无穷的。旧的知识不断老化、过时，新的知识不断创造、更替。因此，以有限的生命去追求知识的无限发展，是无望的。

企业家的处境何尝不是如此。无论是比尔·盖茨、乔布斯还是扎克伯格，都是一时无二的企业家，都在特定的时代获得了巨大商业成功。但是有一点可以肯定，那就是谁也无法一直站立在潮头。比尔·盖茨通过退休印证了这一点，乔布斯通过去世印证了这一点，相信扎克伯格在未来会用他特有的方式证明这一点。

既然是这样，那么我们还有什么可以骄傲的呢？我们不应当对客观世界产生敬畏之心吗？不应当意识到真理不一定掌握在自己的手里吗？不该深刻体认到自己的局限性吗？

只有认清上述道理，才能获得进步，无论是对人类社会、企业还是个人，均是如此。

正如苏格拉底所言："人生最高的智慧是不知"。知识面越是宽阔的人往往越是了解到有太多的思想、信息、知识超出了自己的领悟范畴，见识越是广博的人越知道"山外有山、人外有人"的道理。这是因为已知的领域越大，未知的边界越长。

美国《独立宣言》的起草人之一托马斯·杰斐逊就曾说过："智者十分了解自己的缺点，因此绝不会保证永不出错；那些懂得最多的人也清楚自己知之甚少。"

然而，由于人性中傲慢的根深蒂固，只有极少数人能够领悟到这一点，而这极少数人往往会取得巨大成就。

沃伦·巴菲特就是这样的极少数人之一。巴菲特在投资生涯中也曾犯过错误，1960年代对伯克夏·哈撒韦的投资给了巴菲特非常大的教训，1980年代他被迫将持续亏损的纺织业务关闭。这次教训促成了巴菲特非常重要的投资准则，既投资于保持一贯经营原则的公司，避开陷入困境的公司。不要高估自己，指望自己比被投资公司的经营者做得更好，能够扭亏为盈。“我和查理还没学会如何解决公司的难题，”巴菲特充满智慧地说，“但是我们学会了如何避开难题，我们的成功在于我们集中力量于我们能跨越的一尺栅栏上，而不是发现了跨越七尺栅栏的方法。”在伯克夏·哈撒韦公司1998年年会上他说：“我很敬佩安迪·格罗夫和比尔·盖茨，而且希望把这种敬佩通过资金支持他们转化成行动。但是说到微软与英特尔，我不知道10年后的世界是什么样的，而且我也不喜欢玩那种对方占优势的游戏。我花所有的时间考虑技术，但我仍然可能是分析这个行业的第100、第1000甚至第10000个聪明的人。确实有人能分析这个行业，但是我不行。”

巴菲特对自己能力局限的清醒认识，使他在工作中智慧地保持谦逊的态度，选择恰当的投资策略，获取了巨大的商业成功。

## 自信于是开放

要真正保持谦逊与开放的心态，企业家不仅要充分意识到自己所知有限，克服傲慢、自恋等人性弱点，还必须拥有自信，克服自卑与怀疑情绪。

向弱者开放，你需要的是谦逊；向强者开放，你需要的是自信。

生活与工作中，你如何面对一个明显强于自己的人？这是一个试金石。大多数人自卑，于是本能地采取回避的态度；有些人嫉妒，于是想方设法诋毁别人；还有少数人倨傲，愚蠢地认为自己强于对方，不把对方放在眼里。上述态度与行为是绝大多数人所采取的，他们的共性是面对强者采取了保守的姿态，从而丧失了学习与提升自己的机会。

我们在下棋与运动中有体会，与高手过招才能不断进步，总是陶醉于战胜弱者的兴奋中，水平会停滞不前。因此，真正成熟的极少数人面对强者会勇敢地迎上去，通过合作提升自己，通过竞争磨练自己，通过对比认清自己的不足，承认自己的缺陷，同时保持对自己的信心。面对强者的开放心态正是一个人步入成熟与强大的标志。

同理，一国的开放与保守也往往与自信相关。中国古代盛唐时期，唐太宗李世民虚心纳谏，重用忠臣，开创了“贞观之治”的盛世。唐帝国成为中国历史上最为强盛的时期。强大的实力与自信造就了唐朝不可思议的开放政策。当时的首都长安是世界性的大都会，外国人入朝，中国人出国都没有限制。许多外国人艳羡中国的强大与繁荣，在中国定居下来，甚至还在唐王朝内做官。唐王朝对外来文化并不排斥，而是采取了学习、吸纳及兼收并蓄的态度。例如，来自印度的佛教与中国魏晋玄学相结合，形成了中国的禅宗，对后世中国的哲学、艺术产生了巨大的影响；唐朝的流行音乐几乎都是来自于西域的胡乐，胡服、胡乐一时盛行；此外，玻璃与砂糖的制作方式也是学习外来科技的结果。唐文化不断吸收其他文化的长处，显示了极大的包容性与强大的生命力，唐朝的强盛正是来自于这种“海纳百川，有容乃大”的胸怀。反之，明清开始的闭关锁国政策，使得中华文明成为死水一潭，这正是造成中国近代文明开始僵化、衰落的根源。

大唐盛世给我们的启示是任何组织只有自信，才能开放与包容，进而能够获取学习与进步的机会，成就更为强大的实力，从而进入良性的循环。盲目自大或是过度自卑只能造成与外界的隔绝，导致进一步的保守与封闭，于是丧失了进取精神与前进的动力。

企业组织也是一样，唯有自信开放才有进步。在丰田公司经历了2009年全球召回危机之后，新任总裁丰田章男启动了丰田公司的一场重大变革。力图改变缓慢、迟钝的经营风格，做到行动快速、灵活多变。这场变革的核心就是让公司更加开放，倾听外部的声音。为此，丰田章男重组与开放了董事会，接纳了三位从未曾在丰田工作过的董事成员，让更多的外部声音参与到公司重大决策中来。2013年以来，丰田的改革已经取得了初步的成效。

面对陌生的事务，促使我们保守逃避的是发自内心的恐惧、不安全感与过度怀疑。

一般来说，陌生意味着我们对游戏规则不熟悉，可能会到处碰壁，于是人会产生紧张、焦虑与自卑情绪。相反，熟悉则意味着我们会游刃有余，当然就可以“随心所欲不逾矩”，自然能放松、从容与自信。

因此，一旦陌生事物触发了我们的不安全心理，我们就愿意逃回熟悉的环境与文化之中，宁可做一只鸵鸟，以换取内心的平静与自信。

如中国近代史中的部分知识分子，即使面对残酷的现实，他们也不愿承认陌生的西方文明的整体先进性，仅愿意学习器物层面，依然躲在中华文明照耀全球的迷梦之中不愿醒来。张之洞就在他的著作《劝学篇》中提出了“中学为体，西学为用”的观点，依然主张孔孟儒家文化及封建帝制是领先全球的文明，而西方的先进仅仅体现在技术层面，除此之外是不值得学习的。洋务派的失败也就根源于这一保守思想。

尽管对待陌生事物时的自我保护是人类的天性，但这却不利于学习与成长。陌生的思想观点的背后往往隐藏着不同的思维方式与逻辑，会呈现出我们原本所不知道的知识与文化背景，这里其实蕴含着极大的学习机会。

当企业家面对陌生的商业环境时，同样会产生逃回熟悉又温暖的旧环境的冲动。移动互联网的发展大潮深刻地改变了当今商业经营环境，面对这一陌生的环境，许多企业家宁愿逃避也不肯面对现实，心理上的恐惧与怀疑是他们决策失误的根源。面对产业的重大变局与全新的商业环境，企业家实际上只有两个选择。要么抱着重新来过的决心，将自己当作小学生，开放自己，积极投入到对新规则、新方法的学习与探索中去；要么及时宣布退休，将位置让给他人。

## 顺势而为

企业家以自我为中心的最大问题是过于主观，总是想以主观意志替代客观条件。于是，“有条件要上，没有条件创造条件也要上”这样的口号很流行。不管大势如何，不论发展潮流与方向，人们总是想强力推进，僵化地争取心目中预想的发展目标。在许多中国企业家看来，只要不怕挫折、坚持不懈，就一定会迎来成功的那一天。这样的想法做励志用还可以，在商业实践中却是思维误区。

如要深入地理解这一点，企业家就必须认清主观与客观之间的关系。是主观决定客观，还是客观决定主观？

事实是，人的主观思维必须符合客观世界的要求。无论是科学的发展，文明的进步，其本质都是人类对客观世界认识领域的扩大。人类各项成就的取得也都是建立在对客观规律的认识与遵循的基础之上的。

商业经营也是如此，企业成就的取得是以企业家对消费潮流、竞争形势、技术进化、政治环境演变的洞察与适应为前提的，而这一切都是客观的。

所谓客观世界与规律，就是不依赖人的意志而转移的世界与规律，它们的发展与进化是必然的而非偶然的。可以说，企业家只有认识到客观必然性，并做到主动遵循这种必然性，才能真正进入到自由王国。

柯达正是没有认识到数字成像技术变革的客观性，只是主观期望美好的垄断岁月不要过去，才沦落到破产的地步。而IBM公司2000年初深刻认识到PC行业环境客观上发生了变化，商业游戏规则已经改变，而IBM主观的文化与能力已经无法与这一变化相匹配，于是果断将PC业务销售，进行了业务转型，以适应客观环境的变化，最终获得了新生。

企业家只有认识到主观必须符合客观的道理，才能摆脱不可思议但普遍存在的狂傲与妄想——那就是客观必须为主观服务，主观决定客观，以为自己是神灵附体，替天行道，神鬼让路。

如果企业家过于主观，那么他在一个点上越是有毅力与决心，最终受到伤害与惩罚的可能性越大。这是因为如果主观思想与客观情形不相符，在错误中坚持越久，造成的损失越无法挽回。

2000年，杨澜创办了阳光卫视，但是她的这次创业并不成功。在一次演讲中她对创业经历进行了反思："从小到大，我所接受的教育就是：只要你足够努力，你就会成功。但后来发现不是这样。如果一开始，你的策略，你的定位有偏差的话，无论怎样努力也是不能成功的。"杨澜的反思非常有价值。在商界，对环境柔性适应的价值远高于强硬僵化的做法。

企业家一切健康的努力都是由内心世界转向外在世界的。那些不断进取的企业家，整体上都是具有客观性格的。

认识到主观必须符合客观的道理，企业家就应当做到顺势而为，因循形势的发展而调整自己的策略，而非僵化坚持。

企业家只有认识到主观必须符合客观的道理，才能摆脱不可思议但普遍存在的狂傲与妄想。那就是客观必须为主观服务，主观决定客观。想象自己是神灵附体，替天行道，神鬼让路。企业家一切健康的努力都是由内心世界转向外在世界的。那些不断进取的企业家，整体上都是具有客观性格的。认识到主观必须符合客观的道理，企业家就应当做到顺势而为，因循形势的发展而调整自己的策略，而非僵化坚持。

在这里，道家关于水的生存哲学给予了企业家最大的启示。

水的最大特性来自于顺势而为的性格，它遇方则方，遇圆则圆，去高就下，顺其自然。企业经营中，这一性格的最大好处是不会过分执着于自己的主观想法，而是根据客观情势不断进行调整。于是，企业家在经营中反应速度大大加快，更有可能找寻到适合自己的道路。

顺其自然并不意味着消极放弃。老子并不是单单强调水的不争与谦卑，还阐释了水的进取。水看似是世间至柔至弱之物，却又是至强至刚之物。柔弱向下的水能够以柔克刚，以弱胜强。它们浩浩荡荡、坚忍不拔，不舍昼夜，奔向大海。它们能够汇集成滔滔洪水势不可挡，也能长年累月水滴石穿。在这里，柔弱不争的水变为强大进取的水，水以其卑下与不争反倒成就了其强大。当企业家遇到良好的形势时，也应当全力推进，争取更上一层楼。

企业家还需要学习水的韧性。一般人认为企业家应当具有刚强的品质，不惧任何挑战。然而，任何事都有两面性，刚强尽管坚硬，却也易折。韧性尽管柔软，却也持久。

在长期艰苦困难的环境中，韧性显然比刚强更加实用。在创业的旅程中，无论遇到什么样的困难挫折，经历多少失败打击，都应永不放弃，坚持到底。如果将每一次失败看作成功道路上必不可少的试错，那么只有失败次数积累到一定的数量，才有可能找到成功的策略与模式。研究表明，二次创业的成功概率远高于一次创业，而成功企业赖以生存的经营业务与模式，往往与创业初期大相径庭。这些都说明了灵活适应与韧性在企业经营中的价值。

那些创造了划时代成功的企业，它们的经营思想就是水的“不争”哲学。与其在现有红海里拼死挣扎、相互残杀，不如超越竞争，开创一片蓝海市场。太阳马戏团不与传统马戏团竞争，开创了面向商务人群的全新马戏商业模式；上海黄酒品牌和酒不与古越龙山等传统绍兴品牌正面竞争，而是另辟蹊径，主打海派文化、交友文化、营养概念，进入洋酒、白酒、啤酒所占据的庞大市场。

真正获得大成就的企业家，一定不是傲慢用强、保守狭隘、坚硬僵化、游移脆弱之人，而是谦虚卑下、开放包容、顺势而为、坚忍不拔之人。

# 做自己的主人
# ——理性主义，自由的思想和独立的精神

## 独立思考与理性主义

企业家是最容易放弃独立思考的一类人。

企业是永远存在问题的组织，而企业的问题总是错综复杂的。尤其是当企业遭受挫折处于低谷的时候，企业家通常面对堆积如山的问题束手无策，会产生无助感，甚至丧失自信。这时，他们容易放弃自己的思考，转而向他人寻求救命稻草。还有一些企业家，面对生意的大起大落，感到大部分经营成果并不受自己的控制。他们将经营的结果归因为捉摸不定的东西，于是各种迷信在商界盛行。无论上述何种情况出现，企业家都已经放弃了最重要的东西——独立思考。

2003 年，美邦服饰董事长周成建听从了所谓战略专家的意见，关闭了他一年前创立的新品牌“祺格”，这个决定令他至今后悔不迭。当谈到这个决策失误时，他说：“是所谓战略专家忽悠了我，那帮专家说什么不能同时做两个品牌。要知道当时我已经为‘祺格’投入了 5000 多万元，开了 200 多家店了。”

在这一事件中，尽管从表面看周成建值得同情，所谓专家应当被谴责。但是事实并非如此简单，周成建同样应当承担责任，甚至是主要责任。周成建的问题

在于对咨询专家的使用方式不当。事实上，咨询专家的作用在于思想、观点、信息、案例的提供，以及解决问题方法论的贡献。好的咨询专家能够打开企业家的固化思维，系统提升解决问题的科学性与立意高度，并设计出更为合理的问题解决过程。然而，再好的咨询专家也不能提供一劳永逸的成功解决方案。真正了解企业的一定是企业家及内部管理团队，企业发展的道路是依靠自己探索出来的。因此，企业家在对咨询专家的使用方式上，绝不能是对自己思考的替代，简单接受咨询结果，而应当将咨询专家的意见视为对自己独立思考的补充，对比发现自身的思维盲区，从而完善自己的决策。

企业家放弃独立思考的后果是严重的。事实上，企业家被来自企业内外的期望所包围，从企业外部来说，政府、金融机构、客户以及合作伙伴都会出于各自的利益期望企业的改变。企业家如果没有定见，就很容易被影响与操纵。我在上文提到的常州铁本戴国芳的案例，就是典型的地方政府为创造 GDP 业绩而操控企业超速发展的事例。戴国芳没有自我成熟的定见，盲从了政府的期望，从而付出了企业破产的惨痛代价。

从企业内部来看，股东对企业存有不同的期望，有的股东期望获取现实的财务分红，有的期望通过未来上市获得投资回报，还有的期望获得企业控制权，成为长期的产业投资者。不同的期望导致股东对企业的要求不同，于是股东会永远充斥着争吵与妥协。管理层对企业也存有期望，职业经理人通常期望从企业发展中获得名声与经济上的收益，企业规模越大往往职业经理人的收益越大，利润则不一定是他们的首要目标，于是管理层与股东的目标产生了冲突。企业内不同员工对企业也存有不同的期望，他们都努力推动企业向自己期望的方向发展。企业家总是面临相互矛盾与冲突的期望，如果缺乏独立成熟的思考，就容易被内部人的期望所左右。曾经有一位企业家私下跟我说，表面上他是企业的最高领导，但是由于他对产品、研发、一线业务不够熟悉，近一半的重大决策实际上是由他人做出的，他不清楚这些决策是否正确。于是，他的企业面临失控的危险。

既然独立思考是企业家弥足珍贵的品质，那么它的本质究竟是什么？我们应当怎样理解并坚持它？

独立思考其实是健全人格的体现。这里有两层含义，企业家首先应当独立自主，不盲从于他人的观点与思想，哪怕对方是所谓的权威，或是行业标杆企业的领导者。其次，应当根据独立思考的结果勇于行动，敢于承担相应的责任。这种健全人格对企业家是难能可贵的，它的本质就是做自己的主人。

这种独立健全的人格在中国非常少见。中国社会缺乏理性主义传统，传统文化教导我们要相信领袖，相信政府，相信家长，相信组织，相信宗教，就是不教导我们相信自己。于是，整个中国社会缺乏独立思考与质疑反思的风气。在这样一个大的系统环境下，企业家群体同样缺乏独立人格，大多随波逐流，没有独立思考的精神与能力。然而，独立人格却是企业家最重要的品格，没有它，企业家很难担当起成就事业的重任。

独立思考的本质精神是理性主义。

在人类历史的早期，大多数的自然现象与社会现象均超出了人类理解的范畴，面对未知的雷霆闪电、地震等自然现象，人类只能将之归因为主宰一切的神秘主义存在。欧洲中世纪的罗马教会统治时期是典型的黑暗时期，人类的理性思考被宗教教条压制，社会充斥着宗教蒙昧主义。

13世纪文艺复兴运动的本质就是以理性主义替代蒙昧主义，是一场人类思想的解放运动。其代表人物法国哲学家、数学家笛卡尔提出了“怀疑一切”的理论，那就是永远不接受任何自己不清楚的真理。人只能相信自己的切身体验，只能根据自己的判断了解与确定事实。这就是说只要没有经过自己切身体会的问题，不管有什么权威的结论，都可以怀疑。

笛卡尔所强调的理性主义非常简洁，其本质就是独立思考，即相信自己的见识以及基于逻辑推理的合理结论。这条简单的黄金法则将人类的思想从蒙昧落后的监牢中解放出来，西方近代科技、文化、经济、社会的发展正是得益于此。

理性主义不仅是口号，还为人类提供了思考的方法论。约翰·杜威的实验主义哲学思想就是一种典型的理性思维方法论。它主要强调三点：一是从具体的事实与境地下手；二是一切学说理想，一切知识，只是待验证的假设，并非天经地义；三是一切学说与理想都应当在实践中试验过，实践是真理的唯一试金石。

理性主义要求我们坚持思考的理性态度，面对任何信息与决策的时候，确保最为严密的逻辑推理，检验各项数据证据的合理性，对后果利弊做最为严密的计算，并在此基础上进行最优化的决策。

企业家坚持独立思考的核心正是坚持理性主义。相信自己的所见所闻，运用自己所学的知识，公正思考不同的观点以及它们背后的证据，检查推论过程的逻辑合理性。

那些能够引领企业实现伟大成就的企业家往往具有理性的思维与独立的见解。或许他们会授权经营，但是他们不会放弃学习，他们会亲自跟踪产业发展的科技前沿与市场的最新潮流，会继续保持对企业内部组织及员工的熟悉与理解，还会广交朋友，保持多方面的信息来源渠道。只有这样，企业家的内心才会充满自信，绝不会因他人影响而轻易放弃自己的观点。他们是引领企业发展的领头人，而不是被他人所能轻易操控的木偶。

## 批判性思维

要做到独立思考，企业家必须能够不断质疑与反思接受到的观点与信息，运用系统化的逻辑思维，理性、冷静地分析支撑这些观点的证据与理由，并做出独立与清醒的判断。这种能力就是批判性思维的能力，它是企业家必须掌握的能力。

企业家应该把独立思考与综合判断的能力放在首位，而非获得特定知识的能力。如果你想避免被他人操纵，又能够吸收与接受那些有益的信息与观点，你就必须拥有批判性思维的能力。

我们从小到大接受了各种各样的教育，几乎不加辨别地相信了各种灌输给我们的思想观点。但是，当我们认真地思考这些观点时，就会发现这些都是他人思考的结果。是否靠谱，取决于他人思考的质量与缜密性。但不幸的是人就是人，任何人都会犯错误，随着时间的推移思想观点也在过时，因此大部分的思想观点都是真伪参半的。

面对堆积如山的思想观点，存在应对的两种思维方式。一种是海绵式的思维方式，不加鉴别地吸收，这样很可能会陷入谬误的包围，甚至被压在沉重的思想大山下永无出头之日。还有一种是淘金式的思维，甩掉大部分的谬误泥沼，将那些闪闪发光的真理之金从沙中淘出来，并运用于自身的工作生活之中。显然，淘金式的思维态度更为有益。而批判性思维正是思想淘金的重要工具。

批判性思维是对他人思考的再思考。这就要求我们不能仅仅停留在对思想观点表面含义的理解上，还必须深入思考推导出它们的整个过程。

思考者的出发点是什么？有何目的？他有哪些暗含的假设前提没有明说？思考的推理逻辑是否正确？支撑观点的论据是否充分？相关的数据、事实、信息的来源在哪里，准确性如何？所有的因果关系是否已经全部被挖掘出来了？最终得出的结论是否合理？

这就像是庖丁解牛，经过这样理性与缜密的分析与鉴定过程，思想观点就会由一头完整的牛，被拆解成为不同的组成部分。这样，我们会对思想观点获取更为深刻的认识。比如，即使我们同意他人的观点，但是我们或许不能接受他的论证过程。抑或，我们无法接受他人的结论，但是仍然会从他的论据、假设及理由中获益。

批判性思维首先要求在任何思考之前理清思考的目标，确保目标是清晰的与可阐明的。这一条看似简单，但是在实践中许多企业家并未遵从这一原则，从而迷失在短期利益与局部利益的诱惑之中，忽视了最为重要的长远与终极目标。

例如，关于如何面对客户的问题，通常的观点是客户是上帝，一切以客户的需求为出发点，最大限度地满足客户的需要。然而，大卫·奥格威在《一个广告人的自白》一书中提出了更为深刻的“选择客户”的思想。作为全球最大的广告公司奥美广告的创始人，奥格威显然经历了创业初最为残酷与艰苦的时期，当然懂得客户对企业意味着什么。但是，他提出为了企业长远健康的发展，不应当服务所有的客户，必须寻找适合自己的客户。这些客户与奥美的价值观相似，奥美的核心能力可以帮助到这些企业的成长，奥美自身也会有积累而获得发展。他认为，尽管有些客户短期能为企业带来销售收入，但是由于奥美无法真正向他们提供价值，或早或晚他们将离奥美而去，花费时间与精力在这些客户身上是不值得的。

大卫·奥格威这一观点的精辟之处在于对思考目标的清晰把握。只有摆脱短期利益的诱惑，将企业的长远健康发展作为目标，才会获得真正有价值的洞察力。

企业家经常将企业局部的目标当作整体目标去追寻，思考的出发点与目标不够明确，自然思考的结果就会发生偏颇。企业家都希望产品的质量最好，成本最低，产品研发与创新最好，品牌最知名，销售渠道与能力最强。可惜，任何战略与商业模式都各有特点与利弊，不存在十项全能式的商业模式，不恰当的追求所有单项冠军只会分散公司有限的资源，导致战略上“夹在中间”的窘境。

批判性思维的本质是对思想观点的深层次分析，这就要求我们挖出观点的深层次假设与事实依据。人类思考的过程是从对现有的信息与情况分析推理得出结论的过程。但是，在这个思考的过程中，思考的有意识的级别只是冰山海面上的部分，而无意识的级别则是海面下的庞大冰山躯体，这个无意识的级别就是思考观点的深层假设。

假设是预先假定的事情，是想当然的，也是我们信念体系的一部分。它是推理过程隐含的一部分，是推理的黏合剂。在电影《唐山大地震》中，徐帆扮演的母亲在儿子、女儿两个孩子只能救一个的时刻，选择了儿子。正是这个选择构成了整个电影的戏剧冲突与张力，而隐含在这位母亲思考决策背后的假设就是重男轻女的中国传统思想信念，这个信念已经根植于大多数中国人的头脑里，成为中国人集体心智模式的一部分。

当胡志标决定做第二次央视标王时，他决策的潜在假设是第二次广告投入还会像第一次投入一样，获得“每天开进央视一部桑塔纳，开出一部奥迪”的效果。但是，VCD 行业由成长期向成熟期发展拐点的出现，导致了这一假设的落空与爱多企业的崩盘。这一惨痛的商业失败教导企业家，只有挖出背后的潜在假设，并对这些假设进行评判，才能批判性地接受与拒绝一个商业决策。

批判性思维还要求任何思考符合清晰的逻辑推理过程。一般来说，理由 + 结论构成一个推理思考过程。我们在得出任何思考结论之前，必须有相应的理由，而且理由与结论之间符合清晰的逻辑，否则就是非理性的思维。

有两种典型的推理逻辑，一个是演绎推理，例如，“所有的人必有一死，苏格拉底是人，所以苏格拉底必有一死”，这就是典型的演绎推理逻辑。另一个是归纳推理，例如，“铁能导电，铜能导电，铝能导电，因此金属都能导电”，这就是典型的归纳逻辑。

人类的思维常常会犯逻辑错误。

1968 年，当美国总统尼克松被问及是否应当从越南撤军时，他说：“美国已经向越南派出了 54 万军队，所以不能撤军，要打到底。”于是，美国继续深陷越南战争的泥潭。尼克松的这一推理是典型的循环论证，既以结果作为论证的理由。美国已经向越南派出军队是需要思考与决策的结果，它显然不能作为论证的理由存在。尼克松的这一观点明显是不符合逻辑的。企业家也经常犯类似的逻辑错误，如这个项目已经投入巨大了，所以要坚持做下去，不论任何情况的出现。这也是一种不符合逻辑的循环论证。

确保思想观点的推理过程符合逻辑是批判性思维的基本要求。

批判性思维不仅要求任何推理都符合基本逻辑，还要求相关数据、信息与证据的真实与准确。

2010 年初，当富士康深圳工厂员工自杀事件炒得沸沸扬扬的时候，曾经有人发表文章为富士康进行辩护。文章中的一个结论是“尽管富士康深圳工厂已有 8 名跳楼的员工，但可以肯定的是，富士康员工的自杀率，是远远低于全国的自杀率的。”他的理由是 2008 年，中国自杀率大约是每 10 万人中有 12 名自杀者，而富士康的自杀率是每 10 万人大约有 2 名自杀者。这个理由看似很合理，但是当我们仔细思考它的支撑数据时，就会发现其中的问题。首先，中国整体人群的自杀率与富士康的自杀率有可比性吗？显然，自杀人群在不同群体的分布是存在很大差异的。例如，老年人与患疾病人群的自杀率显然要高于一般人群，学生的自杀率一般高于工作人群。富士康员工属于年轻健康的工作人群，自杀率本应远低于平均值。如果一定要比较，应当将全国年轻、健康的在职职工自杀率作为参考数据。此外，富士康深圳工厂自杀的 8 名员工是在两个月内相继跳楼的，而作为比较的全国自杀率是以年度为周期的，周期不同显然不具备可比性。从这个例子可以看出，如果不采取批判性思考的态度，对相关的数据与证据进行验证，就很容易被错误的结论所误导。

企业家用于决策的统计数据大多是通过抽样调查得到的，因此抽样的数量、广度与随机性都会影响统计数据的代表性与准确性，企业家必须搞清数据的来源与构成，才能据此得出合理的结论。

批判性思维还要求我们对事件因果关系做深入思考。现实中的因果关系往往不是明显的、单一的，而是隐晦的、复杂的。

1888 年 12 月 23 日夜晚，画家梵高割下自己的一只耳朵，并把这只耳朵包在一块画布里，交给了附近妓院的一个妓女。梵高这样做的原因到底是什么？有人猜测是因为爱情，有人说是因为欠账，有人认为是梵高的耳朵有病，还有人干脆猜梵高患有精神疾病，至今这一历史事件的原因还是一个谜。但是可以肯定的是，这一表面事件的背后一定隐藏着真实的原因，只不过事件过于复杂很难发现罢了。

企业经营中存在大量的"梵高的耳朵"式的事件。如果企业家仅仅被表面的因果关系所左右，就容易忽略根本原因与根本解。例如，当企业员工流失率上升时，企业家最容易联想到这是薪酬制度出了问题，企业的薪酬不具备竞争力。于是，提高员工待遇往往成为解决这一问题的方案。然而，这一方案提高了企业成本，但不一定会降低员工流失率，员工流失率过高现象背后的原因并不如此简单。影响一个人是否适应企业工作环境的因素是多元的，有物质的也有精神的，有短期的更有长期的，员工离职的原因就必然会错综复杂。除了薪酬以外，还有员工之间的比较心理，未来职业生涯的发展，文化价值观是否吻合，公司愿景是否有吸引力等。因此，面对这一问题，企业家必须反思企业的绩效考核方案是否公平合理，企业文化价值观是否有凝聚力，甚至公司发展的战略与路径是否有问题。只有深入思考深层次原因，开出的药方才能切中要害。

上文中提到，美特斯邦威的周成建对所谓战略专家观点的盲从导致了他的决策失误。面对战略专家提出的"产业内不能同时运作两个品牌"的观点，周成建完全可以运用批判性思维进行分析思考。

首先，专家提出这个观点的出发点是什么？他们论述的是任何行业任何公司的普遍规律，还是针对服装行业以及美邦服饰公司的特定发展阶段的？如果是前者，显然宝洁公司成功的多品牌运作就是反例，已经证明了这一观点的谬误。如果是后者，那么这一观点是以美邦服饰的什么战略目标为前提的？其次，“不能同时运作两个品牌”这一观点的潜在假设是什么？是服装行业还没有成功的先例，公司资金、人力等资源的有限，还是管理组织模式的不适应？过去没有成功的先例就一定不能成功吗？消费观念的多元化是否已经为多元化的品牌运作留下了充足的空间呢？新的市场形势是否给策略创新提供机会呢？此外，还需要具体测算运作“祺格”品牌到底需要多少资金与人力，美邦服饰能否承担，针对双品牌运作带来的资源与管理难题，有无可能通过品牌塑造手段的创新以及管理组织模式的创新来解决。

如果周成建能够对战略专家的观点进行批判性思考，那么关于这一问题的决策质量显然会大大提升。

## 独立与公正思考原则的统一

我在前文中提到为克服人性的弱点，独立思考与公正思考是两项重要的思考原则。然而，这两项思考原则对人的品质与性格的要求是不同的。那些具有独立思考能力的人，往往很难做到公正思考，而那些能够公正思考的人，又缺乏独立思考的精神。

发生在我家里的一个事例就非常形象地说明了这一点。我父亲是大学教授，习惯独立思考，具有典型的精英心态，对外界事物总是抱有质疑的态度。我母亲是小学老师，为人谦和，喜欢听取他人的意见。我母亲患有风湿性关节炎，常年被病痛折磨，到处求医问药，已经成为各大保健品公司客户数据库中的 VIP 客户。有一次，在参加一家保健品公司的会议营销活动时，我母亲经不起劝说，买了几千元的保健品，没想到服用之后上吐下泻，身体差点出大毛病。我父亲批评我母亲，说她吃了不经思考轻信他人的大亏。然而，我母亲并未完全信服。这件事之后，我母亲继续关注治疗关节炎的新方法。当得知有一种八卦理疗仪治疗效果很好，就买了回来，每天坚持用它治疗，没想到尝试下来疗效很好。

在这个事件中，我母亲的优点是向外界打开心扉，能够虚心听取他人的意见，于是有机会更大限度地获取各类信息，得到治疗病痛的机会。但是她的缺点是缺乏批判与质疑的精神，对外界的信息及观点不加辨别地接受，容易受到蒙蔽与操纵。我父亲的优点是独立思考能力强，不会轻易被他人的观点所左右。但是，他的缺点在于过于自信，不够开放，也就不可能最大限度地获取有用的信息，从而丧失了缓解病痛的机会。

这个例子昭示了企业家在面对环境，做出决策时的两难困境。这一困境其实源自于我在上文提到的人性中的两大弱点，以自我为中心与盲从。如果企业家总是以自我为中心，就不愿意倾听，心灵保守的结果就是与外面真实世界的隔离，从而丧失信息与机会；但是，如果企业家将自我放下，向外界开放自己的心灵，就容易陷入另外一个陷阱，那就是被他人操纵，盲从于他人的意见与观点，丧失自我。

如果企业家克制自我中心主义倾向，尽量从他人的立场出发思考问题，公平地对待所有观点，就必须做到公正思考。而如果企业家反对盲从，就要拥有自主的信念、价值观及思考方式，不被他人的思想观点所左右，做到独立思考。

公正思考原则与独立思考原则之间有冲突与矛盾吗？它们能协调与统一吗？

任何真理都是对立的两个方面冲突与妥协的结果，公正思考原则与独立思考原则恰恰构成了真理硬币的正反两面。强调思考的公正性，思考的视角会更为客观，更容易获得全景式的认识。但是，过多从他人角度思考问题，更重视他人观点的内在合理性，被不合理的思想牵着鼻子走的风险就会大大增加，容易陷入盲从的陷阱。强调思考的独立性，会建立起自我成熟的信念与思维方式，这就像是内心建立起牢固的思想大坝，经得起外界不恰当观念的冲击，但是这也鼓励了以自我为中心的思想，造成视野狭窄，僵化保守，最终陷入自我中心主义的陷阱。因此，公正思考与独立思考的结合尽管很难，但正是企业家完善与提升思考境界的关键所在。

在商业经营中，由于企业家自身的利益、信念、感受与员工、股东、企业、合作伙伴都不相同。因此，对待同一问题，不同的主体具有不同的信息掌握、利益诉求、思考视角与假设，也就会得出不同结论，这是非常正常的现象。面对这些不同的观点，企业家要做到公正思考，克制自己的利益诉求与固化思维，站在企业的立场上客观公正地对待每一个观点，这样才能洞察全局。同时又要做到独立思考，在各种观点相互冲突的复杂局面下，保持冷静与主见，把握好企业的方向盘。

公正思考与独立思考，二者缺一不可。

社会心理学家戴维·迈尔斯曾说过："从错觉中寻找现实需要开放的好奇心与冷静的头脑。以下观点被证明是对待生活的正确态度：批判而不愤世嫉俗，好奇而不受蒙蔽，开放而不被操纵。"

迈尔斯的这句经典名言点出了企业家需要努力的方向，那就是超越人性，战胜以自我为中心及盲从这两大弱点，将看似矛盾的公正与独立的思考态度结合起来，既保持开放与好奇的心态，最大限度地吸收与学习外界的信息，又运用理性批判能力鉴定各种观点与信息的真伪，从而达到对环境最大限度的理解与洞察。

企业家只有通过修炼打破自己根深蒂固的思维误区，才能最大限度地突破黑暗洞穴的围困，并借由修炼内化为心灵的本能，达到澄明清澈的智慧境界。

## 理性与感性思考的结合

理性主义看起来很完美，但是在现实中，人能够做到纯粹理性吗？凭借企业家直觉的感性思考就完全没有价值吗？

对于第一个问题，近年来西方经济学的尴尬处境为我们提供了很好的启示。事实上，西方经济学的基石主要是以下两个假定：第一，人是自利的；第二，人通过理性分析追求自身利益并做出行动决策。近年来，主流经济学理论对经济现实的预测与经济政策的指导作用越来越弱，尤其是2008年全球金融危机的出现完全没有被经济学家的理论模型预测到。于是，全球经济学界开始反思，这一反思从构建经济理论大厦的基石开始。

在现实中，人是否是完全自利的？人在决策的时候能否做到绝对的理性？答

企业家需要努力的方向就是超越人性，战胜以自我为中心及盲从这两大弱点，将看似矛盾的公正与独立的思考态度结合起来，既保持开放与好奇的心态，最大限度的吸收与学习外界的信息，又运用理性批判能力鉴定各种观点与信息的真伪，从而达到对环境最大限度的理解与洞察。

案显然是存疑的。人不仅是自利的理性人，更是具有情感的社会人，人的价值取向是多元的而非单一的。此外，即使人是完全自利的，由于信息的不对称性，人在特定的决策时刻也缺乏必要的信息。与一般人的想象相反，人在现实中的思考与行动往往遵循自己的感性与直觉，而非纯理性的计算。就此，经济学的基石开始动摇，经济学理论的大厦看起来宏伟，实则不堪一击。既然在现实中人不可能完全理性地思考，那么这只能是理想状态。

对于第二个问题，让我们听听史蒂夫·乔布斯的意见：“你的时间有限，所以不要为别人而活。不要被教条所限，不要活在别人的观念里。不要让别人的意见左右自己内心的声音。最重要的是，勇敢地去追随自己的心灵和直觉，只有自己的心灵和直觉才知道你自己的真实想法，其他一切都是次要。”事实上，在研发具有颠覆性创新的产品时，乔布斯从不做市场调研，去询问消费者的需求，而是向镜子中的自己寻求答案。这看起来不合情理，但苹果公司的巨大成功说明其背后一定蕴含着深刻的道理。不仅乔布斯，大多数企业家在做决策的时候都会跟随自己的直觉，感性思维在决策中扮演了重要的角色。这些决策表面看起来粗糙，逻辑不清，但结果往往有效。

尽管 SWOT 等管理分析工具有利于企业家的理性思考，但显然很少有企业家是真正通过这些分析工具来经营企业，并最终获得成功的。客观地说，这些分析工具的作用在于规避决策风险，而不在于创造真正成功的商业模式。

管理分析工具的局限性揭示了理性思考的缺陷。受制于信息的缺失及人类能力的局限，它尽管能够识别决策中明显的逻辑错误，但不能完全确证何为正确的决策；它长于对当下经验的系统总结与梳理，但是短于对未来发展方向的洞察；它可以实现对公司良好的管理、组织与控制，但不能进行突破性商业模式的创造。

理性思考的短处，恰恰是感性思考的长项。感性思考是运用直觉的思维方式，它不论过程，直指问题的核心，依赖自己头脑的第一反应做出决策。这种思维方式不够系统，也缺乏逻辑，甚至掺杂了太多感情色彩，因而容易被误导甚至充满谬误。为此，感性思维很难在管理领域有所作为。但是，感性思维建立在企业家长期经营经验与个人感悟的基础上，充分体现了企业家的特殊天赋，因而在企业经营中具有极高的价值。感性思维往往能够在经营中发挥重大作用，尤其体现在公司战略道路的探索与创新上。

感性思维不同于理性思维，它更为主观，属于感受的范畴，很难以特定的思维工具与思维程序进行界定。对于这样一种思维方式，我们究竟应当何时应用以及如何应用呢？这就需要我们深刻理解感性思维的原理。

如果说理性思维存在于人类的显性意识之中，那么感性思维则必定存在于人类的潜意识之中。尽管两种思维的材料来源不同，但是作为思维过程，理性思维与感性思维有着类似的地方。感性思维并不神秘，它其实也是一个逻辑推理过程，只不过所依赖的理由、动机与证据都来自于人的主观体验与既定观点，而这些隐藏于潜意识之中，我们无法觉察罢了。

有的时候面对有些问题，我们直觉上认为一定是这样的，但是为什么会是这样，我们却很难解释清楚，这其实就是一种典型的感性思维过程，这一过程真实的存在于我们的潜意识中，却在我们的显意识之外。

感性思维的价值在于企业家的天赋与经验。企业家在生活与经营历程中积累了大量的经验材料，也做了许多的思考，这些细节、感受与领悟不断沉积在企业家的潜意识之中，构成了企业家思维的重要组成部分。每一个企业家的经历都是独特的，天赋也不尽相同，因而这些思维之山蕴含着独特的宝藏，值得深入地挖掘与开发。由于这一宝藏存在于潜意识中，很难以理性的方式开发，以直觉为主的感性思维就在其中扮演了重要角色。表面上一意孤行式的拍脑袋决策，其背后是企业家潜意识中神秘与缜密的逻辑思维过程，尽管企业家自己都不一定能完全复制还原自己的思维过程，但是这一过程其实已经运用了企业家的思维宝藏。

由此，在现实商业活动中，我们常常会看到企业家偏执狂式的成功。这些有经验与天赋的企业家往往会看到一般人无法识别的景象，形成一般人所没有的感受与认识。面对复杂与快速变化的经营现实，当其他人还在迷茫与纠结时，他们在探索实践与苦苦思考之后，会有一种直觉突然攥住了他们的内心，这就像是有一种使命感突然击中他们，让他们坚定，赋予他们激情，促使他们义无反顾地做出惊世骇俗的经营决策。这种决策表面看似不合理，却暗合了市场发展的规律，具有超前性与创新性，成为企业成功的关键。

在企业开创与转折的历史关头，当前景还在迷雾之中，基于有限信息的理性计算并不充分的时候，企业家凭借信念与直觉的大胆行动创造了无数成功的案例。如比尔·盖茨、史蒂夫·乔布斯、扎克伯格、杰克·韦尔奇这样的杰出人物，正是凭借直觉大胆行动，开创了一代伟业。

感性思维与禅宗所强调的顿悟相通。禅宗历史上，六祖慧能提出了顿悟成佛的思想，与神秀的渐悟成佛相争。慧能的顿悟有豁然开朗，在头脑中打通各类联系的意思，当顿悟发生时，人会突然达到一个更高的智慧境界。它的发生并不仅仅依靠常年的勤奋修炼，更依靠人的领悟天赋与对生活历程的敏锐感受。

在企业界经常能够看到很多勤奋与聪明的管理者，他们忙忙碌碌且思维敏捷，但由于天赋与悟性的限制，或许永远无法捅破那层窗户纸。于是，这些管理者最多能成长为神秀，但永远无法成为慧能。悟性是最重要的企业家天赋，并不是每一个普通人都具备的。

当然，感性思维并不完美，它可能会误导企业家。潜伏于企业家潜意识中的经验材料并不都是有价值的，还有许多是过时的观点与信念。因此，以那些过时材料为基础的感性思维结果自然存在重大偏差。这就必须以理性思维进行修正。

理性思考与感性思考是一对对立统一的矛盾体。表面看起来具有根本性差异，实则相互依赖。真正高水平的思考一定是理性与感性相结合的思考。那么，理性思考与感性思考的边界在哪里？它们怎样在实际工作中相互结合呢？

大脑神经科学证明，人的大脑分为左右两部分。左脑主管分析、逻辑与语言，而右脑主管直觉、创造与印象。只有左右脑充分贯通，整个大脑才能充分发挥作用。但是，感性思维与理性思维结合是很不容易的事情。人们通常在左右脑的使用习惯上具有明显的差异，从而反映在感性思维与理性思维上各有特长。

我遇到许多企业家具有极强的领悟力与敏锐的经营直觉，对行业发展具有超前的预判能力，但是他们不讲逻辑不论路径，甚至对基本的财务数字都没有概念；我也遇到许多企业家擅长分析计算，在企业组织、流程、考核与成本控制方面非常精细，但是他们缺乏对市场环境变化的敏锐性，更缺乏新业务新模式的创新能力。

那么，在企业经营中企业家应如何结合理性思考与感性思考呢？

根据两种思维方式的特点，当面对经营问题时，例如市场消费有哪些最新的发展趋势，蓝海市场出现了吗，创新的商业模式机会可能是什么，公司应当向何处去，必须进行哪些变革等问题上企业家应当更多地运用感性思维。而当面对管理问题，例如与我们战略匹配的组织结构应当怎样，绩效如何考核，管理流程怎样合理化，企业文化如何建设，这时，企业家应当更多地运用理性思维。

当企业家处于极其动荡变化的环境时，尤其是公司自身处于变革期时，应当更多依靠感性思维，同时通过理性思考来平衡。而当企业家处于相对稳定的环境中，企业自身的发展比较平稳时，应更多依靠理性思维，同时用感性与直觉思考做弥补。当企业家需要更多的创意与新方法时，应当更多地依靠感性思维；而当企业家需要规避风险，检验投资等方案时，应当更多依靠理性思维进行质疑、反思与批判。

企业家应当认清自己在两种思维方式上的能力差异，在日常经营工作中针对性地锻炼与综合运用两种不同的思维方式。

# 从小我走向大我
# ——自我思维空间和自我利益空间的放大，步入心灵自由之境

## 看清自我欲望的真相

企业家要获得解脱，首先需要认清自我欲望的真相。认清真相本身可以让人暂时从自我的巢穴中脱离出来，站在客观的高度上理性地认识自我。这是走向心灵平静与终极自由的第一步。

请静下心来，仔细体察自己的内心。究竟是什么在驱动你奋力拼搏？无疑的，那里一定有你的欲望，有对金钱的欲望——拥有金钱可以让你过上高品质的生活，让人艳羡。通过与他人的比较，你的虚荣心会获得极大的满足，有对权力的欲望——你才能够掌控他人的命运，当你说话时，所有人都会认真倾听，唯命是从。这样的感觉使人着迷，欲罢不能。还有对名气与社会影响力的欲望——当你获得社会关注，成为企业家的成功代表，被媒体围追堵截之时，会有极大的满足感。以及自我实现的欲望——当你历经千辛万苦，亲手创建起伟大的事业时，自我会产生强烈的成就感。

自我的欲望正是企业家创业的根本驱动力。然而，正如我在上文中的分析，

欲望一旦在现实中无法实现，企业家就会陷入痛苦无法自拔。

为避免欲望无法满足的痛苦，大部分宗教总是教导我们克制与压抑自己的欲望。然而，欲望是自然的，是人性的一部分，更是企业家创业的原始动力。单纯压抑欲望的做法可能会激起欲望更大的反弹，而且还会摧毁企业家创造创新的动力与精彩的人生历程。

事实上，不是对欲望的压抑，而是对欲望的理解，才能缓解因欲望无法满足而产生的痛苦。

企业家梦寐以求的财富、权力、名气果真这么重要吗？占有它们一定会获得快乐吗？

企业家自认为只有财富不会欺骗自己，但是本质上财富是属于社会的，除了你能消费的小部分，大部分是无法带着离开人世的；企业家自认为占有权力，但是其实任何权力都是暂时的，早晚会失去，就连拿破仑、丘吉尔、成吉思汗等强权人物，在晚年也丧失了手中的权力；企业家认为占有亲手创办的企业，但企业正像是企业家所生养的孩子，企业家与它的命运是分离的，为了有一天它能够独立地生存与发展，企业家必须努力奋斗并富有牺牲精神。

根据上述分析，我们可以发现金钱、权力和名声具有一个共同的特征，就是或早或晚都会脱离我们的控制。换句话说，企业家对于它们的占有最多是阶段性的。

事实上，每个人赤条条来到人世间，又将赤条条离开人世，整个人生都只是一个过程而已。从这个意义上说，人生最大的成功在于生命历程的丰富性与精彩程度。如果我们将人生比喻为戏剧，那么你扮演的角色所拥有的一切（财富、权力、名声）只是暂时的，并不是你真正拥有的东西，当人生大戏落幕的那一天，一切都将离你而去。真正成功的演员应当珍惜人生大戏的每一次出场演出的过程，只有全情投入，才能展现出完美丰盛的人生戏剧。如果企业家总是患得患失，执着于虚幻的所有，还因与他人的比较而心态失衡，那岂不成了愚钝之人？

从另一个方面看，企业家要成就一番事业，实现自我的欲望正是创业前行的最大心理能量。要企业家压抑这方面的欲望，就相当于解除了他们前进的动力。

企业家应当对自己的内心追求进行保护，取得重大成就的企业家无不是对自己及企业抱有极高的期望的人。

那么，企业家的高期望是否一定会在现实中实现呢？如果期望与现实产生矛盾怎么办?

显然，高期望与高目标在现实中得不到支持的可能性很大。这是因为企业家能够控制的成功因素是有限的，而无法控制的因素是无限的。企业家无法控制外部环境的变迁，无法改变他人的想法，甚至无法完全掌控自己。因此，在很大程度上，对于最终的结果（比如财富的数字、企业的规模、个人的声誉），企业家确实很难掌控。乔布斯只有一个，IBM 这样的企业也屈指可数，即使企业家树立了最高的目标，并全力以赴地努力，也不一定能够达到他们的成就。

但是，只要企业家这样去做了，那么在精神内蕴与气质上就会与他们比肩而立。而如果在起始就对自我的目标妥协，那么就永远只能是二流甚至三流的。这是典型的价值观问题。

子曰：“小富由勤，大富在天。”我们的努力必然能获得一定的回报，但是，在现实中能否获得大的成果有很大的运气成分。因此，如果我们仅仅是执着于现实结果的获取，就像是纯粹的赌徒，一旦说不清道不明的运气离开了我们，就会在精神上输得一干二净。而如果将所有努力专注于我们能够掌控的因素上，尽自己的全力于奋斗的过程，并坦然接受任何结果，那么我们就永远会是精神上的胜利者。

## 心灵的完整与协调

我在前文中提到，潜意识与显意识一起，共同构成了人类的完整心灵。企业家只有透彻地理解自我的心灵，并保持自我心灵的完整与协调，才能获取平静、健康与幸福的人生。

人类的潜意识与显意识本质上是一个整体，它就像是草本植物，显意识是在地面之上的部分，而潜意识则是地面之下的庞大根系，地面上的部分随着四季一岁一枯荣，而地面之下的根系部分则保持着长久的生命力。潜意识与显意识共同构成了人类的完整心灵，它们之间的一致与协调是人类获得幸福与美满人生的前提，它们之间的矛盾与冲突则会造成人的心灵分裂与精神世界的破碎。

一般来说，有什么样的思想观点，就会有什么样的行动。而思想观点正是存在于人的显意识中的，来自于外部环境，企业家可能在特定的情势下接受下来，并据此采取行动。然而，如果这个思想观点与行动所体现出来的价值观与潜意识中的价值观相抵触的话，企业家或早或晚会陷入精神危机。

在特定的时代背景下，许多企业家不得不面对现实进行妥协。当你违背良心做事之后，内心不爽的感觉会持续很久。如果从小家庭对你的教育是要公正，现在却在通过贿赂拿单，心中不会有不安吗？如果你从小认为诚信是重要的，现在却依靠欺骗客户赚钱，你心里不感到难过吗？大部分企业家逐渐习惯了这样的做事方式，并在内心中为自己辩解，甚至认为这就是中国特色，在中国经商成功就必须根据潜规则做事，就必须以牺牲自己的良心为代价。于是，行动与思想的相互强化效应开始出现，相当多的企业家的心灵开始麻木，由迫不得已的妥协，转而变为习以为常的主动行为。然而，大多数中国企业家的心灵深处有良知在坚守，即使在显意识中说服了自己接受违背道德原则的行为，但是潜意识与显意识之间的不协调会导致企业家心灵世界的分裂，他们终将陷入痛苦与迷茫之中。

除了价值观之外，企业家的个性、天赋、兴趣、人生经历、知识与经验都是心灵的重要组成部分。如果你的兴趣与天赋在制造业，习惯于专注、扎实、一步一个脚印地做事情，擅长跑马拉松式的经营方式。那么，假如你迫于形势，受他人的诱惑开始去炒地产、玩金融，搞泡沫产业，你的内心会感受到一种说不出的不舒服。这同样源自行为与心灵深处的天赋及兴趣结构不匹配。

既然心灵的失调与分裂是导致企业家精神危机的根源，那么对于企业家来说，走出精神危机的前提就是了解自己心灵的整体。如果企业家对自己的心灵不了解，就会造成行为与思想的混乱而不自知。然而，心灵的整体结构是神秘的，企业家最多对浮在水面上的显意识有所了解，但是对沉在海面下庞大的潜意识却知之甚少。在这里，理性与逻辑思考很难发挥作用。企业家绞尽脑汁，苦苦思索，看似理清了自己的思想，然而这最多停留在显意识的水平线上，对潜意识还是无可奈何。这就如同企业家乘坐的思想轮船只能徘徊在海面之上，却没有办法下沉到神秘的海底进行探索，是企业家追求个人精神自由与快乐的最大难点。

企业家要想真正了解自我的心灵，就应当换一种工具，运用感性思维与直觉思考的力量，去探索神秘的海底世界。人的感觉与情绪非常灵敏，有的时候自己也不知道什么原因，但感觉一定要这样决策，或是走这样一条道路，这其中必有原因，很可能是你的内心深处在向你发出召唤。因此，几个选择各有利弊，而你犹豫不决无法决策的时候，凭直觉做出决策往往是最佳的选择。

再有，当你一段时间总是感觉心理不适，或是心烦意乱，或是无聊空虚，或是痛苦纠结，这很可能就是你心灵深处不协调造成的。请静下心来反思一下，你当前的工作状态与行为方式是你内心深处想要的吗？还是受社会与他人价值导向的影响？你所从事的行业是你感兴趣的吗，你在这方面有成就感吗？是否享受这样的创业过程呢？当前有哪些事情是你被逼无奈去做的，这与你内心深处的价值观是否具有根本性的冲突？当感觉不适时，通过对上述问题的深入反思，并不断调整自我，就会帮助你发现一个你所不知道的自己。

当企业家充分了解自我的完整心灵之后，就会顺势而为，因循内心的指引，凭自己的直觉去选择，去进取，知进退，懂取舍；避开心理无法承受之重，找寻最适合自我的创业行业，达成最佳的工作方式与生活状态，珍惜那些让自己感觉舒服的人与缘分；不勉强，不刻意，不强求。长此以往，企业家就会逐渐找到自己的生命节奏，获得身心的幸福与快乐。

因此，企业家要获得心灵的和谐与精神的自由，重要的不是向外追随，而是深入到灵魂深处探索自我，与自己的心灵对话，悉心倾听自己内心发出的声音。

## 纯真的心灵

企业家还需要看清这样一个自我，那就是一颗因成长受限而逐渐老化的心灵。

随着企业家年龄增长，阅历丰富，就会拥有过去经营与生活的诸多记忆，而这些记忆将沉淀在企业家的潜意识与显意识之中，决定企业家的思维框架与决策，进而影响企业家下一步的生命路径。在特定的经营与生活的道路上，企业家又会积累新的人生经验与掌握特定的知识，在心灵中不断堆积，逐步累积成山，沉重地压在企业家的灵魂深处，让企业家的心灵拥塞，无力吸收新的观点与信息。于是，心灵就会因静止而僵化与衰亡。

在这样的现实下，企业家会丧失对外界的感知能力，很难看清楚真实的商业世界。

请认真观察你的内心。当你与他人交往的时候，是否会根据自己的人生经验模式化地概括一个人，并据此来判断他话语中的含义呢？这样会曲解他人话语中的真意吗？你会因此错过一个珍贵的缘分吗？

面对熟悉行业的规则变化，你是否渴望回到记忆中熟悉的旧思维的温暖怀抱呢？是否期望原有的经验能够解释新的游戏规则呢？你会想，不过如此嘛，原有规则还是根本规律，新的规则只是个案而已。这是否意味着你的头脑僵化落伍的开始呢？企业家头脑的僵化落伍不正是行业龙头企业因循守旧，无法引领行业变革，被中小公司革命性超越的根本原因吗？

请问自己，面对生意上的巨大挑战，你是否经常会沉浸在企业经营的各类事项中，心思被完全占据呢？有些事明明已经过去了，但你还是忍不住要去想。你会痛惜自己的损失，懊悔自己的决策，心智被这样的思绪所占据。在这样的情况下，你还能够感知周边世界的一切吗？你能听到小鸟在窗外叽叽喳喳的叫声吗？你知道春天的花朵什么时候开吗？你经常能欣赏到月色之美吗？你注意到新来的员工内心里的焦虑与期望吗？你明白找你倾诉的朋友的真意吗？

再有，你是否看到自我的欲望正在局限你的视野呢？当你带有目的性地与人交流时，这个目的会束缚你。你是否一直想着自己的目的，对达成目的的一切话题都感兴趣，而对其他话语就心不在焉呢？你是否会错过你所想象不到的合作机会呢？你是否会失去重要的信息与思想观点的获取呢？

请尝试问自己这样一些问题：面对大数据、移动互联网、社会媒体这样的新现象、新知识，你是否还有学习的渴望与冲动？你愿意与年轻人交流吗？你是更愿意向年轻人传授你的成功经验，还是更愿意坐下来认真倾听与学习他们的思维呢？你的心灵是否留有足够大的空间还能够容纳新的知识与信息？你还怀有对新事物的热情与兴趣吗？你对生活是否一直保持好奇与探索的态度呢？

事实上，企业家那颗被经验与知识不断占据的自我心灵，正是他们丧失感知能力的关键原因。

企业家需要领悟到，如果要吸收新的思想，保持心灵的不断进步，就应当先将自己的知识与经验彻底放下，重新解放自己的心灵。

企业家应当有意识地放下过去的知识与经验，放下自我的欲望，放下主观的判断与思想，开放自己，拥抱一切可能性。放下是一个主动的行为，需要企业家洞察心灵的真相。放下基于对这样一个事实的判断，那就是世界在不断的发展变化之中，过去的知识与经验终将过时，新的环境需要新思想新观点。放下要求企业家将内心的倨傲打掉，保持一颗平常心；放下要求企业家保持对自我的怀疑，对进步的渴求；放下需要企业家暂时忘记自我的欲望与感受，单纯从客观的视角感知真实的情势；放下需要企业家博大的胸怀，包容一切；放下要求企业家用开放与新鲜的眼光探索当下的事物，思考未来的问题。

如果企业家真正放下了过去的经验与知识，将意识中的杂质清除出去，就能够获得一颗纯真的心灵。纯真与天真不同，前者是成熟的智慧，而后者是年少的无知。有些人还很年轻，但是单薄的知识与经验足以锁住他们的内心，使得他们心灵过早地衰老。有些人尽管年龄大了，却不会被自己的经验所牵绊，依然保持着好奇与热情，这样的心灵仍然生机勃勃，不断生长。无论年龄大小，只有保持纯真之心，才能最大限度地吸收外界的信息，保持永无止境的自我更新与进步，与整个世界共同前行。

## 直面真相

面对不可预知的未来，面对死亡，面对出其不意的打击，企业家很可能生出恐惧不安的情绪。当我们仔细审视恐惧的情绪时，就会发现人恐惧的通常不是事实本身，而是自我头脑中对事实的臆想。换句话说，人通常是被自己吓倒的。

当经济危机来临时，企业家会对企业经营未来的不确定性感到忧心忡忡，脑子里不可抑制地设想如果订单迅速下滑，员工离职，企业亏损甚至失败破产该怎么办。这种对不确定未来的无限想象与夸大会扩大企业家的恐惧情绪，导致企业家失去冷静和应对失措。同样，当企业家面对死亡的时候，可能会想象自己死后被烧成骨灰，或是一个人孤零零地躺在墓穴里，这种想象会进一步扩大自己对死亡的恐惧之情。

为了逃避恐惧的情绪，人们通常会进一步在自己头脑中做功课。想象自己运气很好，即使不做任何努力，企业也会平安渡过危机；想象人有来世，死亡只是自己到另一个世界的转世过程。这样的想象尽管会暂时纾解自己的恐慌情绪，但是自我却陷入了虚幻的世界之中。

企业家要想真正的解脱恐惧与无助，唯一的道路是直面真相。直面真相能够打破自我不切实际的想象，而这个想象正是我们所惧怕的东西。

企业家应当直面不确定性的真相。如果你真正意识到商业环境变化的本质，意识到不确定性正是商业经营的重要部分，你还会执着于确定性的答案吗？你还会对不可预知的未来担心吗？如果你能够直面死亡的真相，明白人的生生死死，就如同春夏秋冬四时的更替一样，是一个自然的过程，知道人来自于大自然，终将回归大自然，面对死亡你是否会更为洒脱一些呢？

如果企业家能够意识到任何事物有生必有死，企业也遵循着诞生、成长、成熟、死亡的基本规律，企业家自身也难逃生老病死的宿命，就会知道无论企业做得如何成功，或早或晚都会脱离自己的掌控，或早或晚也都会衰亡，企业家自己的心态自然就会从容平和起来。企业的发展自有其命运，企业家或许在特定历史时期扮演关键角色，但注定只能是过客。如果企业家能将这一真相想清想透，或许就不会执着于自己的控制欲，而是站在企业长远发展的立场上思考问题，在特定的时机潇洒谢幕。

企业家应当理性看待事物的由来，正确认识客观事物发展的基本规律，从而能够在规律发生作用时理性与从容地面对它，而不是陷入情感之中不能自拔。人应当顺应天地万物的运行规律。如果失去本身就是规律的一部分，那么人也就没有必要恐惧与悲伤，坦然接受就是了。

直面真相能够给企业家带来接受现实的勇气，而接受现实恰恰是企业家克服恐惧及痛苦，做出改变的最重要的一步。

人一定要敢于直面事情的现状，接受事实是克服任何不幸的第一步。企业家在长期的经营实践中，一定会经历许多重大挫折，面对诸多艰难时刻。在这样的时候，一味痛苦悔恨是解决不了任何问题的，走出痛苦的最重要的一步就是直面它，尝试接受这一结果，逃避只能进一步激发心理上的恐惧与痛苦。企业家应当向大自然中的动植物学习，平静地接受黑夜、狂风、暴雨、干旱、高温、饥饿以及各种意外与挫折。

只有直面真相，接受现实，企业家才能克服恐惧与紧张的情绪，冷静下来，将所有的精力集中于可以改变的方面。

在这里，区分是关键。企业家应当区分哪些因素是我们无法改变的事情，哪些是我们可以改变的。对于那些我们无法改变的事情，如市场需求的下降、竞争的加剧、劳动力成本的提升，我们能够做的就是平静地接受它，作为我们做事的客观条件。福特汽车的创始人老福特曾经说过："如果我碰到无法处理的事，那么我就会放任其自行发展。"这实在是智慧之语。相反，对于那些我们能够改变的事情，如产品的创新、成本的控制、渠道的拓展，我们要有勇气全力以赴。

无论是在企业经营中，抑或是在人生的旅程中，企业家都会经历荒岛历险式的各种困难时刻，无论是遭遇金融危机的打击，还是企业高管的背叛，商业环境与政策的不公正对待，或是竞争对手的强势攻击。如果我们因现实的挫折就陷入痛苦而无法自拔，就会丧失洞察周边环境的理性，也就不能集中精力做出必要努力，从而丧失扭转形势的机会。

因此，直面真相是企业家最重要的品质之一。直面真相可以排除企业家头脑中的主观臆想，从而使企业家从恐惧与痛苦的负面情绪中解脱出来，保持理性、专注与果决的行动能力，而这正是企业家面对危机时刻最需要的心理状态。

## 创造价值

人类天生有两种根本的快乐源泉，一种是占有的快乐，另一种就是创造的快乐。人通过占有财富、权力可以获得快乐，但是这种快乐是一种肤浅的快乐，是稍纵即逝的。占有之后人会获得短期的满足，不久却又会陷入到痛苦与无聊之中。人通过创造价值可以获得一种深刻的快乐，这种快乐不那么明显，却深深地扎根在内心深处，持久地滋养着人的心灵。

因此，企业家如果单纯追求财富的占有与享受的快乐，一旦目标实现，就会感到无聊与空虚。而企业家要想获得长久的快乐与幸福，就应当将自己投入到持续不断的创造价值的活动之中，并在这样的创造性活动中定义自己生命的意义。

企业家是天生的创造性动物，每一个真正的企业家心中都洋溢着创造的冲动与激情。企业家正是通过创造性的活动而获得自我存在的价值。通过创造产品与服务，为客户带来价值；通过创新科技、创造全新的商业模式，为经济的转型升级创造价值；通过解决就业，上缴税收，为社会创造价值。

熊彼得甚至将企业家创造价值的标准进一步提高。他认为企业家的根本特质就是创新，真正的企业家必须能够创造性地实现生产要素的重新组合，实现创造性破坏活动。正是这些活动打破了原有的市场均衡，促进旧的经济系统秩序的崩溃及新的经济系统秩序的诞生。从这个意义上说，企业家就是经济发展的带头人，也是能够实现生产要素的重新组合的创新者。当然，企业家也正是通过创造性经营活动，才获取了超额利润。

纵观人类经济发展的历史，几乎每一次发展浪潮的背后都是由企业家创新活动所推动的。无论是技术的升级，产品的创新还是商业模式的变革，均刺激着新的市场需求的出现与传统市场的萎缩，促使传统行业的灭亡与创新产业的诞生。汽车的出现淘汰了马车产业，移动电话的出现淘汰了小灵通、电报，互联网经济的浪潮更是席卷金融、电信等大部分传统产业。

据此，创新成为定义企业家的关键要素。没有创造性破坏就没有经济瓶颈的突破与新经济的诞生，从这个意义上讲，企业经营者只有在创新时才称得上是企业家。企业的发展是动态的，企业经营者在特定的时势下进行创新而获得企业家的属性，而一旦他构建起特有的商业模式，并试图通过垄断地位维持竞争优势地位，企业家的属性就马上消失。企业家其实是一种稍纵即逝的状态。

当比尔·盖茨创办微软推出划时代的操作系统 Windows 时，他是企业家，但是当他在此之后长期依靠 Win-tel 联盟垄断软件业时，他就丧失了企业家的属性。反观乔布斯，从创办苹果公司开始到离开苹果二次创业，再到掀起电脑动画革命，继而建设网络音乐商店重构网络音乐分销业，以及重新定义平板电脑与智能手机标准，最终创造应用软件商店分成商业模式，在他传奇却短暂的一生中，企业家的属性从未离开过他。

我在前文中一直使用企业家这个词汇，但是或许我已经滥用了这一称号，真正能配得上这个称号的人可谓凤毛麟角。

根据上述标准，企业家要从事的是创造性的活动，而非单纯赚钱的活动，这是两个不同的概念。是否称得上是企业家不能单用财富多少及企业规模大小来衡量。

即使你是亿万富豪，如果你的财富是通过寻租获取的，是通过不正当的官商勾结利益输送非法侵占的，那么你不仅称不上是企业家，还永远无法出现在阳光之下。即使你经营的企业进入了世界五百强，如果企业经营优势的获取是凭借垄断地位，而非经由市场化的平等竞争，那么你也称不上是真正的企业家。即使你的企业已经成为行业标杆企业，如果企业发展是建立在对道德底线践踏的基础上，尤其是当事情败露遭受社会舆论谴责的时候，你却佯装不知推卸责任，你也称不上是真正的企业家。即使你赚取的财富是通过正当途径的，但是你所有关注点只是金钱，不考虑员工、合作伙伴、社会的共赢与长远发展，缺乏为社会创造价值的意识，那么你最多是一个精明的商人，而非真正的企业家。

企业家从事真正创造价值的活动，就应当具备冒险与进取的精神。面对不确定的经营环境，创新经营方式显然是需要冒巨大风险的。前方没有确定的标杆企业可以学习，成功也不是通过理性计算可以达到的。这种情况下，如果没有敢为天下先的勇气，就必然会错过实现创新的最佳时机。

哥伦布当年向西航行力图发现通往印度的新航线。在旅程中，他并没有带足够的食品与饮用水，面临饥饿与船员造反的多重危机，但他最终成为发现美洲新大陆的第一人。哥伦布赢在勇气、血性与坚定的意志，而非知识与智慧。同样，企业界伟大的创新也往往是勇于冒险者的果实。

此外，企业家的创造性活动往往是通过残酷的市场竞争实现的。在充分竞争的市场环境中，企业为生存与发展，必然激发起自己最大的潜能来探索创新的产品与商业模式，实现顾客价值的提升。而在非市场化的行业中，那些具有垄断优势的企业习惯于依赖特殊地位，通过盘剥顾客获取利润。它们像是中了垄断诅咒，内部活力与能量丧失殆尽，处于麻木疲惫、士气低落的状态。

在当下的中国，企业经营者通常面对双重抉择。是选择市场化的道路创新创业，还是选择利用体制进行寻租？是选择持续不断的进取创造，还是选择做守财奴？

选择的不同，决定了你是否是真正的企业家，也决定了中国企业界的整体创新活力。从概率上说，中国企业经营者选择市场化进取之路的人越多，未来我们就越可能看到中国企业界真正创新的发生，反之亦然。

在中国经济进入危机时刻，旧的经济发展模式遭遇瓶颈之时，企业家的微观创新活动相互影响逐步积累，最终会成长为推动整个经济社会变化的重要力量。从这个意义上说，企业家就是经济危机时期的救世主。

如果中国找不出一批能够称得上是企业家的商界脊梁，那么整个中国企业界必然进一步沉沦，创新、冒险、进取、责任等精神会彻底丧失，墨守成规、畏首畏尾、唯利是图则会成为主流，整个经济系统会丧失活力与内在驱动力，中国社会系统会滑向更为危险的悬崖边缘。

如果你是企业家，你的选择是什么？或者，你的选择应当是什么？

大变革时代，中国企业家如果能够坚定地选择真正创造价值的活动，就能够担当起社会对企业家群体赋予的责任，找寻到自己生命真正的意义，获得一生的幸福与满足。

## 超越本能的生命目的

企业家朋友，你有没有思考过，一生忙忙碌碌，到底所为何来？以企业经营为一生事业的企业家，生命的目的与意义到底是什么？

许多圣人对此早有断言。司马迁说："天下熙熙，皆为利来；天下攘攘，皆为利往"。孔子也说："饮食男女，人之大欲存焉！"告子更为直接："食、色，性也。"社会中大多数人一生的忙碌正是为了争名夺利，养家糊口。

大多数企业家在创业时大多不过是为了求利，为了一家人能过上更好的生活。当企业发展壮大之后，企业经营者开始找到"感觉"，追求更大的规模与社会影响力，满足自己的虚荣心与控制欲，享受自我实现的荣耀。穿透现象看本质，在这些企业经营者行为背后起作用的其实还是那些东西，食与色，生存与繁衍。

请你慢下来，仔细思考。食与色真是生活的目的与意义吗？当然不是，它们是本能，人的本能，动物的本能。大多数贪官被揭发后，除了贪污受贿的财富外，往往还有数量令人咋舌的情妇。能说贪官是有目的地生活吗？当然不能，他们其实是依靠本能生活，或者换句话说是被本能操纵着生活。

孟子曰："人之所以异于禽兽者几希。"有目的的生活正是人与禽兽之间的关键区别。禽兽的生活是无目的的，它们觅食、争夺、繁殖、玩耍，完全是趋从本能。人类与禽兽之间的界线在于人能够反思，能够赋予生命更高的目的与意义，具有精神上的自制与自我提升能力。这便是人与禽兽之间不可逾越的分水岭。

如果一个人在自己一生中不能自主地确定生活的目的，找寻到生命的意义，那就枉为这个人字。如果一个企业经营者不能在经营历程中搞清自己到底为什么经营企业，心中没有自主的目的，那至多是依靠本能的生意人，绝对称不上是真正的企业家。

尽管大多数人还停留在谋生的基本层面，但确实有少部分人脱离了人的本能，将自己投入到一个更大的目的之中生活。

阿尔巴尼亚的特蕾莎修女将自己的一生奉献给印度的孤儿、穷人、老人和麻风病患者，她先后在印度和其他国家创办了50余所学校、医院、济贫所、青年中心和孤儿院；文天祥在宋末自卖家产起义，抵抗蒙古军，被俘后拒绝了元军劝降，慷慨就义；意大利思想家布鲁诺勇敢地捍卫和发展哥白尼的太阳中心说，为捍卫真理而不惜舍弃自己的生命，最终被教会烧死在罗马鲜花广场上；曼德拉终生为南非脱离白人种族主义统治而奋斗，一生在狱中服刑长达27年，最终实现了南非的民主统一。

上述这些人以自己的实际行动证明，他们的生命为着更高的目的而存在，他们能够为了心中的大目的而牺牲自己的一切，彻底超越了人的动物性本能。无论是消除人类贫困，国家民族的独立，科学与真理还是民族的平等，这些更高的目的已经深深植入他们的生命与灵魂深处，成就了他们不凡的一生。

有企业家可能会质疑，你所举的例子没有一个是经营者，你不是说企业天生是功利的吗？怎么能够要求功利的企业经营者自身超越功利、超越人性呢？

确实，我在前文曾提到，在企业经营中不能过度理想主义。食、色是人性，这是支配普通人行为的根本法则。在企业经营中企业经营者要尊重人性，利用人性。但是，这是对他人而言的。如果企业经营者总是拿人性来原谅自己，不能在心中怀有一个更大的人生目的，就不能完成从普通的企业经营者到企业家的脱胎换骨。

真正的企业家一定是为了事业而生存，而不是为了生存而经营事业的，这是区分企业家与商人的分界线。这就需要企业家脱离躯壳对自我的控制，上升到更高的精神境界中去。

尽管不同的企业家拥有不同的目的与理想，但是有一点是共同的，那就是将企业的长远健康发展视作自己一生的大目的，将企业的生命置于自己的生命之上。这就意味着企业家要将企业视作独立于自己的生命，一切以企业的健康发展为最高目标，忘记自己的得失，克制自己的虚荣心与控制欲，将自己的一切投入这个大目的中去。

企业家不是商人，不会仅仅将赚钱作为唯一目的，不会将企业经营仅仅看作是一场交易。真正的企业家一定拥有建立基业长青的梦想，拥有改变社会、影响社会、奉献社会的激情。企业家也不是投资客，投资客就如同不断搜寻与采摘现成花朵的商贩，花朵仅仅是用以交易能够盈利的商品，商贩与花朵之间没有任何的情感，投资客往往对所投资的企业也相对漠然。企业家更像是种植花朵的老农，花朵的成长浸淫了老农太多的辛劳与心血，花朵也寄托了老农太多的情感。

柳传志在接受采访时曾经说："联想就是我的命。"我们从这句话能够充分体会到企业家的真心。可以这样说，如果没有对企业的真情实感，没有对企业由衷的责任感，没有牺牲自己成就企业的精神，就称不上是真正的企业家。

企业家这种对个人利益而言明显非理性的做法，却在精神层面获得了最大的回报。

真正的企业家的内心是幸福与快乐的，这是因为他们超越了自我的本能，看淡了个人的得失。精神病学发现，患抑郁症的最主要原因就是人对自己过度关注，生活一旦不能如自己所愿，就会陷入痛苦与自责之中难以自拔。而脱离抑郁的最重要的方法就是忘记自己，关心他人，关心事业。大部分人平时头脑中考虑最多的就是自我：我的利益、我的容貌、我的感受。只有将自己的思想与情感投入到一个更高的事业中去，才有可能忘记自我，心中有大爱，才能获得内心的平静与快乐。

正是因为企业家心中存有一个大的目的，漫漫人生才有了真正的方向，一切活动、交往有了重心，一切取舍也就具备了基本的价值坐标，生命拥有了别样的意义。如此，企业家心中才会愈加平静、坚定与执着。

## 专注过程而非成败

中国自古以成败论英雄，企业界也不例外，几乎每一个企业经营者都为自己设定了未来成功的目标。然而，当经济大环境不景气之时，企业确定的增长目标往往会大打折扣，经营压力增大，日子也必定不太好过。这时候，企业经营者不免会垂头丧气，甚至对未来产生悲观失望情绪，进而影响到投资与经营行为。

真正的企业家却往往将成败置之度外，将所有的注意力集中于当下的工作之中，理性地判断形势，把握好公司发展的节奏。

达到这一境界并不应是出于企业家强大的意志力，而应当是出于企业家对成功与失败相对性的理解。只有大彻大悟，才能从容面对。

事实上，世上没有绝对的成功与绝对的失败。任何所谓成功至多是阶段性的成功，而任何失败也都是阶段性的失败，它们都具有阶段性的属性。此外，任何成功在某一个方面看是成功，而在另一个方面看则是失败，成功与失败又具有不同视角的相对性。

让我们将视线投向广阔的宇宙。如果整个宇宙处于永无止境的进化过程中，那么所有的一切就只不过是过程中的一个短暂的状态而已。成功通常意味着圆满，也意味着进化的终点。而终点则意味着进化的停止，这岂不与变化的永恒性相冲突吗？因此，如果未来的进化是永无止境的，那么就不存在绝对的成功。同样道理，也不存在绝对的失败，失败只不过是进化中的另一种状态而已。

既然世上没有绝对的成功，那么我们追求绝对的成功就是毫无意义的事情。人在无边无际的宇宙之中，只是一颗微尘而已，在永不停息的时间河流中，只是一朵浪花而已。我们每个人都是极为渺小的，穷一生之精力，也只能做一小片段的事情，一个人想将一切事情做完是不可能的。

世界万物都处于生灭变化的永无止境的过程之中，你的工作与努力也就是这个过程的一小部分，所取得的一点成就也只是过程中的暂时状态而已。世人对企业家成功的定义总是过于物质化，如企业规模的大小，掌握财富的多少，是否是全国政协委员，能不能经常上电视节目，有没有人为你树碑立传等。然而，这一切都是虚妄的浮云，随着时间的大风呼啸而去，最终这一切都将变得毫无意义。

然而，企业经营者如果不以对财富的渴望为驱动力，不以对成功的追求与自我的实现为信念支撑的话，将如何克服创业的艰难困苦呢？在现实中，相信大部分的创业者在创业之初的最大动力就是成功。毫无疑问，人性中固有的贪欲是企业家冒险、创业的重要心理动力来源。但是，单凭此是危险的。

如果企业经营者追求绝对的成功，并且将特定的企业规模与财富的多少作为衡量是否成功的标准，就容易心态失衡陷入误区。这样思考的人凡事都要预测成功与失败的可能性，可能性大的事去做，可能性小的事就不做，稍有风吹草动就会动摇信念。岂不知任何事情的成功与失败往往不是事前能够预料的，而是在做事的过程中摸索出来的。因此，事前看似精明的计算不仅于事无补，还损害了做事的勇气，本来能做成的事情经过心里盘算也就放弃不做了。这样，人总是处于心思犹豫之中，终日被动摇苦恼所困。即使已经开始了创业历程，也容易左右摇摆，什么赚钱做什么，还不能够持久，最终沦为毫无成就的投机主义商人。

因此，企业要想健康持久地成长，企业家的内心就必须不断寻找新的动力来源。这就像是火箭分级发射一样，在发射升空的整个过程中，当第一级火箭推进剂燃烧完毕之后，需要新的一级火箭作下一程的动力来源，这样才能相互接力最终升入太空实现目标。企业经营的历程是漫长与充满艰辛的，如果只用财富名声所衡量的成功来支撑自己，那么当这些东西得到满足或是祈求无望之后，创业者就容易产生厌倦失望的情绪，企业经营的火箭也必将像彗星一样陨落。因此，企业经营能否健康持久，某种程度上就取决于经营者能否找寻到新的心理能量来源。

那么能够持续提供给企业经营者的心理能源在何处呢？答案很简单，企业经营的过程本身。

如果追问企业家为什么经营企业，答案会是“为经营企业而经营企业”。

我们通常认为财富这样的物质是实在的，而过程与经历是虚空的。然而对于企业家来说恰恰相反，财富与名声或许是浮云，但是企业生、住、坏、灭的过程是真实的存在，企业家与企业共同成长的每一个瞬间都是实在的，是永恒的。

如果企业经营者能够抛开成败的桎梏，全心全意于经营的过程之中，就能够达到忘我的境界。如果能够做到不事前计算猜度，不拘泥于成败，不固执于自己的成见，不以自我为中心，就能够像孔夫子一样“发愤忘食，乐以忘忧，不知老之将至”。

是的，企业经营过程本身就具有最大的意义。在这一过程之中，无论是顺遂还是波折，企业家都应将它视作无价的经历与注定的命运，接受它、钟爱它、珍惜它、顺应它，并在这一过程中领悟企业经营与人生的大道。唯如此，才能淡然洒脱，安定从容，无忧无惧，充分享受经营的历程，达到完满高尚的人生高度。

这才是企业家应当具有的态度与境界。

## 从小我走向大我

企业家过度关注自我，从自我出发考虑问题，正是企业家与社会产生矛盾与冲突的根本原因，也是个人陷入恐惧与痛苦的根本原因。

从小我出发，企业家的欲望与虚荣会让自己贪得无厌，以获取财富为终极目的，不择手段地打击竞争对手，不惜损害社会与公众的利益。在企业内部抓住控制权不放，与合作伙伴勾心斗角，对员工以利用为主。这样的做法会造成企业家个人与社会、商业伙伴、企业、员工、消费者之间的利益冲突与矛盾，创造出一个极为负面的周边环境，导致企业家个人的精神压力、紧张与不安。

企业家的小我是一个受限的小我，它受到民族、传统、教育、社会、家庭、宗教、文化的局限。企业家心智不是凭空产生的，它诞生于中国的文化与传统，受宗教、道德、教育、价值观的深刻影响，于是企业家就此形成了自我的信仰、固执与偏见。当企业家的信仰、固执和偏见与现代企业精神之间存在深层次矛盾和冲突的时候，企业家在心理上就会感受到痛苦与纠结。

企业家的小我还被个人经历、知识与经验所塑造。个人的经验与知识构建起一个思维的牢笼，将这个小我监禁起来。于是，企业家的自我总是自以为是，将自己与他人、社会相隔绝，生活在自我营造的想象与幻觉的世界中。在这样的世界中，心灵的成长开始停滞，心智与思想落伍于时代，企业家会陷入茫然与困惑之中。

企业家小我的局限性不仅是企业家痛苦与沮丧的来源，还会制约企业的发展。如果将企业家的自我想象成一个空间的话，那么企业就只能够在这样一个空间之内发展，这个空间构成了企业发展的极限。企业家要想将企业做大做长久，一个有效的办法就是通过修炼扩大自我的空间，放大企业发展的潜在可能性。

因此，无论是追求幸福与快乐的生活，还是获得企业的成功，从小我走向大我，都是企业家的必由之途。

如果将企业家的自我想象成一个空间的话，那么企业就只能够在这样一个空间之内发展，这个空间就构成了企业发展的极限。企业家要想将企业做大做长久，就需要通过修炼扩大自我的空间，这包括自我利益空间与思维空间的扩大。企业家要获得真正的解脱，获得大智慧，就要超越自我，从小我走向大我。将自我狭隘的灵魂巢穴向上，提升到一个大境界中去。

从小我走向大我，首先意味着自我利益空间的扩大。从仅仅关注自己的利益，扩大到对家人、股东、员工、商业合作伙伴利益的关注。请反思一下，你是否对员工有真正的关心与爱护，你是否照顾到股东的利益，你有没有为商业合作伙伴考虑，你有多少时间用于关心家人的悲喜？你能为亲手创建的企业而牺牲自我利益吗？如果你能够做到这些，实际上已经将自我利益的空间大大扩大了。如果你能站在整个产业链的高度思考问题，如果你能关心社会的利益，如果你能对人类存有悲悯之心，你就会与整个社会融为一体，为自己与企业营造一个和谐的生存环境。

自我利益空间扩大的核心是爱，这是一种大爱，一种深沉的爱。有爱就会有宽容，就会放过他人，解脱自己，与严酷和不合理的环境和平共处，保持心态的平静与从容，就能够最大限度地聚集积极的人心与能量。它们无形之中会保护你、帮助你、支持你，助你渡过无尽的劫难与危险的行程。

从小我走向大我，还意味着自我思维空间的扩大。站在更高的位置审视那个思维受限的自我，你看清束缚自己的那些绳索了吗？你知道它们是以什么样的方式影响着你的思维吗？你能否尝试扩大你的思想范畴，去试探性地理解与你现在截然相反的价值观、思想与情感呢？你是否能够跨越国家与民族的边界，进行多视角多维度的思考呢？你能够了解不同行业的经营问题与困局吗？你能够跨越时间的界限，不断反思自己的固化思维吗？你能够倾听他人的观点，并认真对待它们吗？你的头脑中能够同时存有两种对立的思想观点，仍然思虑行事正常，不受影响吗？

自我思维空间扩大的重点是客观与海纳百川的性格。企业家应当站在客观的高度分析影响自我的思想与观点，并做出信仰与否的选择。任何文明都有最基本的观念，这些观念如果不能稳定，文明就不能存续传承，而这些观念如果不破坏，文明就无法进步发展。中国企业家的思维一定会受到中华文明与传统的深刻影响，找出这些基本观念，与西方文明的基本理念对比分析，批判性地吸收坚守，是企业家应当采取的方法与态度。任何宗教、文明、哲学、思想都有智慧，但是它们同时又都是一种教条，你可以融会贯通，吸收它们的智慧，但如果将它们作为自己唯一的信仰，就不可避免地会成为教条的牺牲品。

从小我走向大我，需要企业家具有反省的精神，保持独立的性格与坚定的意志。企业家可以不必依赖任何教条获得自我的解放，以自己的人生经验与体悟为基础，建构与拥有自己的信仰与观念体系。作为信仰的相信超脱了功利主义的色彩，只有发自内心地接受所信奉的理念与原则才是真正地相信。这种相信会聚集起巨大的心灵能量，足以抗衡任何外部的困境与诱惑，使得信念的坚守成为可能。

企业家超越自我，从小我走向大我，是一条无比艰辛、永无止境的道路，但也是获得精神自由的终极归途。

# 结语　走向光明的洞穴人

当下的中国，显然处于一个大变革时代的前夜。

在黑暗的洞穴期，当企业经营陷入低谷的时候，企业家往往会因夸大现实的黑暗而产生绝望之情。然而，透过现象看本质，用发展的眼光审视当下的情势，就会有不同的认识与发现。

企业家在洞穴时代所面对的问题都是事实，然而，洞穴期只是中国社会发展循环的一个阶段。它确实是最黑暗的时期，但是所谓物极必反，变革的种子已经埋下，接下来，社会变革与新生期将会到来，企业的发展环境会逐步得到改善，社会发展也将迎来春天。问题是，春天到来时，你是否还在？

同样面对激流险滩，有的企业家能够顺利渡过，有的企业家却会折戟沉沙。同样面对变局，有的企业家能够抓住机遇实现弯道超越，有的企业家却反应迟钝遭到淘汰。同样经历磨难与心理煎熬，有的企业家能够安静从容，有的企业家却会陷入抑郁与痛苦。

要知道，最终决定命运的一定是企业家自己。企业家与其过度关注不可改变的外境，还不如回归自身，将重心放在自我的修炼上。

借由自我的修炼，企业家可以突破黑暗洞穴的围困，获得企业健康长远的发展，同时也能收获平和的心灵与圆满的人生。

从这个目标出发，企业家就应当处理好三类关系：人与环境的关系，人与人之间的关系，人与自我之间的关系。处理好人与环境的关系，解决的是企业家如何适应环境，如何创造财富的问题。处理好人与人之间的关系，解决的是企业家与周边人际环境的协调问题，涉及利益与价值观的调整。处理好人与自我的关系，解决的是企业家的思想、情感与心理问题，涉及企业家心灵的提升。

要解决好上述三类关系，需要三个不同的修炼方法。

向外，面对客观的现实环境，企业家其实很难改变与征服，能做的是发现、领悟与顺应，这就需要智的修炼。一方面，企业家需要透过表面复杂的情势，看清背后的真实格局。只有看透洞穴时代复杂的现实，才能拥有冷静灵活处理各类难题的智慧。另一方面，企业家还必须看透环境变化的本质，理解商业环境变化与企业商业模式的共同演进关系。只有具备系统思维与权变思维的能力，质疑与反思固有的思维方式与策略，才能持续学习，不断进步。

面对错综复杂的人际关系，企业家需要向内，从自我道德伦理价值观的建立方面努力，这就需要德的修炼。企业家无论是处理企业内的人际关系、家庭关系还是社会关系，都需要寻求道德伦理的帮助。企业家需要明了职业道德、家庭伦理及商业道德的区别，认清它们不同的适应关系。还需要清醒地认识到道德原则的神圣性与必然性，建构起内心不可动摇的道德与价值观准则。事实上，坚守道德原则不仅是宣传口号，更是企业长远发展的必然要求。

与自我相对，企业家需要向上，超越自我，提升自我，从更高的层次理解企业经营的目的与自我生命的意义，这就需要心灵的修炼。面对以自我为中心与盲从的人性弱点，企业家应当保持谦逊与开放的态度，培养理性精神与批判性思维的能力。企业经营是一个充满辛酸与挫折的修炼历程，企业家稍有不慎就容易陷入痛苦的深渊无法自拔。企业家只有洞察痛苦的根源，获取人生大智慧，并提升自我的人生境界，才能获得平静与快乐的心灵。也只有这样，才能在大变革时代保持清醒头脑，焕发真正的企业家精神。

这是一个智、德与心灵的三重的修炼。这三项修炼环环相扣，构成一个系统的整体。

企业家如要达成企业健康发展与个人心灵平和圆满的双重目标，智、德与心灵的三重修炼缺一不可。

单有智的修炼，企业家个人幸福与健康的目标无法达到。企业家拥有经营的才能与智慧，并获取商业上的成功。这并不能保证企业家精神的愉快与个人幸福的达成。

恰恰相反，如果缺少德与心灵的修炼，在企业家追求财富的过程之中，必然会被自己的贪欲所驱使。而围绕在企业家身边的巨大财富同样会激起周边人的贪婪。这就会形成一股巨大的不和谐的负能量，从而造成企业家与他人、社会之间的紧张与冲突。如果企业家缺少坚定的价值观信仰，没有通过心灵的修炼超越自我，就很难对抗这股巨大的力量，极可能陷入痛苦与迷茫中无法自拔。在这一点上，无论中外企业家均是如此。

美孚石油的创始人洛克菲勒尽管创造了巨大的财富，仍然无法摆脱一场精神危机。53岁那年他身心俱疲，得了一场怪病，一夜之间秃顶。医生说他如果再不改变生活态度，就可能不久于人世。洛克菲勒就此改变了自己的生活，下半生他将自己投入到宗教与慈善之中，走出了“赚钱—快乐”魔咒，精神上变得平静与满足，活到98岁高龄，得以善终。洛克菲勒的人生经历给企业家的重要启示是，即使你的经营才能堪比洛克菲勒，即使你的企业能够做到当年美孚石油那样的规模与影响力，也不能保证你本人能获取平静、健康与快乐。

企业家为个人与家庭追求财富，为企业的发展殚精竭虑，通过企业发展来追求个人的自我实现，这一切行为的根本心理动机均是来自于人类的动物性本质。然而，人类除了受本能的控制之外，还受到各种社会价值观与精神因素的制约，这是人之所以为人的根本。人不仅有物欲、生理欲，更有精神需求存在。诚信、互利、以人为本等基本价值观与精神因素已经成为人类的集体潜意识，如果企业家在经营的过程中只顾自己而忽视这些精神信仰与价值观因素的话，就会像某段时期内的洛克菲勒一样，即使企业经营获得了成功，内心也会陷入极度的空虚、迷茫与痛苦之中。

单有德的修炼，企业成功经营的目标很难达成。

是否企业家只要拥有道德信仰，就必然会取得商业上的成功呢？这显然与常识不符。在真实的商业世界中，“善有善报，恶有恶报”更多的像是人们的意愿，而非真实起作用的定律。现实中我们看到有太多的具有道德良知的企业家的经营失败，也看到有太多不那么道德的企业家的成功。

尤其是在中国错综复杂的商业环境中，单有道德良知与良善的意愿很难成就事业。企业家所面对的大部分事情并不是非黑即白的，而是处于灰色地带。在这样的领域内前行，除了对价值观底线的坚守之外，还需要妥协与平衡的生存智慧。

从纯商业的视角来看，在动荡的商业环境中灵敏地抓住机会，创新产品、服务和商业模式，才是企业家才能的核心所在。在这个方面，道德价值观无能为力。分析小米手机崛起的原因，显然不是因为雷军高尚的道德价值观，而是因为他开创了互联网手机模式，充分利用了全新的社会媒体传播环境，创造性地推行了粉丝营销策略，运用互联网思维创造了经营新范式。企业经营现实环境是复杂的，更是不断演变的，如果没有洞见的智慧与变革调整的手段，是不能获得成功的。认为遵循基本道德准则就能获得商业成功的观点，只能是不切实际的妄想。

企业家只有将智与德的修炼相结合，并最终借由心灵的修炼提升到更高的境界，才有走出洞穴、看到光明的希望。

面临大变革时代，企业家还应当意识到自己需要担当的责任。

人很渺小，必须遵从所在系统的基本规律，才能获得生存与发展的机会。但是，人又很伟大，历史的转折往往基于每个具体的人的觉醒与探索，正是无数个体的努力促使了新的道路的开拓与形成。

尤其是企业家群体，应当成为社会前进方向的引领者。企业家不仅需要承担起对员工、股东的责任，还应当清醒地意识到自己对社会的责任。勇于承担起探索理想社会的重任。

伟大的企业家不仅要坚守基本的道德原则，还应当具有理想主义的情怀，在精神上提升整个企业的境界。企业家将高等级的精神注入企业组织肌体，就如同为企业寻找到灵魂一般，使整个组织焕发出全新的生机与活力。而没有精神价值观的企业则像行尸走肉一般，只能永远在生存线上挣扎。如果社会中每一个企业经营的精神境界都提升了，累积起来就成为巨大的力量，足以推动社会文明的进步与理想精神家园的达成。

从某种角度讲，企业家经营的一生就是一个精神修行的过程。

中国企业家如果能够不断地反省自我，从智、德与心灵三个方面进行修炼，就一定能获得商业经营目标的达成，也可以彻底解放自己的灵魂，步入真正的自由之境。

企业家群体如果能够承担起自己的责任与理想，持续不断地进行努力，就能够引领企业乃至于整个中国社会走出黑暗的洞穴，走向光明的未来。

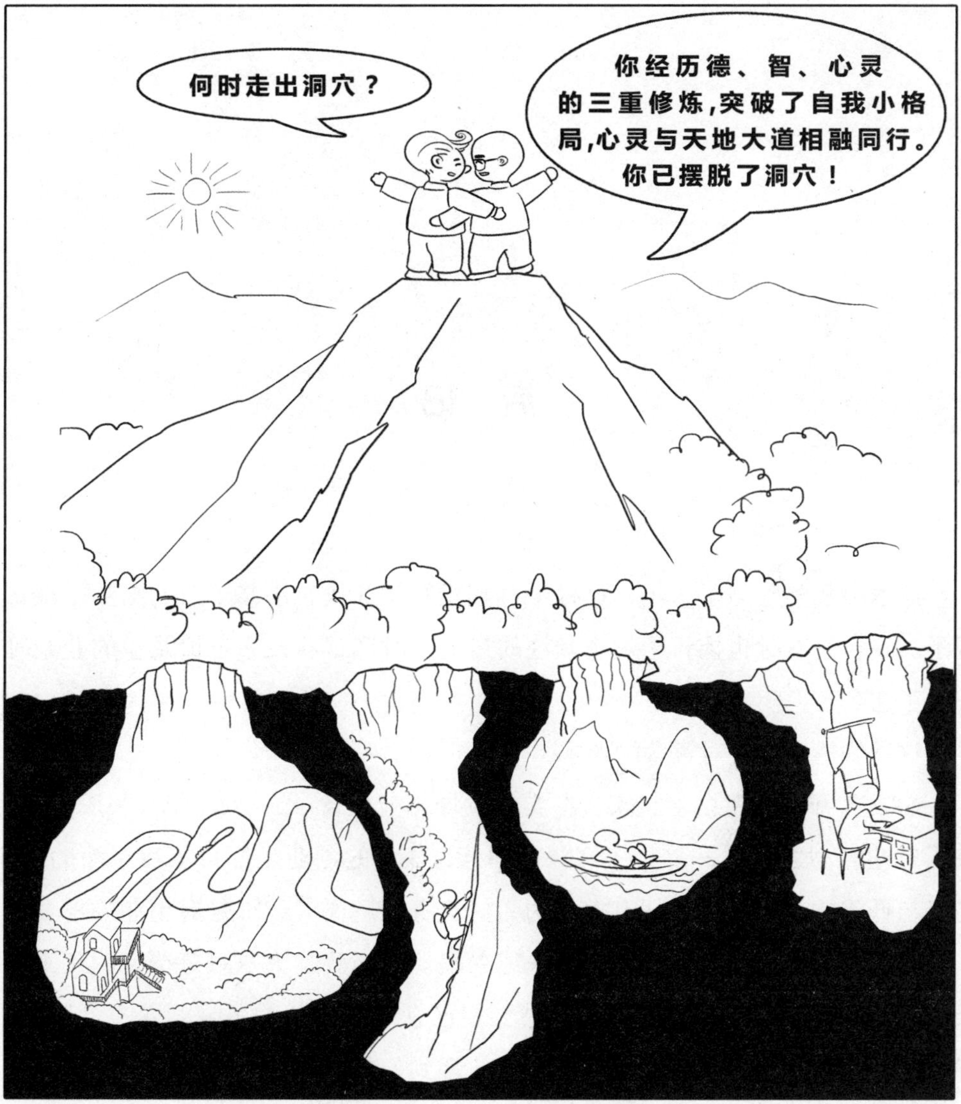

企业家创业历程的本质就是一场修炼。在创业经营中企业家必须处理好人与环境的关系，人与人之间的关系，人与自我之间的关系。分别需要智、德、心灵的三重修炼。向外，面对客观的现实环境。企业家需要发现、领悟与顺应，这就需要智的修炼。面对错综复杂的人际关系，企业家需要向内，从自我道德伦理价值观的建立方面努力，这就需要德的修炼。与自我相对，企业家需要向上，超越自我，提升自我，从更高的层次理解企业经营的目的与自我生命的意义，这就需要心灵的修炼。这三项修炼环环相扣，构成一个系统的整体。中国企业家如果能够不断的反省自我，进行修炼，就一定能达成企业健康发展与个人心灵平和圆满的双重目标，也可以彻底解放自己的灵魂，步入真正的自由之境。

# 后　记

这本书我整整写了 5 年，过程中推翻重写了 3 次，小修小改的次数已经记不得了。我自己有时也惊讶于对它倾注的热情与时间，我几乎把这几年的业余时间都给了它。

这一热情来自于对答案的渴求。

2002 年开始，我白手起家，在实业领域创业经营。到 2007 年我将股权转让，进行行业转型之后，却陷入了深深的思索。5 年的创业生涯给了我深深的烙印，高峰与低谷的交替，这期间有太多的为什么等待解决。或许是对事业的不舍，或许是反思过度，那一年我有 3 个月未能入眠。每当我瞪大双眼等待黎明到来的时候，都在灵魂中拷问自己，却一直感到自己在一条长长的黑暗洞穴中苦苦探寻，寻不到光明的出口。那种感受让我深切体会到，精神的痛苦远比肉体的痛苦难于忍受。

为解脱自己，我看了许多书，管理的、哲学的、社会的、政治的、心理的，这些书对我有很多启示，但是依然像是隔靴搔痒，没有办法解决根本问题。于是，我决定自己来写这本书。

我开始研究中国企业家群体，才发现我的这种感受其实是具有普遍性的。在中国特定时代的大背景下，企业家这一特定角色是各类矛盾冲突的焦点，需要面对许多复杂的问题与挑战。表面与短暂的光鲜与意气风发之后，往往要承受长期的孤独、焦虑、困惑、无奈与痛苦。出于切身的感受，我对于这一个群体产生了悲悯的情怀。

我开始到处寻访。当我访问硅谷，才发现硅谷的崛起并非偶然，多元文化、宽容、相互尊重正是孕育创新的文化土壤，连同性恋都能合法化的旧金山又有什么不能包容呢？这一切与特定的时代、历史与国家紧密相连。为什么美国企业家脸上更多的是玩一样的轻松，而中国企业家更多的是阴郁与沉重？这给了我特定的思考视角。如何帮助中国企业家走出内心最黑暗的洞穴，必须从中国特定的时代及历史中寻找答案，必须从围绕在企业家周边错综复杂的关系以及文化价值观中寻找答案，必须从企业家个人的思维与心智模式中寻找答案。

我逐渐领悟到，创业的过程不仅是一个创富的过程，它更是一场企业家克服困难自我修炼的天路历程。要攀登的山峰越雄伟，横亘在面前的山谷就越深邃。在这个历程中，如果企业家个人心灵的成长进步无法赶上时代所赋予的角色要求，企业家将无法应对注定永无止境的困境与磨难。然而，也正是这一场个人修炼才成就了企业家，使得他们找寻到生命的意义。

我希望这本书也是一次旅行，一段修炼的旅程，一场寻找答案与走向光明的艰难跋涉，过程不会轻松，但希望结果充满光明。《走出洞穴》永远无法取代企业家血与火的创业经历，但我希望它能够成为一束火光，照亮与温暖企业家孤独黑暗的崎岖前程。

为自己，也为这样一个特殊群体。这是我写作此书最原始的驱动力。

本书的写作与出版要感谢许多人。

光明莫斯利安品牌创建人、著名广告人周峰先生在认真研究本书的基础上，与我做了多次讨论，利用他极强的创造性思维优势，帮助我创意出本书的 13 幅插图。在本书的写作过程中，好友优豹传媒的王长春先生与出版行业专家季晟康先生反复阅读了书稿，多次提出了极有价值的修改意见，这直接激发了本书两次推倒重来的大修大改。好友智慧云的陈雪频先生对书稿非常肯定，并主动向他人推荐，给我很大的精神支持与鼓励。感谢吴晓波老师与蓝狮子总编王留全先生对本书的看重。留全初次阅读书稿就给予肯定，并亲自来沪洽谈出版事宜，令我备感荣幸。当然要特别感谢编辑钱晓曦的认真负责，在出版的整个过程之中，晓曦提出了许多有价值的专业意见。

最后要感谢我的妻子庄晖与爱子小虎子，你们的陪伴与关爱给予我最大的勇气与信心，永远爱你们。

# 参考文献


1.［法］古斯塔夫·勒庞.乌合之众：大众心理研究［M］.戴光年，译.北京：新世界出版社，2010.

2.［美］布鲁克·诺埃尔·摩尔，［美］理查德·帕克.批判性思维：带你走出思维的误区［M］.朱素梅，译.北京：机械工业出版社，2012.

3.［美］戴维·迈尔斯.社会心理学［M］.侯玉波等，译.北京：人民邮电出版社，2006.

4.［美］理查德·格里格，［美］菲利普·津巴多.心理学与生活［M］.王垒，王甦，译.北京：人民邮电出版社，2003.

5.［德］马克斯·韦伯.新教伦理与资本主义精神［M］.李修建，张云江，译.北京：中国社会科学出版社，2009.

6.［比］尼科里斯，［比］普利高津.探索复杂性［M］.罗久里，陈奎宁，译.成都：四川教育出版社，2010.

7. 邓正来.哈耶克读本［M］.北京：北京大学出版社，2010.

8.［法］笛卡尔.笛卡尔思辨哲学［M］.尚新建，译.北京：九州出版社，2004.

9.［法］笛卡尔.第一哲学沉思集［M］.庞景仁，北京：商务印书馆，1986.

10.［美］冯.贝塔朗菲.一般系统论：基础，发展和应用［M］.北京：清华大学出版社，1987.

11.［美］约翰·杜威.民主主义与教育［M］.王承绪，译.北京：人民教育出版社，2001.

12.［英］理查德·道金斯.自私的基因［M］.卢允中等，译.北京：作家出版社，2012.

13. 辜正坤.老子道德经［M］.北京：北京大学出版社，2008.

14. 郭庆藩.庄子集释［M］.王孝鱼，译.上海：中华书局，2012.

15. 郭象.庄子注疏［M］.曹础基，黄兰发，译.上海：中华书局，2011.

16.［德］康德.纯粹理性批判［M］.李秋零，译.北京：中国人民大学出版社，2011.

17.［德］康德.实践理性批判［M］.李秋零，译.北京：中国人民大学出版社，2011.

18.《对话》栏目组.华尔街风云［M］.北京：中国纺织出版社，2009.

19.［美］克莱顿·克里斯坦森.创新者的窘境［M］.胡建桥，译.北京：中信出版社，2010.

20. 曹子烈.百年李锦记的“家族宪法”［J］.世界经理人，2010.

21.［日］稻盛和夫.活法［M］.曹岫云，译.北京：东方出版社，2012.

22.［美］彼得·德鲁克.卓有成效的管理者［M］.许是祥，译.北京：机械工业出版社，2009.

23.［德］尼采.查拉图斯特拉如是说［M］.钱春绮，译.上海：生活·读书·新知三联书店，2012.

24.［德］尼采.尼采全集（第2卷）：人性的，太人性的［M］.杨恒达，译.北京：中国人民大学出版社，2011.

25. 高松.古希腊人与古埃及人的对话——娃哈哈与达能的股权纠纷事件的分析及事件可能走势预测［N］.第一财经日报，2007—6—25.

26.［法］帕特里克·托特.达尔文：进化论之父［M］.花秀林，毕笑等，译.上海：上海译文出版社，2005.

27.［瑞］荣格.荣格文集［M］.谢晓健等，译.北京：国际文化出版公司，2011.

28.［瑞］荣格.未发现的自我［M］.张敦福，译.北京：国际文化出版公司，2007.

29.［美］斯隆.我在通用汽车的岁月［M］.刘昕，译.北京：华夏出版社，2005.

30. 王咏刚，周虹.乔布斯传［M］.上海：上海财经大学出版社，2011.

31. 王阳明.传习录［M］.于自力，孔薇，杨骅骁，译.郑州：中州古籍出版社，2008.

32. 王阳明.王阳明全集［M］.吴光，译.上海：上海古籍出版社，2011.

33. 吴晓波.激荡三十年（上）［M］.北京：中信出版社，2007.

34. 吴晓波.激荡三十年（下）［M］.杭州：浙江人民出版社，2008.

35. 吴晓波.大败局［M］.杭州：浙江人民出版社，2001.

36.［奥］西格蒙德·弗洛伊德.梦的解析［M］.花火，译.北京：中国华侨出版社，2013.

37.［美］熊彼特.经济发展理论［M］.叶华，译.北京：江西教育出版社，2014.